◎ 中国金融投资管理智库丛书

U0749160

高管延付薪酬与银行风险管理

何 靖 著

EXECUTIVE DEFERRED
COMPENSATION AND
BANK RISK MANAGEMENT

厘清高管延付薪酬对银行风险管理作用的内在机制

客观评估我国高管延付薪酬对银行风险管理的政策效应

为我国基于银行稳健经营目标的高管薪酬制度改革提供直接经验支持和政策依据

浙江工商大学出版社
ZHEJIANG GONGSHANG UNIVERSITY PRESS
·杭州·

图书在版编目(CIP)数据

高管延付薪酬与银行风险管理 / 何靖著. —杭州：
浙江工商大学出版社，2020.11
　　ISBN 978-7-5178-4192-0

　　Ⅰ.①高… Ⅱ.①何… Ⅲ.①企业—管理人员—工资
管理—影响—商业银行—风险管理—研究 Ⅳ.
①F830.33

中国版本图书馆 CIP 数据核字(2020)第 238604 号

高管延付薪酬与银行风险管理
GAOGUAN YANFU XINCHOU YU YINHANG FENGXIAN GUANLI

何　靖著

策划编辑	郑　建
责任编辑	郑　建
封面设计	林朦朦
责任印制	包建辉
出版发行	浙江工商大学出版社
	（杭州市教工路 198 号　邮政编码 310012）
	（E-mail:zjgsupress@163.com）
	（网址:http://www.zjgsupress.com）
	电话:0571 - 88904980,88831806（传真）
排　　版	杭州朝曦图文设计有限公司
印　　刷	广东虎彩云印刷有限公司绍兴分公司
开　　本	710mm×1000mm　1/16
印　　张	16.5
字　　数	260 千
版 印 次	2020 年 11 月第 1 版　2020 年 11 月第 1 次印刷
书　　号	ISBN 978-7-5178-4192-0
定　　价	49.00 元

前　言

次贷危机后，高管薪酬激励不当是引发商业银行过度风险承担的重要原因的观点，已然成为社会共识。 为此，各国纷纷提出了加强金融高管薪酬制度改革的原则和具体建议，其中一项重要内容就是对高管薪酬实施延期支付、薪金追回措施（Bernanke， 2009；Bebchuck et al.， 2009）。 在我国，2010 年银监会发布了《商业银行稳健薪酬监管指引》（以下称《监管指引》），明确要求"商业银行高级管理人员以及对风险有重要影响岗位上的员工，绩效薪酬的 40％以上应采取递延支付的方式，且递延支付期限一般不少于 3 年，其中主要高级管理人员绩效薪酬的递延支付比例应高于 50％，有条件的应争取达到60％……""商业银行应制定绩效薪酬延期追索、扣回规定，如在规定期内其高级管理人员和相关员工职责内的风险损失超常暴露，银行有权将相应期限内已发放的绩效薪酬全部追回，并止付所有未支付部分……"，其核心就是通过延长薪酬的支付期限，将风险成本、风险抵扣与薪酬挂钩，以发挥薪酬机制对风险防控的约束作用。 因此，我们迫切需要研究我国银行高管薪酬延期支付的实施情况及政策效果，以便为未来改进薪酬治理、提高银行经营审慎性提供经验支持。 围绕这一目标，本书的研究主要分为两大部分。

第一大部分是文献整理及归纳。 本书首先在传统委托代理框架下对内部债务进行理论诠释，然后根据内部债务研究对象的不同，分别从企业和银行两个方面对高管内部债务的实证研究进行文献综述。这些文献主要从委托代理理论出发，发现内部债务有效缓解了股东-

债权人委托代理冲突，增加了企业/银行相关决策行为的保守性，主要形成了风险规避效应、债务成本效应、监督效应和信号效应等4种假说。此外，本书还对内部债务研究的最新进展进行了梳理，主要包括以下几个方面：（1）单独研究延付薪酬或养老金；（2）关于最优内部债务的决定；（3）内部债务的影响因素；（4）内部债务的负面影响；（5）其他新研究进展。我们期望这一极力详尽的文献梳理工作一方面能为本书后续的实证研究提供坚实的文献基础，另一方面也能为其他学者提供相关的文献脉络。

第二大部分是实证研究。本书分别从银行风险的事前选择和事后表现两个方面来研究我国银行高管延付薪酬的政策效应。其中，银行风险的事前选择主要考虑银行的资产配置，结果发现银行表内信贷与交叉性金融工具之间存在显著的跷跷板效应，即延付高管薪酬政策导致银行压缩表内信贷业务的同时增加了理财业务和同业业务，最终带来银行总体风险的提升。银行风险的事后表现主要考虑银行盈余管理行为和股利分配行为，结果发现：（1）高管延付薪酬政策能有效降低银行的收益波动性，但仅为3年的延付考核期限给予了高管盈余管理的动力和空间；（2）延付高管薪酬显著降低了银行的现金股利分配比例，这一影响效应具有滞后性，即在政策实施后的2—3年才开始显现。本书的实证研究结果表明在金融混业经营的大趋势以及"一行三会"的分业监管模式下，我国银行当前的高管延付薪酬制度对银行风险承担的约束作用有限，因此，本书在最后对进一步改革和完善当前中国银行业高管薪酬延付制度提出了相关政策建议。

C目录
Contents

1

导 论

1.1 研究背景及意义

在过去的几十年里，中国的银行业发生了巨大的变化。 1978 年以前，中国的金融体系为大一统的银行制度，即中国人民银行同时承担中央银行和商业银行的角色，是行政层级的一部分，没有相互竞争的动机（Lin and Zhang，2009；Berger et al.，2009）。 直到 2018 年，在经过了若干次旨在提高银行业竞争力和利润导向的银行所有制改革后，中国形成了一个由中央银行、5 家国有大型商业银行、12 家股份制商业银行、135 家城市商业银行、1311 家农村商业银行、31 家农村合作银行、907 家农村信用社、1594 家村镇银行和 41 家外资法人银行等组成的多层次银行体系。 2003 年以来，中国开始强调银行治理改革，多项政策大大加快了中国银行业公司治理体系的转型。 成立于 2003 年 4 月的中国银行业监督管理委员会（银监会），负责制定银行业规章制度，执行银行法，监督银行业和鼓励良好的公司治理。

薪酬制度是银行治理改革的重要方面之一。 对中国企业来说，1992 年实行的年薪制度（Yearly Salary System，YSS）仍然是主要的高管激励方式。年薪通常包含两部分：固定部分（基本工资）以及可变奖金。 其中，基本工资主要基于员工的平均工资和企业规模，而可变奖金则通常与公司业绩挂钩

（Ju，2007）。 目前，中国的银行业普遍采用年薪制，只关注短期现金补偿，缺乏限制性股票和股票期权等长期激励措施①。

近年来，中国银行业高管薪酬大幅增加，但与此同时也伴随着银行风险的增加。 随着我国银行业利润导向原则的强化和市场竞争的加剧，银行高管薪酬与银行绩效挂钩。 由于占主导地位的年薪制根据年度绩效来奖励银行经理，因此银行高管更关注短期财务绩效，例如追逐风险项目以提高银行的短期绩效，但从长远来看，这可能是有害的。 此外，中国银行业的高管还可能出于以下几个原因而寻求更多的风险：（1）尽管中国银行业在允许私人资本和外资参与后变得更加以市场为导向，但主要所有权仍然是国家，许多银行高管认为，在银行体系中晋升是促进他们政治生涯的一种方式，并因此有动机在短时间内展示卓越的业绩；（2）国有银行不完全承担其所承担风险的后果，因为中国银行业有隐性政府担保，但这可能加剧银行经理的道德风险问题（Dewatripont and Tirole，1994；Hovakimian and Kane，2000；Freixas and Rochet，2008；Dam and Koetter，2012）；（3）中国的法律体系还不完善（Berger et al.，2009），中国商业银行也没有正式的破产法，违约风险很低。 因此，银行股东可以通过承担额外的风险来实现其价值最大化，而银行债权人和存款保险人则要为此承担费用。

为了缓解高管的短视行为，中国企业推出了多种长期激励措施，例如延期支付高管薪酬。 2004 年，国务院国有资产监督管理委员会（国资委）首次提出了《中央企业行政负责人薪酬管理暂行办法》，要求当前支付管理者当期可变薪酬的 60%，其余 40% 延期至后期。 对于大多数中国国有企业来说，延付薪酬不包括股票或股票期权。 相反，政府将年度奖金的一部分留作以后年度发放，从而激励管理者关注企业的长期财务状况（Ju，2007；Jiang et al.，2019）。

在 2008 年金融危机之后，银行高管的激励合同因导致管理者过度承担风

---

① 例如，中国民生银行高层管理人员的激励合同包括基本工资、绩效工资和特殊贡献奖金。绩效工资构成以风险控制、综合管理和绩效水平的年度评价为基础，分别占 40%、10% 和 50%。薪酬与考核委员会根据董事会制定的年度风险管理计划和绩效目标，建立绩效考核指标体系。

险而备受争议（Stiglitz, 2009；Bernanke, 2009；Blinder, 2009；Bebchuk et al., 2010；Bhagat and Bolton, 2014）。借鉴发达国家金融市场的经验，我国政府更加重视银行高管薪酬激励与银行风险日益增大之间的关系。2010 年 3 月，银监会发布了《商业银行稳健薪酬监管指引》（以下称《监管指引》），明确要求"商业银行高级管理人员以及对风险有重要影响岗位上的员工，绩效薪酬的 40% 以上应采取递延支付的方式，且递延支付期限一般不少于 3 年，其中主要高级管理人员绩效薪酬的递延支付比例应高于 50%，有条件的应争取达到 60%……"。这一强制性规则的目的是希望通过延长绩效薪酬的支付期限，将风险成本、风险抵扣与薪酬挂钩，从而真正发挥薪酬机制对风险防控的约束作用，以促进中国银行业的稳定运行和可持续发展。事实上，早在 2005 年，杭州银行就率先建立延付高管薪酬制度，随后相继有银行跟进，2010 年《监管指引》颁布之后，更有越来越多的银行开始实施高管薪酬延付方案。因此，如果从 2005 年算起，我国银行实施高管薪酬延付制度已经有 14 年时间，从 2010 年算起也已经实施了 9 年。因此，我们迫切需要研究我国银行高管薪酬延期支付的实施情况及政策效果，以便为未来改进薪酬治理、提高银行经营审慎性提供经验支持。

另一方面，2006 年以来关于高管延期支付薪酬（内部债务）①的理论分析和经验研究不断涌现。内部债务的理论分析（Jensen and Meckling, 1976；Edmans and Liu, 2011）植根于委托代理分析范式下的最优契约理论，主要关注代理人缔约后的道德风险行为，认为最优激励契约的两个主要目标分别是融合经理与股东和债权人利益。高管内部债务在国外实务领域中广泛运用，现有内部债务的实证研究主要利用欧美发达国家的数据样本，它们从多个方面研究发现高管内部债务水平与银行风险承担之间显著负相关。然而，值得注意的是，内部债务在发达国家作为一种市场行为，与银行风险偏好可能存在天然的内生性，即银行风险偏好可能反过来决定高管内部债务水平。尽管现有文献利用本轮金融危机这一外生冲击，将其作为一个特有的理解高管内部债务与银行风险承担之间关联的背景，但由于金融危机加大了系统风险，如果

---

① 关于内部债务与延付薪酬之间的异同请参见本章"1.2 相关术语及定义"部分。

内部债务水平高的银行本来就是风险规避的，那么风险加大时它还是相对风险规避，因此仍然很难说清楚高管内部债务水平越高的银行在此次金融危机中的下行风险越低究竟是由于银行本身的风险偏好，还是内部债务的作用。换句话说，现有文献只能证明内部债务水平与银行风险承担之间的相关性，而无法形成两者的因果推断。我国《监管指引》明确要求银行对高管薪酬实施延期支付，这一事件相当于一种"准自然实验"，为我们提供了一个完全不同于发达国家的检验内部债务理论的实验样本。运用自然实验的方法能有效解决高管薪酬延期支付（内部债务）与银行风险管理之间的内生性问题，进一步检验内部债务理论。此外，后金融危机时代，金融机构的激励性薪酬安排越来越受到监管当局的关注（Bebchuk and Spamann，2010；Wagenhofer，2016），一些国家或经济体（包括中国）通过监管介入强制要求其金融机构的高管薪酬实施延期支付。然而，Inderst and Pfeil（2012）、Hoffmann et al.（2015）、Inderst et al.（2016）、Hoffmann et al.（2017）、Pelger and Schäfer（2018）等文献均发现，强制性延付高管薪酬政策可能带来负面效应，但它们都是在委托代理框架下，从理论上探讨了强制性延付薪酬政策可能扭曲银行原有的委托代理关系，因此这一观点缺乏经验证据。

综上，本书基于高管薪酬延期支付视角，在传统的委托代理分析框架下，立足于高管薪酬支付的时间维度——延期支付——对银行风险管理的作用机理，对高管薪酬延期支付影响银行风险管理（包含风险的事前选择和事后表现两个维度）进行实证检验和理论探索，以更好地理解我国特殊治理情境下银行风险管理中高管薪酬激励的本质特征，为监管当局和银行日益关注的旨在提高银行经营稳健性的高管薪酬制度改革提供理论依据和信息参考。

1.2 相关术语及定义

1.2.1 内部债务

基于股东/高管-债权人代理冲突视角，Jensen and Meckling（1976）提出，以部分债务的形式补偿高管是减轻企业过度风险承担的有效方法，如退休年金和延期支付薪酬，并称之为"内部债务"。其重要特征是，它在高管职业生涯中延期支付，且具有未受保护的特性——如果企业宣布破产，则所有金额的求偿权都次于债权人。与传统债务相似，内部债务给予高管对企业的固定债权。Edmans and Liu（2011）进一步将股权和债权的代理成本纳入到一个统一的理论框架，对内部债务的必要性进行了论证，证明内部债务的适当数量取决于这两种代理问题的权衡，对于企业尤其是有着高违约概率、强烈风险转移动机的高杠杆率企业（如银行），内部债务是高管最优薪酬契约的一个重要部分。

因此，内部债务包含退休年金和延期支付薪酬两个方面。从欧美等西方发达国家的实践来看，高管内部债务中的养老金部分远远超过了其延付薪酬。为衡量高管薪酬激励中债权代理成本和股权代理成本的权衡作用，Sundaram and Yermack（2007）、Wei and Yermack（2011）、Cassell，Huang，Sanchez and Stuart（2012）与Tung and Wang（2012）等文献均在Edmans and Liu（2011）的理论框架下，用CEO inside debt/CEO inside equity来衡量CEO薪酬中受债权激励和受股权激励部分的相对强度，其中CEO inside debt等于CEO养老金的精算现值加上其他延付薪酬，CEO inside equity等于CEO拥有的股权和期权的现值。

1.2.2　延付(递延)薪酬

虽然都是在高管职业生涯中延期支付，但退休年金一般在高管退休后才能领取，延付薪酬则在约定期限或高管离职后即能领取，因此无论是从延付期限还是扣回机制来看，两者对高管的约束力均不可同日而语。后金融危机时代，一些国家或经济体通过监管介入强制要求金融机构（银行）实施延付薪酬政策（Bebchuk and Spamann，2010；Wagenhofer，2016），例如，欧盟2013年发布的2013/36法令（Art. 94）要求金融机构高管的绩效薪酬的40％部分至少延期5年支付（EU，2013）；2016年6月发布的《联邦公报》（Federal Register，2016）建议平均综合资产在2500亿美元以上的金融机构高管的绩效薪酬的60％部分至少延期4年支付。2010年我国《监管指引》要求银行高管的绩效薪酬至少延期 3 年支付，如果约定期限内风险超常暴露，则要扣回已发绩效薪酬，目的是将风险与薪酬挂钩，发挥薪酬机制对风险防控的作用。

我国现阶段的养老金制度主要以保障性为主，并未普遍实施激励性的养老金制度，虽然也有少数厚利企业为员工计提了年金（补充养老保险），但更多是作为一种员工福利，其激励程度与西方国家不可相提并论。 更重要的是，我国养老金实行专人专户，没有追索和扣回机制，高管努力与否和他退休（离职）后获得的养老金多少并无直接关联。 因此，我国并无内部债务意义上的养老金。

综上，由于国外已有相关理论和实证文献主要研究内部债务（包含养老金和延付薪酬），我们在进行文献综述时，会对包含养老金和延付薪酬的内部债务相关文献进行全面梳理和回顾，同时也关注专门研究养老金或延付薪酬的最新研究进展。 在对我国的银行业进行实证研究时，鉴于本书的研究目的以及我国的实践情况，我们主要关注延付薪酬对我国银行风险管理的政策性效应。

1.3　研究的主要内容及框架

本书首先回顾高管内部债务（延付薪酬）理论及实证研究的已有成果及最新进展，分析中国银行业延付薪酬政策的实施状况及其制度背景，然后基于银行风险管理的实际决策过程，分别从银行风险的事前选择和事后表现两个环节（方面）来研究高管延付薪酬对银行风险管理影响的政策效应，最后总结本书的研究结论并在此基础上提出相关政策建议。

具体而言，本书研究的主要内容如下：

第 1 章，导论。 论述研究背景及研究意义；相关术语的定义；研究的主要内容及框架；研究方法及本研究的改进和创新。 本章的写作目的在于对全文的论述进行总体上的描述，为全文的展开进行铺垫。

第 2 章，内部债务的理论诠释及文献综述。 本章首先在传统的委托代理框架下进行内部债务的理论诠释，然后根据内部债务研究对象的不同，分别从企业和银行两个方面对高管内部债务的实证研究进行文献综述。 这些文献主要从委托代理理论出发，发现内部债务有效缓解了股东-债权人委托代理冲突，增加了企业/银行相关决策行为的保守性，主要形成了 4 种假说，即风险规避效应、债务成本效应、监督效应和信号假说。 根据企业/银行的决策行为，我们的文献综述分别从企业/银行的融资、投资、并购、股利分配、财务管理和绩效与风险等方面进行。

第 3 章，内部债务研究的新进展。 现有文献除了从委托代理理论出发，研究内部债务是否增加了企业/银行相关决策行为的保守性，也出现了一些新的研究进展：（1）单独研究延付薪酬或养老金。 鉴于退休年金（养老金）一般在高管退休后才能领取，延付薪酬则在约定期限或高管离职后即能领取，无论是延付期限还是扣回机制，两者对高管的约束力均不可相提并论，因此，出现了一些文献单独研究延付薪酬或养老金的作用。 （2）关于最优内部债务的决定。 Jensen and Meckling（1976）提出，用等比例的债务和股权来补偿经理人，可以减少其代理问题及其相关成本；Edmans and Liu（2011）则提出，公司特征不同时其高管薪酬的最优契约是不同的，不必要对股权和债务赋予完全相同的权重。 那么，企业是否存在最优内部债务比率？ 最优的内部债务水平、最优的递延期限及递延比例应该如何确定？ 近年来，出现了一些文献开始对这些问题进行规范研究。 （3）内部债务的影响因素。 关于企业内部债务的影响因素，已有文献主要提出了"管理者权力观"和"最优契约论"。 （4）内部债务的负面影响。 第 2 章中，我们主要关注了内部债务的正面效应，即内部债务有效缓解了股东-债权人委托代理冲突。 然而，近年来也有文献研究发现，在某些条件下，内部债务反而可能提高企业/银行风险。 （5）其他新研究进展。 比如与高管内部债务相对应，研究员工的内部债务；研究企业社会责任等相关活动对 CEO 内部债务与公司风险承担之间关系的调节作用等。 第 3 章主要对这些新的研究进展进行归纳总结。

第 4 章，递延高管薪酬与银行风险的事前选择——资产配置决策。 本章主要从银行风险的事前选择——资产配置视角，研究我国银行高管薪酬延期支付的政策效应。 我们采用了单差法和倍差法检验我国银行高管薪酬延期支付的政策效应，同时，我们还建立了差分 DID 方法，进一步控制可能存在的内生性问题。 无论是通过面板数据模型，还是通过 PSM-DID 模型和一阶差分模型，本章的检验结果均显示，控制其他因素时，延付高管薪酬政策将导致银行压缩表内信贷业务，同时增加理财业务和同业业务，最终带来银行总体风险的提升。 我们还通过构建延付高管薪酬水平的相关指标后发现，高管的延付薪酬水平越高时，银行越可能降低其贷款规模和信用贷款占比，同时提高其理财业务和同业业务的规模，最终导致银行的风险加权资产水平增加。 最后，我们还进行了一系列的分组检验，结果发现：（1）资本压力。 对于资本压力较大的银行，控制其他因素时，延付高管薪酬政策导致银行压缩表内信贷业务、同时增加理财业务和同业业务的影响效应更强；反之则相反。 （2）政府控股。 对于高度政府控制的银行（尤其是地方政府控股银行），延付高管薪酬政策导致银行压缩表内信贷业务，同时增加理财业务和同业业务的影响效应更强。 （3）高管年龄。 延付高管薪酬政策对银行风险事前选择的效应显著受到了高管年龄的影响，高管受年龄的影响，在银行的资产配置上会出现不同的偏好，延付高管薪酬政策的效应也有明显不同。 总之，本章的研究结果是从银行资产配置决策视角，发现递延高管薪酬在降低银行表内业务风险的同时提高了银行的表外业务风险，有着显著的"跷跷板效应"，这提供了"一行三会"分业监管模式下银行信贷与交叉性金融工具之间存在"跷跷板效应"进而金融风险管理可能失效的直接经验证据，有助于我们更好地理解"一委一行两会"新监管格局的科学性和必要性。

第 5 章，递延高管薪酬与银行风险的事后表现。 本章主要从银行风险的事后表现研究我国银行高管薪酬延期支付的政策效应。 第一，递延高管薪酬与银行盈余管理。 本文发现，延付高管薪酬在降低银行收益波动性的同时反而增强了其通过 LLP 进行盈余管理的动机。 进一步对其动态边际效应进行检验后本文发现，银行通过 LLP 进行盈余管理的动机在薪酬延付后的第 3 年尤为显著。 第二，递延高管薪酬与银行股利分配。 本文发现，延付高管薪酬显著降低了银行的现金股利分配比例，这支持了延付高管薪酬的"风险规避假说"。 进一步对其动态边际效应进行检验后本文发现，延付高管薪酬政策对现金股利分配的影响效应具有滞后性，即在政策实施后的 2—3 年才开始显示出效应。 此外，进一步的研究结果发现：（1）资本充足率。 延付高管薪酬政策的实施反而导致银行的安全性（资本充足率以及核心资本充足率）下降，尤其是银行的资本充足率在 2013 年和 2015 年显著下降。（2）监管资本。延付高管薪酬政策的实施增加了附属资本的融资，对核心资本的影响则并不显著。（3）资产质量。延付高管薪酬政策的实施反而使得银行的资产质量恶化，这一效应尤其在 2013 年及以后更加显著。总之，本章的研究结果是从银行风险的事后表现视角，进一步证实了递延高管薪酬存在显著的"跷跷板效应"，这为我们理解递延高管薪酬的政策效果，为未来改进薪酬治理、提高银行经营审慎性提供了进一步的经验支持。

第 6 章，结论。对本书的主要研究发现进行总结，并据此提出优化未来高管薪酬治理、提高银行经营审慎性的相关政策性建议，最后指出下一步值得研究的问题。

1.4 研究方法

根据已有文献，目前主要有 3 种方法检验延付薪酬政策的效果：（1）单差法，即简单比较延付薪酬政策实施前后银行风险承担的变化。（2）倍差法（Difference In Difference, DID），也称双重差分法，把即将实施延付薪酬政策的银行作为处理组，把未实施延付的其他银行作为对照组，比较处理组和对照组的差异。然而，使用单差法对延付薪酬政策的效果进行检验可能过于粗糙，不能有效区分延付薪酬政策与其他同类政策对银行风险承担的影响，也不能剥离银行风险承担水平变化的固有（时间）趋势。倍差法可以控制不同银行所固有的风险承担变化的趋势，在（准）自然实验的情况下，可以通过倾向评分匹配方法（Propensity Score Matching, PSM）保证处理组银行与对照组银行间除了延付薪酬政策外的其他因素都极为相似，这也是多年来倍差法被较多应用于政策分析的原因之一。因此，本文除了使用常见的单差法以外，首选使用 PSM-DID 法检验延付薪酬政策的效果。（3）断点回归，即观察在延付薪酬政策实施点银行风险承担是否发生突变。然而，使用单差法对延付薪酬政策的效果进行检验显得过于粗糙，不能有效区分延付薪酬政策与其他同类政策对银行风险承担的影响，也不能剥离银行风险承担水平变化的固有（时间）趋势。 这也是多年来倍差法被较多应用于政策分析的原因之一（Gorg and Strobl, 2007）。 然而，倍差法虽然可以部分控制不同银行所固有的风险承担变化的趋势，但是在（准）自然实验的情况下，要保证处理组银行与对照组银行间除了延付薪酬政策外的其他因素都极为相似是较难实现的，从而可能会导致倍差法的失效。 断点回归估计便能较好解决倍差法在政策识别中的不足。 因此，我们也使用时间断点回归来克服和弥补倍差法的不足。

1.4.1　PSM-DID

为统计中国银行业延付高管薪酬的实施情况，本文首先通过中国银监会网站获得相关银行名录，然后手工查阅各银行网站的公开信息披露，经统计发现，截至 2015 年底，我国共计 103 家银行实施了高管薪酬延期支付，如表 1-1 所示，包括 4 家大型商业银行、10 家股份制银行、71 家城商行和 18 家农商行。

不难看出，2010 年银监会《监管指引》颁布，标志着作为一种新的薪酬治理方式，延付高管薪酬制度开始进入政策层面，绝大多数银行都是在 2010 年及以后开始实施高管薪酬延期支付。 不过，我们也看到，在《监管指引》出台以前就有银行主动选择延付高管薪酬，而 2010 年以后也并非所有银行都（同时）开始延期高管薪酬支付。 因此，中国银行业的延付高管薪酬行为可能是一个自我选择的过程。 也就是说，对于中国银行业而言，2010 年《监管指引》规定的延付高管薪酬政策并非是完全外生的，而是一个"准自然实验"。 正是为了处理延付高管薪酬政策的内生性问题，本书采用倾向评分匹配方法（Propensity Score Matching, PSM），从资本充足率、贷款拨备率等多个配对指标对延付高管薪酬政策的自选择效应进行控制。 通过 PSM 处理，我们为每一家实施延付高管薪酬的银行挑选可供比较的配对银行，即那些在考察期内未实施延付高管薪酬的银行。 我们将前者称为处理组（Treated Group），后者称为对照组（Comparison Group）。 于是，我们可以通过对比配对后处理组和对照组银行的收益波动性和盈余管理动机，来判别延付高管薪酬政策的效果。 但是，在对比时还必须考虑到所有银行在 2010 年前后会由于其他因素（如外部经济环境或银行其他行为）发生一些变化，这些因素在对比时必须剔除。这样，我们不仅要将处理组和对照组银行进行对比，还要将2010年之前的所有银行和2010年之后的所有银行进行对比，综合考虑这两种差异的方法，就是计量经济学中的双重差分模型（Difference In Difference，DID）。

表1-1　我国历年来实施延付高管薪酬的银行

年份	实施延付银行
2005	杭州银行
2006	平安银行（原深圳发展银行）、日照银行
2007	浙商银行
2008	招商银行、兴业银行
2009	中国民生银行、上海浦发银行、重庆三峡银行
2010	中国工商银行、中国建设银行、南京银行、徽商银行、广西北部湾银行、锦州银行、富滇银行、九江银行、洛阳银行、柳州银行、浙江泰隆银行、齐商银行、德阳银行、莱商银行、嘉兴银行、长安银行、江苏张家港农商行、江苏常熟农商行
2011	中信银行、广发银行、上海银行、江苏银行、哈尔滨银行、苏州银行、贵阳银行、郑州银行、温州银行、内蒙古银行、攀枝花银行、桂林银行、东营银行、唐山银行、晋商银行、湖北银行、泸州银行、平顶山银行、凉山州商行、丹东商行、江苏吴江农商行、江苏昆山农商行、江苏紫金农商行、江苏太仓农商行
2012	中国农业银行、华夏银行、盛京银行、大连银行、昆仑银行、东莞银行、浙江稠州银行、福建海峡银行、泰安银行、济宁银行、广东华兴银行、绵阳城商行、葫芦岛银行、遂宁市商业银行、乐山市商行、宜宾市商行、雅安市商行、江苏高淳农商行、江苏无锡农商行、安徽望江农商行
2013	中国交通银行、河北银行、威海城商行、宁夏银行、金华银行、龙江银行、晋城银行、玉溪市商业银行、库尔勒商业银行、江苏长江商业银行、安徽石台农商行
2014	恒丰银行、重庆银行、长沙银行、南昌银行、邯郸商行、华融湘江银行、宁波通商银行、江苏海安农商行、江苏新沂农商行、江苏盱眙农商行、新余农商行、曲靖市商业银行
2015	包商银行、青岛银行、抚顺银行、赣州银行、廊坊银行、天津农商行、佛山农商行、成都农商行、凤城农商行

资料来源：作者根据各银行年报信息披露整理。

因此，本书以 2010 年《监管指引》的出台作为延付高管薪酬政策的起始点，考察期间为 2009—2015 年，使用依托于"准自然实验"的 PSM-DID 法对延付高管薪酬的政策效应进行评估。 相对于国外已有内部债务实证研究主要采用的代理变量法，这一方法的优点在于较好地避免了延付高管薪酬政策作为解释变量所存在的内生性问题，或者确切的说是控制了因变量和解释变量之间的相互影响效应，同时剔除了其他因素的干扰而有效识别了延付高管薪酬对银行风险承担的净影响效应。

1.4.2　改进的一阶差分模型

由于 2010 年《监管指引》的延付薪酬政策冲击并未强制要求延付实施的期限[①]，因此，这一政策冲击可能带来两种效应：一种是政策的真正实施效应，即银行实施了延付后对经理人决策行为的冲击；另一种是政策实施的预期效应，即 2010 年政策颁布后，银行高管会由于政策的颁布产生延付即将发生的预期心理进而影响其决策行为。 理论上，两种效应都切实存在。 如果是以第一种效应为主，那么 PSM-DID 能够很好地侦测这一效应。 但第一个效应是否为主效应呢？ 这里还存在一个内生性的隐忧（也即内在的预期效应）：银行实施延付，并不只是因为政策冲击，可能是政策刺激下，那些风险偏好较低的银行经理人更容易（更早）实施延付。 如果这种情况存在，那么 PSM-DID 可能仍然存在内生性问题。 因此，我们在 Bertrand and Mullainathan（2003）的基础上[②]，建立差分 DID 方法，来解决这一潜在的内生性问题。

1.4.3　时间断点回归(RD 设计)

断点回归的基本思想是：如果可以将政策看作是一个突然改变的影响因素（延付薪酬政策便符合这一条件），则可以将其与其他可观测或不可观测

[①]　可以看到,2010 年之后并非所有银行都(同时)开始实施延付高管薪酬。

[②]　对于持续存在着政策效应变化的政策冲击,Bertrand and Mullainathan (2003)提出了一种动态的 DID 方法来予以识别,目前学界对政策效应动态变化的 DID 方法也仅是停留在他们的方法层面。但他们的方法无法解决本文数据中可能存在的政策刺激——与风险偏好互为关联的问题。

的连续影响因素区别开来，从而对政策的单独影响加以识别。 相对于传统计量方法，断点回归对变量本身的外生性要求比较温和，且能够很好利用政策所带来的跳跃效应对两者间的因果关系进行估计。 在延付薪酬政策中，如果我们能够观察到银行风险承担在延付薪酬政策实施点前后产生突变，而其他影响因素被认定为是连续变化的，则有理由认为银行风险承担水平的突变是延付薪酬政策这一突变带来的，即延付薪酬政策有效；而如果无法观察到银行风险承担水平的突变，则认为该政策无效。

1.5 本研究的创新之处

本书特色和可能的创新之处在于：（1）首次对我国银行延付高管薪酬的政策效应进行实证检验，填补了相关研究空白，为我国基于银行稳健经营目标的高管薪酬制度改革提供了直接经验支持和政策依据；（2）基于准自然实验的 PSM-DID 法、改进的一阶差分模型以及断点回归法解决了延付高管薪酬政策可能存在的自选择（内生性）问题，证实了内部债务与银行风险之间的因果关系，进一步检验了内部债务理论；（3）首次综合考虑银行表内和表外业务，从交叉性金融工具视角探讨了延付高管薪酬政策对银行风险承担的影响，对强制性延付高管薪酬政策的效果提供了经验证据，填补了现有国内外文献研究的空白，同时提供了我国"一行三会"分业监管模式下银行信贷与交叉性金融工具之间存在"跷跷板效应"进而金融风险管理可能失效的直接经验证据，有助于我们更有效地进行监管格局的改革，牢牢守住不发生系统性金融风险的底线。

2 内部债务的理论诠释及文献综述

本章将进行内部债务的理论诠释及文献综述。 内部债务主要植根于传统的委托代理理论，认为高管薪酬契约的设计不应该只考虑股东-高管的代理问题，还应该考虑股东和债权人之间的代理问题（Edmans and Liu，2011）。内部债务作为一种市场行为，在西方国家公司治理实践中广泛运用，但直到2006 年美国证券交易委员会（SEC）新的信息披露制度出台，高管内部债务的数据能够公开获得，相关实证研究才日渐丰富。 作为高管内部债务实证研究领域的开山之作，Sundaram and Yermack（2007）发现随着薪酬结构从股权型向负债型倾斜，经理人在投资、融资等公司决策上变得更加保守。 此后，大量研究从委托代理理论出发，发现内部债务有效缓解了股东-债权人的委托代理冲突，增加了企业/银行相关决策行为的保守性，目前主要形成了风险规避效应、债务成本效应、监督效应和信号假说等 4 种假说。

2.1 内部债务理论的理论诠释——委托代理理论

CEO 的薪酬结构已经引起了学术界和政策制定者的激烈争论。 CEO 薪酬主要包括现金薪酬、股权薪酬和债务薪酬。 基于股权的薪酬（或内部股权）采取股票和期权的形式，而基于债务的薪酬（或内部债务）包括养老金福利和递延薪酬。

传统上，银行 CEO 的薪酬并不倾向于使用基于股权的薪酬，Smith and Watts（1992）以及 Houston and James（1995）都表明银行 CEO 只持有少量的公司股票和期权①。Adams and Mehran（2003）研究了从 1992 年起的 37 家最大银行的高管薪酬结构和趋势，他们计算期权授予相对于工资和奖金总和的比率，并将这些比率逐年与标准普尔 500 指数中的制造企业进行比较，结果发现，从 1992—1999 年，非金融公司给予的股票期权比银行多 60%。

然而，自 20 世纪 90 年代以来，随着 CEO 们以股票和期权的形式获得很大一部分薪酬，银行 CEO 薪酬出现了结构性转变（Chen et al.，2006；Mehranet al.，2011；DeYoung et al.，2013）。Mehranet al.（2011）将 Adams and Mehran（2003）的分析扩展到 2007 年，分析了标准普尔（Standard and Poor's Execu Comp）下的银行高管在股票期权、薪水和奖金方面的趋势，他们发现，从 1992—2001 年期间，股票期权的授予增加了，但在 2001 年之后，这种趋势迅速逆转；相反，从 1992—2007 年，CEO 奖金大幅增加，并未出现类似于期权的逆转趋势②。这在一定程度上归因于过去 20 年中颁布的各种监管改革，例如 1994 年的《雷格尔-尼尔法案》（Reigle-Neal Act，RN 法案）和 1999 年的《格莱姆-利奇-比利法案》（Gramm-Leach-Biley Act，GLB 法案）。

1994 年的 RN 法案允许银行在其他州进行并购，从而促进了地理多样化。这也引发了大量并购，并产生了规模更大、利润更高的银行（Nippani and Green，2002）。然而，由于大型银行难以管理，更大程度的合并可能导致操作风险增加（Liang and Rhodes，1988）。此外，Chong（1991）指出，跨州银行业务导致了银行风险的增加——既有特质风险，也有系统性风险。Akhigbe and Whyte（2003）发现，在关于跨州银行规定更宽松的州，由于允

---

① 关于美国金融企业高管薪酬结构和趋势的历史数据很少。一方面是由于信息披露有限，事实上，直到 20 世纪 60 年代早期，标准普尔 Compustat 数据库才包括很少的银行；另一方面是由于大多数商业银行在 20 世纪 50 年代一直在场外（Over-The-Counter，OTC）交易——直到 20 世纪 60 年代中期，场外交易所的证券都是免于向证券交易委员会（SEC）申报披露，随着时间推移（越来越多的公司成为 SEC 注册人），场外交易市场披露有不同的要求——因此不需要向监管机构披露信息。

② 参见 Core and Guay（2010）获取关于银行业薪酬趋势的额外证据。

许地域扩张，银行的风险往往高于相关规定更为严格的州。 相反，也有证据表明 RN 法案导致了价值创造，并降低了特质风险。 例如，Brook et al.（1998）强调说，随着 RN 法案的颁布，银行市场价值出现了积极的增长，放松管制为银行业创造了 850 亿美元的价值。 Hughes et al.（1999）还表明，后 RN 时期的银行合并使银行风险多样化，提高了盈利能力。 因此，关于 RN 法案对银行风险的影响的证据并未统一。

美国银行业的第二个重大监管变化是 1999 年颁布的 GLB 法案，该法案允许银行提供其他非传统的银行服务，如投资银行和证券经纪。 与此一致，DeYoung and Roland（2001）发现，有着更高手续费收入比例的银行其收入的波动性和杠杆率更高。 Allen and Jagtiani（1999）提出，银行将业务扩展到证券和保险活动会导致系统风险的增加，从而加剧了对相互关联的金融体系的担忧。 类似地，Boyd et al.（1993）还对银行和非银行金融公司之间的合并进行模拟，结果发现，当银行与证券和房地产行业的公司合并时，合并后的公司风险更大。 最近，DeYoung et al.（2013）提出，后 GLB 法案时期新投资机会和竞争环境的出现，促使董事会成员以强有力的激励方式构建 CEO 薪酬，并将银行的商业模式转向风险更高的政策。

虽然使用基于股权的薪酬为银行带来了更高的回报，但它也使银行面临更大的违约风险。 这些风险在 2007—2009 年金融危机期间出现，给利益相关者造成了价值数十亿美元的损失。 许多观点认为，CEO 的薪酬结构，特别是对基于股权的薪酬的过度依赖，是银行高管增加银行风险的关键促成因素（DeYoung et al.，2013；Bolton et al.，2015）。

2.1.1 股权类薪酬过高的弊端

以公司股权支付 CEO 的理论基础是 Jensen and Meckling（1976）的委托代理理论，其中经理人为委托人（股东）的代理人。 当经理通过股权获得公司部分股权时，他们的利益与股东一致。 这促使经理人努力并追求提高股东价值的行动，同时减少抽取特权的激励。 然而，用对股东价值而不是公司价值敏感的工具来支付经理人的想法有两个根本的缺陷：

首先，它可能激励经理人主要关注股东价值，而不是考虑其他利益相关者的利益（Jensen and Meckling，1976；Galai and Masulis，1976）。 这个问题对银行至关重要，因为许多利益相关者都对确保银行安全稳定感兴趣。 例如，由于银行的高杠杆结构，银行债权占银行资产的比例近 90%。 由于债权人对银行资产的价值有固定债权，他们更喜欢低波动性，并且关心银行的长期偿付能力；另一方面，股东的债权呈凸性，更喜欢高波动性，并且有短期的预期。 显然，与股东关系更密切的经理人更有可能采取可能增加公司风险的政策，以造福股东。 同样，政府和纳税人担心银行的违约风险，因为他们需要救助被保险存款人；更普遍的是，银行倒闭会造成严重的外部性，如果大型或相互关联的银行倒闭，可能会影响投资者情绪并导致金融危机。 这在 2007 年底显而易见，事前银行 CEO 奉行高风险的银行政策，期望这些政策能使股东回报最大化。 然而，回顾过去，这些政策导致了银行资产负债表上的过度风险积累，并导致了政府、纳税人和债权人的大规模损失。 因此，银行的违约为其利益相关者带来了巨大的社会和经济成本。

第二，基于股权的薪酬对破产的发生很敏感，但对资产的清算价值不敏感（Edmans and Liu，2011）。 如果公司业绩良好，持有大量基于股权的薪酬的 CEO 将得到不断增加的报酬，但如果破产（当公司业绩不佳时）则无报酬，无论银行的清算价值如何。 这导致了一种不对称的收益结构，使得 CEO 可能具有在公司违约时通过追求高风险的公司政策而赌博公司资源的动机：如果风险得到回报则可以帮助保持银行的偿付能力，而如果银行违约则可将违约成本转嫁给债权人。 这种赌博行为虽然对股东有利，但却损害了债权人和纳税人等关注银行清算价值的利益相关者。

为了减轻这些缺点，大量研究提出了对经理人的薪酬激励的结构必须使其利益与债权人、纳税人和存款人的利益相一致（Macey and O' Hara，2003；Adams and Mehran，2003）。 与此一致，Dewatripont and Triole（1994）和 Bebchuk and Spamann（2010）也建议经理人激励应该与股权价值以及债务价值相关。 其中一种机制是使用基于债务的补偿，以使经理人财富与债权人财富挂钩（Sundaram and Yermack，2007；Edmans and Liu，2011）。 接下来将详细讨论这种机制，以及如何利用内部债务重组 CEO 的薪酬。

2.1.2 内部债务的理论背景

内部债务包括用延付薪酬和养老金①来补偿经理人（Sundaram and Yermack, 2007; Edmans and Liu, 2011）。这些工具在两个方面与债务相似：第一，内部债务作为公司向 CEO 持续付款的固定义务，一般从他退休时开始，并持续一生；第二，内部债务是一种无担保公司债务，即在破产的情况下，CEO 与无担保债权人保持一致，以收回其部分内部债务持有。随着 CEO 的财富收益现在与债权人挂钩，CEO 也充当公司的内部债权人，并将他们的注意力转向公司的长期偿付能力（Edmans and Liu, 2011）。

Jensen and Meckling（1976）最早评估了用债务补偿经理人的想法，他们提出，内部债务可以帮助减少当经理人只持有公司股权时产生的股东和债权人之间的利益冲突。然而，他们未能将这一点正式地纳入他们的模型中，并且直观地提出，如果公司经理拥有公司债务和股权的相等份额，他们就不能将财富从债权人转移给股东。

Eaton and Rosen（1983）第一个给出了内部债务的理论框架。他们认为，当管理努力的影响没有充分反映在当前公司绩效中时，公司使用内部债务作为递延薪酬的一种形式，允许投资者等待并推断 CEO 的努力对未来公司绩效的影响，从而决定高管的薪酬方案。由于 CEO 在未来会收到部分薪酬，他有动力确保公司的偿付能力，并且不会为短期利润承担风险。然而，Eaton and Rosen（1983）并未在风险承担和公司政策之间建立明确的联系。

Edmans and Liu（2011）进一步将这些假设发展、整合到一个正式模型中，证明使用内部债务作为一种有效的激励措施是合理的，这种激励方式优于其他偿付工具（例如，工资、奖金、声誉和私人福利等），因为它使经理人不仅对公司的破产风险（违约概率）敏感，而且也对公司的破产价值（回收率）敏感。Edmans and Liu（2011）认为，经理人得到与公司资本结构相等比例的债务和股权补偿的薪酬结构并不是最优的，为了诱导经理人努力，薪酬中的

---

① 养老金,包括可供公司雇员使用的退休金计划（Rank and File Pension Plans, RFPP）和补充高管退休计划（Supplemental Executive Retirement Plans）。

股权偏向会是更优的；然而，如果破产有可能，或者当经理人的努力在提高公司清算价值方面是有效的，那么就需要薪酬中的债务偏向。 这主要是因为经理人承担其无资金和无担保内部债务持有的违约风险，并最终可能成为破产财产的债权人，其优先权与外部债权人相同。 因此，经理人倾向于选择更安全的项目，特别是在可能破产的情况下。 从这个意义上说，债务薪酬使经理人的利益与债权人的利益相一致，降低了债务的风险转移行为和代理成本。Edmans and Liu（2011）还认为，之前的文献证明完全与股权挂钩的激励措施对于像初创公司这样具有高增长机会的小公司来说是合理的，因为初创公司的债务代理成本较低，而努力激励是需要摆在第一位考虑的。

综上，内部债务的使用植根于委托代理理论，现存的理论研究已经提出，内部债务作为协调经理人–债权人利益的机制（参见图 2-1），并将管理重点转移到公司的长期偿付能力。

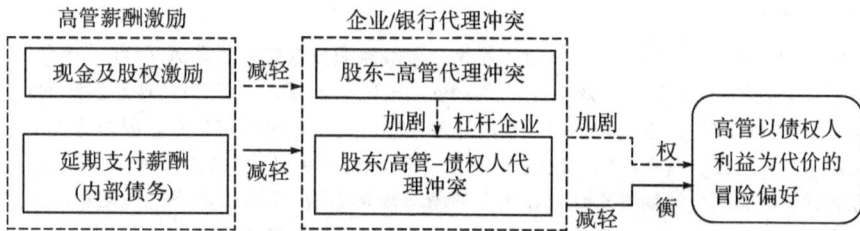

图 2-1　高管薪酬激励影响企业/银行风险承担的理论逻辑
注：作者绘制。

2.2　企业高管内部债务的影响

内部债务作为一种市场行为，在西方国家公司治理实践中广泛运用。 然而，由于信息披露的不足，学术界对内部债务的研究很少，直到 2006 年美国证券交易委员会（SEC）新的信息披露制度出台①，高管内部债务的数据能够公开获得，相关实证研究才日渐丰富。 Sundaram and Yermack（2007）的研究可谓高管内部债务实证研究领域的开山之作。 他们指出，随着薪酬结构从股权型向负债型倾斜，经理人在投资、融资和其他公司决策上变得更加保守，这种保守性会随着年龄的增长而增强②。 Sundaram and Yermack（2007）认为，对高管的债务激励研究可以成为可进一步研究的一个富有成果的领域。在实证方面，应可进一步研究基于债务的薪酬如何影响投资项目和资本结构的选择，以及诸如证券发行决策、并购、资本重组或破产申请时机等相关领域③。

　　在 Sundaram and Yermack（2007）之后，大量研究为高管内部债务水平与公司保守性之间的直接关系提供了额外的支持，如 Cassell et al.（2012）的一项被广泛引用的研究发现，CEO 持有的内部债务通常是公司无担保和无资

---

　　① 2006 年 8 月 29 日，SEC 通过了对执行董事薪酬披露要求的全面修订（2006 年 11 月 7 日生效），包括对固定福利养老金（Defined Benefit Pension Plans，DB）和递延薪酬的披露。固定福利养老金和递延薪酬是公司未来向经理人支付的无担保固定债务。因为这些债务通常与其他形式的债务具有相同的优先权，所以它们可以被定义为"内部债务"。修正案要求公司披露公司养老金计划下高管累计福利的精算现值总额、非纳税资格的递延薪酬计划中的累计余额以及养老金价值和无条件递延薪酬的变化。这些修改的目的是向投资者提供更完整和有用的高管薪酬披露，以便投资者能够评估公司在特定报告期内作出的薪酬决策的全面影响。

　　② Sundaram and Yermack（2007）发现，随着 CEO 的养老金价值相对于其股权价值增加，以违约距离衡量的风险承担水平下降，可能导致过于保守的管理风格。

　　③ 具体而言，Sundaram and Yermack（2007）提出以下值得研究的问题：拥有巨额养老金的经理人更喜欢发行股权而不是债务吗？ 他们是否更有可能执行赎回条款，以迫使早期融资或转换未偿债务？ 如果他们确实借款，他们更有可能从银行还是公共市场筹集资金？ 他们喜欢更长的债务期限吗？ 拥有大量内部债务的 CEO 是否寻求减少公司风险的多元化并购？ 他们或多或少会接受外部收购提议，这个决定取决于投标公司的资本结构或提供的支付方式吗？ 如果 CEO 已经获得了巨额养老金，那么如果公司陷入困境，避免破产的方案是否更有可能成功？ 股权持有人在交易中的表现如何？ 也可以研究单个公司的养老金结构和递延薪酬安排。 为什么有些公司比其他公司提供更慷慨的养老金？ 为什么有些人在计算养老金支出时要用三年而不是五年的补偿金？ 为什么不同公司的最低退休年龄在 55 到 65 岁之间？ 养老金计划是否会影响 CEO 继任的决定，尤其是在离任 CEO 有大量养老金需要保护的情况下？ 关于递延薪酬，公司允许其高管递延多少报酬，以及高管对这些机会做何反应？ 他们如何选择投资其递延薪酬？

金支持的负债，因此使 CEO 面临类似于外部债权人面临的违约风险。 他们发现，CEO 内部债务持有水平与未来股票回报波动、R&D 支出和财务杠杆呈负相关，CEO 内部债务水平与公司多元化程度和资产流动性呈正相关。 其他涉及内部债务水平、高管薪酬和企业保守主义各个方面的著名研究包括 Edmans and Liu （2011）、Wei and Yermack（2011）、Anantharaman et al.（2014）、Eisdorfer et al.（2013）、Kabir et al.（2013）、Liu et al.（2014）、Chi et al.（2014）、Choy et al.（2014）和 Kubick et al.（2014）等等。 这些文献根据研究对象的不同可以分为两个分支：（1）研究普通工商企业中高管内部债务与企业风险水平之间的关联；（2）2008 年金融危机的爆发使大量金融机构陷入困境，一些学者将视角转向金融企业，研究高管内部债务与银行风险承担之间的关联，从而形成了另一个重要分支。 这些文献主要从委托代理理论出发，发现内部债务有效缓解了股东-债权人委托代理冲突，增加了企业/银行相关决策行为[①]的保守性，主要形成了 4 种假说，即风险规避效应、债务成本效应、监督效应和信号假说。 下面，我们首先对企业高管内部债务的相关文献进行综述。

2.2.1 风险规避效应

风险规避效应假说认为，CEO 持有内部债务的公司为了降低其未来的财务困境成本，保护其内部债务的价值，会倾向于进行低风险的融资、投资或并购决策。

2.2.1.1 企业融资行为

杠杆率及其调整。 Liao et al.（2016）认为 CEO 持有内部债务的公司为了降低其未来的财务困境成本，会降低其目标杠杆率，从而解释了公司的"低杠杆率之谜"（Graham，2000）。 不过，公司的资金状况显著影响了这一效应，当公司的资金状况为正（即资金有富余时，融资不受约束），CEO 内部债务对公司目标杠杆率的负向影响减轻。 Liao et al.（2016）还发现，CEO 内

---

① 根据企业/银行的决策行为，我们分别从企业融资、投资、并购、股利分配、财务管理和绩效与风险等方面进行研究。

部债务不仅影响公司的目标杠杆率，还提高了公司的融资约束[1]，因此，低于目标杠杆率的融资约束企业的杠杆率调整速度会更慢，而高于目标杠杆率的融资约束企业的调整速度会更快，因为前者难以举新债，后者难以再融资其到期债务。 运用 1985—2012 年的 48004 个公司 × 年份样本，Liao et al.（2016）的实证结果显示，当考虑 CEO 内部债务的影响效应时，全样本（1985—2012）和子样本（2007—2012）期间公司杠杆率的调整速度都明显更快。 此外，2007 年以后低于目标（高于目标）杠杆率的公司调整速度更慢（更快）。

Brisker and Wang（2017）发现，CEO 内部债务导致 CEO 更加规避风险，从而选择低于股东合意的杠杆率水平，并且在公司高于目标杠杆比率时急于降低杠杆率，而在公司低于目标杠杆率时则不愿意提高债务水平。与 Liao et al.（2016）相似，Brisker and Wang（2017）也发现低于目标杠杆率的融资约束企业的杠杆率调整速度会更慢，而高于目标杠杆率的融资约束企业的调整速度会更快。 最有利于杠杆率调整的内部债务水平是不高于 10%。 与 Liao et al.（2016）不同的是，Brisker and Wang（2017）考虑了 CEO 内部债务与企业杠杆率之间可能存在的内生性问题，并采用两种方法控制内生性：第一，加入更多公司特征变量（如公司规模、公司治理）和 CEO 特征变量（如年龄、任期、vega/delta 等），并采用固定效应回归以减轻遗漏变量所带来的内生性问题；第二，采用 2SLS 来证实 CEO 内部债务对公司杠杆率的因果关系，分别采用"公司总部所在地的最大个人所得税率"（Anantharaman et al.，2014）和"每年的两位数 SIC 行业的 CEO 内部债务持有中位数"[2]（Cassell et al.，2012）作为 CEO 内部债务的工具变量。

Howe and Rajkovic（2016）基于以下原因，提出 CEO 持有内部债务的公司更愿意发行股本而非债务，其结果是导致公司杠杆率偏低。 第一，公司债

---

[1] Rauh(2006)指出，如果一个公司的养老金账户资金不足(under-funded)，那么它的公司评级可能会被下调，融资约束也会增加。此外，经济拮据(资金不足)的企业很难再融资到期的债务。

[2] 因为相同行业的 CEO 可能互相模仿对方的薪酬结构。

务-股权比率的下降降低了公司破产的概率。 第二, 高管养老金收益的规模是以高管退休前薪酬为基础。 由于高管薪酬的水平随着公司规模的扩大而提升（Edmans and Gabaix, 2011）, 有着更高内部债务水平的高管通过发行股权而提高其养老金和递延薪酬的基础。 第三, 企业资本结构的非杠杆化提升了现有债务的价值, 因为它增加了债权人的抵押品基础。 因此, 一个利益与当前债务人相符的CEO（即持有内部债务的CEO）更有可能发行股票来降低公司的债务-股权比。 利用2006—2014年的6626个公司×年度样本数据, 将5个衡量公司证券发行决策的虚拟变量作为被解释变量[①], Howe and Rajkovic（2016）确实发现, CEO持有内部债务的公司更愿意发行股权。 Howe and Rajkovic（2016）也试图用2SLS控制内生性问题[②], 第一阶段用CEO年龄、CEO任期、是否新CEO、公司年龄、公司规模、市账价值比、内部债务中位数、个人所得税率和流动性约束等指标来估计"CEO内部债务", 第二阶段用估计出来的"CEO内部债务"作为解释变量来估计其对公司证券发行决策的影响。

总之, 尽管各自的研究视角不完全相同, Liao et al.（2016）、Brisker and Wang（2017）和Howe and Rajkovic（2016）都认为CEO内部债务导致CEO更倾向于保护其内部债务的价值, 从而减少公司债务融资。

投资者反应。 Wei and Yermack（2011）研究了在2006年SEC薪酬披露改革之后, 股东和债券持有人对公司CEO内部债务状况的初次报告的反应。他们发现, 对于那些报告了CEO有可观的固定福利养老金或递延薪酬（相对于其在公司的股权时）的公司, 投资者的反应是显著的, 股票价格趋于下降, 而债务价值趋于上升; 净效应似乎总体上破坏了这些公司的企业价值, 因为债券持有人的收益似乎被股东的损失所抵消[③]; 这些估值变化似乎在公开披露日期之后持续数月之久, 其幅度与关于因风险转移投资

---

① 分别是股权发行、债务发行、股权和债务发行、杠杆率下降和杠杆率提升等5个虚拟变量。

② 内生性问题可能来自两方面, 一方面是遗漏变量, 另一方面是内部债务与证券发行决策是相互决定的。

③ 即出现了反向资产替代（将财富从股东转移到债务持有人）。

扭曲而引起的债务代理成本的其他研究的估计一致。除了估值效应外，Wei and Yermack（2011）还发现，当大型 CEO 内部债务头寸被披露时，股票和债券的波动性都会下降。

与 Wei and Yermack（2011）关于股票价格随内部债务激励而下降的证据相反，Francis and Yilmaz（2013）也研究了内部债务对不同回报窗口和不同经济条件下（即危机和非危机时期）的公司股票价格表现的影响，他们通过比较仅使用纯股权薪酬的公司以及同时使用内部债务和股权薪酬相结合公司的股价表现，结果发现，与纯股权补偿相比，内部债务补偿提高了股东价值（股价）①，特别是在危机期间。这一结果支持了 Edmans and Liu（2011）的主张，即内部债务的最优水平是正的，纯股权薪酬是低效的，并且如果企业可能破产，更需要为高管提供偏向债务的薪酬激励。因此，Francis and Yilmaz（2013）的发现对企业和决策者具有通过管理薪酬进行风险管理的意义。此外，内部债务通过股票选择和投资组合选择为投资者提供了对冲的可能性，因为它提供了上行的潜力，并限制了下行的风险。

Beavers（2013）也发现公司估值（以普通权益、总股本和普通股衡量）和市场估值（以市值和市值衡量）都与内部债务正相关。

债务类型及集中度。Beavers（2018）首次对债务类型的使用及其集中度进行的详细研究，发现：第一，CEO 内部债务使得高管与债权人利益更加一致，为了降低公司的债务代理成本，CEO 将提高公司的债务集中度，即公司使用更少类型的债务以涉及更少的债权人②；第二，为了降低公司未来有陷入

---

① 与 Wei and Yermack(2011)相反，Francis and Yilmaz(2013)认为，反向资产替代不可能出现，因为它将增加 CEO 被解雇的可能性，CEO 将避免这种结果，以保持他们的工资和所有无担保福利，以及避免危及他们的声誉。当然，Allen and Chakraborty(2011)提出，对于由于代理问题和大的信息不对称而无法进入公共债务市场的公司，会出现反向资产替代，在这种情况下，它们通过银行获得融资，并且银行的过度投资限制降低了公司价值。Chakraborty(2011)也显示，银行融资降低了公司的增长，与能够进入公共债务市场的公司相比，公司价值减少了 23%。因此，Francis and Yilmaz(2013)认为对于使用高水平内部债务的公共公司，其信息不对称程度较低并且大多能够进入公共债务市场，反向资产替代并非一个大问题，相反，反向资产替代可能是使用纯股权补偿的公司(它们通常是小规模公司)所关心的问题。

② 债务多元化意味着公司涉及到更多的债权人，从而可能提高债务的代理成本。

财务困境的可能，CEO 内部债务将使公司增加使用优先级别更低的债务类型[1]，如次级债、提款信用额度（drawn credit lines）、商业贷款等，减少使用优先级别更高的债务，如银行定期贷款[2]、商业票据、优先债等；第三，CEO 内部债务导致 CEO 更多地迎合债权人的利益，这种迎合行为将导致公司增加债务利息支付、降低公司净收益以及对股东的支付。此外，由于现金流的折现值和从较高的利息支付中获得现金流的额外风险，较高的利率意味着投资者的债务价格较低；第四，持有高水平内部债务的 CEO 面临冲突：一方面，内部债务激励 CEO 更多地迎合关注信用风险和破产风险的债权人，另一方面，CEO 的薪酬取决于公司业绩。公司可能通过发行长期债务以向市场传递高质量的信号（Flannery，1986）。从债权人视角，公司持有的债务越多、CEO 薪酬的优先级别越高，公司就越具有高风险的前景（Anantharaman et al.，2014）。因此，公司可能通过长期债务以补偿债权人承担额外的风险。

2.2.1.2 企业投资行为

过度投资[3]（风险转移）。Eisdorfer et al.（2013）研究发现，债务相关的薪酬导致投资不足，股权相关的薪酬导致过度投资。当高管薪酬杠杆率低于（高于）企业杠杆率时，高管将通过投资水平的扭曲来提升股权（债权）的价值。这意味着高管将通过偏离最优投资策略以提高其资产组合的价值，而高管薪酬杠杆与企业杠杆之间差距的缩小可以降低这一代理成本。Yu-Thompson and Zhao（2017）研究发现，内部债务与企业投资水平负相关，这种负相关关系在过度投资企业中（overinvestment）更加显著。

研发投入。Cassell et al.（2012）利用 2006—2008 年 2994 个企业×年份样本，研究结果发现，当 CEO 内部债务水平越高时，企业的 R&D 投入水平越低，企业的多元化程度越高。Siddiqui（2013）利用 205 S&P 1500 家企业 2006—2010 年的数据样本研究发现，CFO 内部债务水平与企业创新投资（用

---

① 例如，财务困境企业不可能得到来自短期债务投资者的支持，但有可能获得长期次级债投资者的支持（Berglof and Von Thadden，1994）。

② 在信贷事件中，由于法律争执的冲突，银行债务几乎总是被转移到优先级（Welch，1997）。

③ 资本支出（capital expenditures）。

R&D 投入水平衡量）负相关。 Siddiqui（2013）也考虑了内部债务与创新投资之间可能存在的内生性问题，利用 3 个关于内部债务的工具变量（新CFO、国家税率和 CEO 年龄），通过 2SLS 回归来控制内生性问题，结果依然发现这种负相关关系在统计上显著。

已有文献主要用"R&D 费用"衡量"创新投入"，显然创新投入与创新产出之间并非完全对应。"专利权（patents）数量"能衡量"R&D 行为的规模"，"专利权引用"能度量"R&D 行为的新奇性"（Seru，2014）。 因此，Nguyen（2017）首次使用"专利权数量"和"专利权引用"来衡量"创新产出"。 Nguyen（2017）利用 2007—2014 年 1092 家企业共 5705 个企业×年份样本实证研究发现，与非高新技术企业相比，CEO 内部债务与"创新产出"之间的负相关关系在高新技术企业中更显著[①]；此外，当 CEO 持有大量债务类薪酬时，技术密集型企业的 CEO 更不愿意提高专利行为。 Nguyen（2017）的研究有几个亮点：第一，不仅研究了股权类薪酬，也研究了债权类薪酬对企业"创新产出"对影响；第二，考虑到内部债务不同部分的作用不同，对 CEO 债务类薪酬进行了分解，分解成"养老金"和"递延薪酬"，并分别研究这些部分对"创新产出"的影响。

有形资产。 有形资产与违约或破产状态下更高的清算价值相关。 Lu-Andrews and Yu-Thompson（2015）利用 2006—2013 年的 2833 家企业×年份数据样本，研究发现，内部债务与有形资产比例（存量）及有形资产投资（增量）均正相关。 考虑了内生性问题之后的结果依然成立。

现金持有水平。 Liu et al.（2014）研究了内部债务与企业现金持有之间的相关性。 Liu et al.（2014）提出，内部债务与企业现金持有可能存在以下3 种假说：（1）风险规避假说（risk aversion hypothesis）。 由于 CEO 内部债务未受保护，而现金降低了企业资产的波动性，是企业最重要的流动资产，因此预期 CEO 内部债务越高的企业会持有越多的现金，同时，预期当企业杠杆率越高，为了规避风险，这种正相关关系会越强。 （2）开支假说。 与风险规避假说相反，开支假说则预期 CEO 内部债务与现金水平负相关。 这一假

---

① 因为养老金在高科技企业中更加提高了 CEO 与债权人之间的利益一致性。

说主要来自于现金水平与弱公司治理水平负相关（Harford et al.，2008；Gompers et al.，2003）以及 CEO 内部债务与弱公司治理水平正相关（Cen，2010；Lee and Tang，2011）的逻辑。（3）财务契约假说。Sundaram and Yermack（2007）发现 CEO 养老金随着企业杠杆的提高而提高，这与内部债务缓解了 CEO 以债权人利益为代价而补偿股东的财务契约假说一致。由于现金持有与财务杠杆之间的负相关关系（Kim et al.，1998），特别地，基于"现金是负的债务"的观点，财务契约假说预期现金水平与内部债务之间负相关。

值得注意的是，为了对冲或预防动机，融资约束企业可能持有更多现金（Kim et al.，1998；Opler et al.，1999）。由于内部债务提供了未来的现金承诺（future cash commitments），融资约束企业更可能回避债务薪酬而更偏好股票、期权等那些不直接影响企业现金流的薪酬形式（Sundaram and Yermack，2007）。因此，面临更多融资约束的企业可能持有更多的现金和更低的内部债务水平，从而可能使结论更接近风险规避假说。Liu et al.（2014）的研究结果发现，内部债务与企业现金持有正相关，这种正相关关系被企业杠杆放大，并被融资约束的存在减少，从而支持了风险规避假说。

现金价值（即现金对于股东的价值）。Liu et al.（2014）进一步提出了 CEO 内部债务与现金价值之间关系的 3 个假说：（1）风险规避假说（risk aversion hypothesis）预期有着更多内部债务的 CEO 会持有更多的现金以降低风险，因此从股东利益视角，CEO 内部债务对现金价值有负向影响。（2）开支假说则认为内部债务对现金价值的影响效应不确定。一方面，内部债务与弱股东权力（弱公司治理）交织，由于这类企业并非最优化地使用现金，因此从股东利益视角，内部债务对现金价值的影响为正。另一方面，这一假说推测额外现金将增加企业现金储备并被投入到具有正的净现值的项目上。如果事实并非如此，股东观察到额外现金将被投到无效率的项目上，那么额外现金的价值将为负。后者意味着我们必须依靠现金-内部债务的关系来区分风险规避假说和开支假说，因为现金价值在两个假说中可能都为负。（3）与开支假说相反，财务契约假说主要预期现金水平与内部债务为负相关，并没有关于内部债务与现金对股东价值相关性的明确预期。Liu et al.（2014）研究发现，现金对于股东的边际价值随着 CEO 内部债务水平的提高而下降，这支持了内部债务能平衡股东和债权人的利益冲突的观点。 然而，文章的结论也表明，内部债务可能通过鼓励过度现金持有而损害股东价值。

Belkhir et al. (2018) 发现，随着 CEO 内部债务水平的提高，超额现金对股东的价值下降。 有趣的是，当股东预期其价值会被高管的保守行为破坏时，超额现金持有对企业价值的贡献更少。

投资-现金流敏感度。 Han and Pan (2016) 提出，内部债务对企业投资-现金流敏感度的影响可能有两种机制：（1）风险规避假说（risk aversion hypothesis）。 CEO 内部债务会降低企业外部融资的需求（以降低违约风险），从而放大企业的投资-现金流敏感度。 （2）债务成本假说（cost of debt hypothesis）。 CEO 内部债务会降低债务融资成本，从而降低企业的投资-现金流敏感度。 Han and Pan (2016) 利用美国制造业企业 2006—2012 年的数据样本研究发现，内部债务与企业的投资-现金流敏感度正相关，从而支持了"风险规避假说"。 这一正相关关系在考虑了内生性以及融资约束以后仍然成立。

养老金的风险转移。 高管利益与股东越一致，养老金越可能出现过度资金不足的风险转移行为（Anantharaman and Lee, 2014）[①]，也即损害债权人的利益。 因此，Yu-Thompson et al. (2015) 试图在最优契约的框架下，研究 CEO 的债务薪酬是否可以有效缓解养老金的风险转移行为（pension risk shifting）。 他们发现，CEO 内部债务比例与企业养老金资金状况正相关。已有研究发现，财务困境对企业养老金计划的融资能力有负向影响（Coronado and Liang, 2006），并且有着松弛财务状态的企业（firms with financial slack）从事养老金风险转移行为的可能性更低。 因此，Yu-Thompson et al. (2015) 进行了补充检验，发现财务困境企业实施债务薪酬的可能性更低，这一发现与 Sundaram and Yermack (2007) 的发现一致。 进一步地，Yu-Thompson et al. (2015) 还发现，CEO 内部债务比例与同时期的其他投资行为负相关，反映了企业在退休金负债净额减少和其他目的现金流

---

① 详见 3.1.2 部分关于 Anantharaman and Lee(2014) 的文献综述。

量减少之间进行了权衡。

2.2.1.3 企业并购行为

Jensen and Meckling（1976）指出，在杠杆公司中，股东有选择风险投资项目的动机，这些项目以牺牲债权人为代价增加股权价值。从这个角度来看，与其他投资一样，并购提供了股东从债权人征收财富的机会。因此，风险规避效应认为内部债务能降低并购的风险。

并购的可能性。 Beavers（2012）利用 1996—2006 年企业并购交易数据，包括 3338 个并购交易在内的 15382 个企业×年份观测值样本研究发现，对于风险寻求式并购而言[①]，CEO 内部债务与并购的可能性负相关，并且并购交易金额随着内部债务水平的增加而降低。 Phan（2014）利用 2006—2009 年 891 家拥有 CEO 内部债务的企业共 2822 个企业×年份数据样本，研究发现，CEO 内部债务降低了并购的几率（并购往往会提高企业的违约风险，是衡量 CEO 主动承担风险的指标），这在短期内牺牲了股东利益而有利于收购方债券持有人，从而支持了内部债务能提高 CEO 与债权人利益一致性的假说。

并购目标选择。 Liu et al.（2012）利用 2006—2010 年包含 1450 个收购方企业的样本数据，发现 CEO 的债务-股权相对比率大于 1（内部债务水平越高）的收购方企业更有动力通过多元化并购降低企业的整体波动性（保护债权人利益），而很少考虑这些大型投资决策对股东财富的影响。 与 Liu et al.（2012）的结论相反，Beavers（2012）发现无论是风险规避式并购还是风险寻求式并购，拥有更高内部债务的企业更少进行多元化并购[②]。 Beavers（2012）还研究了目标企业价值如何受 CEO 内部债务的影响[③]，结果发现，

[①] Beavers(2012)采用 Agrawal and Mandleker(1987)的建议，将样本分成风险规避式并购和风险寻求式并购。Beavers(2012)通过计算股票回报率在公布日期前 120 天至 61 天和公布日期后 11 天至 70 天的波动性差来分割样本，增加(减少)的特征是寻求风险(减少风险)。

[②] Beavers(2012)提出，CEO 内部债务水平高的企业有动力降低企业风险，并购时倾向于选择降低市场竞争或进一步提高企业当前业务绩效的目标企业(即非多元化并购)。

[③] Beavers(2012)认为，收购方企业 CEO 会选择选择高收购价值的公司。CEO 希望把公司的整体价值提高到他的未来薪酬不再岌岌可危的地步。规模较小的公司是有风险的，可能不会为收购过程所需的时间和资金带来利润。

随着内部债务增加，并购企业寻求价值相对较高的目标企业。 然而，进一步把样本按照风险寻求式并购和风险规避式并购进行分组后，Beavers（2012）发现，随着内部债务增加，这两类并购企业都寻求相对交易价值更低的目标企业。 Peng（2013）也发现，具有较高债务类薪酬的收购方 CEO 会选择风险较小的目标。

并购收益。 Liu et al.（2012）发现，只有当收购方的 CEO-公司的相对债务-股权相对比率大于 1 时，并购公告期间（比如 5 天的窗口期）企业的超额权益回报为负并且并购是多元化的，这意味着内部债务使得 CEO 通过多元化并购保护债权人利益，而损害股东利益。 Liu et al.（2012）还进一步研究企业规模是否影响这一结果，通过将样本分成大、小收购方公司，结果发现，并购期内多元化并购导致的负超额权益收益在小企业中的表现更为显著。

Phan（2014）发现，CEO 内部债务与并购（M&A）公告的债券异常收益以及长期经营收益正相关，但与并购（M&A）公告的股权异常收益负相关。

Peng（2013）认为，并购对债权人和股东具有以下影响：一方面，当两家现金流不完全相关的公司合并时，合并公司的债务价值增加，即"共同保险"效应（Lewellen，1971）。 之所以出现这种效应，是因为两家公司的非完全相关的现金流为另一家公司的债务提供了保险。 即使并购没有产生协同效应，债务价值的这种增长也可以存在。 在这种情况下，共同保险效应代表财富从股东向债权人的转移。 此外，De Franco et al.（2014）也提供了相关经验证据，表明并购交易总体而言对债权人有利。 另一方面，内部债务理论认为，CEO 类债务与股权报酬的比重表明 CEO 与两类利益相关者之间的相对激励一致性（Edmans and Liu，2011）。 因此，当 CEO 具有相对很高的债务类补偿时，他们更倾向于与债务人结盟，因此更有可能进行有利于债务人的并购；或者，当他们拥有非常低的类似债务的补偿时，他们较少与债务人结盟，因此更有可能进行有利于股东的交易。 基于上述分析，Peng（2013）利用并购日期前后债券市场和股票市场的公告回报来捕捉每组利益相关者从并购中获得的感知回报[①]，结果发现，对于 CEO 相对债务型薪酬非常高或非常低的收购者，债券市场和股市的公告收益之间的关联度较低；合并后的风险对于 CEO 债务类薪酬较高的收购者来说更低。

并购支付方式。 Beavers（2012）认为，对于已经拥有控制权的企业，通过股权支付给并购目标企业可以降低并购后企业的负债权益比率，这可以降低企业风险；而通过现金支付并购款项，往往与债务增加相关，这提高了企业的债务-权益比，从而可能增加企业的破产风险。 因此，股权支付是首选。Beavers（2012）的研究结果发现，在风险规避式并购中，股权支付的比例随着 CEO 内部债务提高而提高；而在风险寻求式并购中，股权支付的比例随着 CEO 内部债务提高而降低。

并购对 CEO 薪酬的反向影响。 既然 CEO -企业的相对债务-权益薪酬比率影响企业的并购决策，那么一个有意思的问题是，并购是否对 CEO 的债务-股权薪酬比例起反向作用？ 特别地，董事会是否调整 CEO 薪酬以避免未来次优的投资或融资决策？ Liu et al.（2012）检验了收购方企业的"CEO -企业相对债务-股权薪酬"在并购完成前后的差异，结果发现，当并购前 CEO -企业的相对负债权益比率高于 1 时，并购后显著降低（趋向于 1），这与最优契约理论所暗示的方向一致。 这表明董事会知晓 CEO 内部债务对并购方企业绩效的负向激励效应，从而调整 CEO 薪酬以降低其股东财富的破坏。 这表明管理层薪酬是动态调整的，以恢复最佳解决方案，但还需要后续研究来加强这一结论。 Phan（2014）也发现，收购方企业会根据参照并购后企业的资本结构而重构其 CEO 薪酬结构，以减轻 CEO 向债权人转移股东财富的动机；反之则相反。

2.2.1.4　企业股利分配

其主要理论机理在于 CEO 内部债务会降低公司的现金股利分配，以保护其养老金的价值。

[①] 借鉴 Wei and Yermack(2011)的做法，通过投资者(债券持有人和权益持有人)来理解高管债务类薪酬的激励含义。此外，如 Maxwell and Rao(2003)所建议的，当交易对一组利益相关者比对另一组利益相关者更有利时，债券回报和股票回报之间的关联性较低。

股利支付比率。 White（2012）[1]发现，企业内部债务与支付的股利负相关，目的是为了增加未来支付养老金时所能动用的现金。 具体而言，White（2012）发现：（1）高管养老金规模与公司股息收益率、股利支付比率负相关；（2）高管养老金规模与公司扣除了股票回购效应之后的股利负相关；（3）与不持有养老金薪酬的公司相比，持有养老金薪酬的公司报告的与公司股息收益率负相关更少。 不过，White（2012）的研究仅包括 CEO 养老金，而没有考虑其他的递延薪酬，这可能低估 CEO 内部债务的占比。

Eisdorfer et al.（2015）发现，CEO 内部债务与公司股利分配、以及扣除了股票回购后的股利分配负相关；不过，当养老金受到相关基金保护时，这种负相关关系变弱。 此外，Eisdorfer et al.（2015）还进一步分析了 CEO 内部债务与股利的这种负相关关系对公司绩效（ROA、ROE、ROI）的影响，结果发现，这种负相关关系会降低企业绩效。

自由现金流的影响。 上述实证文献（White，2012；Eisdorfer et al.，2015）均指出，内部债务降低企业股利支付比例的主要目的是留足现金以保护养老金的价值，或是为未来债务保持充足的流动资金。 因此，现金持有是企业现金股利分配的一个重要考虑因素[2]。

Erkan（2016）[3]指出：（1）在公司存在过度现金流时，CEO 可以进行过度投资，这不仅会损害股东利益，也会损害债权人利益。 故增加现金股利分配以降低公司的自由现金流对债权人是有利的。 因此，如果持有内部债务的 CEO 降低现金股利分配是为了增加企业的留存现金，那么，当公司持有更多的超额现金时，内部债务与企业现金股利分配之间的负相关关系可能会变弱。（2）过度现金流可能被管理者用于建造帝国（Jensen，1986），甚至提高薪酬

---

[1]　White(2012)由 3 篇短文(Essay)构成,其中 Essay II 研究企业内部债务与股利分配政策。

[2]　尽管 Eisdorfer et al.(2015)已经控制了当期现金持有水平,但并未考虑过度现金对企业股利政策的影响。

[3]　Erkan(2016)由两篇短文(Essay)构成,其中 Essay I 研究企业内部债务与股利分配政策。

（Bertrand and Mullainathan，1999）[①]。 因此，持有过度现金并不意味着这些现金会以债权人愿意的方式留在企业。 相反，它们可能被用于过度投资。 因此，当企业存在过度投资风险时，债权人更愿意增加现金股利的发放以减少企业的自由现金流。

Erkan（2016）在存在超额现金和过度投资风险的情况下，研究 CEO 内部债务与公司股利支付政策之间的关系[②]。 其研究结果发现：（1）当公司存在更多的超额现金时，CEO 内部债务与公司现金股利的负相关关系更弱；（2）当公司存在过度投资风险、且拥有超额现金时，CEO 内部债务与公司现金股利呈正相关关系，见图 2-2。

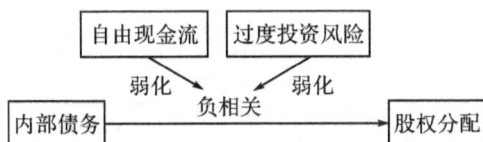

图 2-2 自由现金流和过度投资背景下内部债务对股利分配的影响

注：作者根据 Erkan（2016）绘制。

信息不对称的影响。 在一个不完美金融市场，高管通过现金股利分配来传递公司当前或未来盈利（Miller and Rock，1985）、管理质量（Allen et al.，2000）或更低系统性风险的信息（Grullon et al.，2002；Grullon and Michaely，2004）。 而且，拥有内部股权的 CEO 将支付更高的现金股利，因为当信息不透明时，更容易将财富从债权人转移给股东（Xu，2013）。 相应地，拥有内部债务的 CEO 可能会支付较少的现金股利，因为较大的支付可能会向债权人发出他们利益被侵占的信号，换言之，拥有内部债务的 CEO 可能通过支付更少的股利向债权人传递其利益受到保护的信号。 相反，当信息不

---

① 例如，Harford et al.（2008）发现，公司治理薄弱的公司持有的超额现金较少，因为它们使用这些资金增加资本支出和为收购融资。

② 除了已有文献的常规做法，即仅关注权益带来的现金支出（如股利发放、股票回购等），Erkan（2016）Essay I 考虑到债务发行会带来现金收入、债务偿付会带来现金支出，还使用了一个替代性的"现金支付指标"，即"支付给股东的现金＋支付给债权人的现金"。

对称程度并不严重或不存在时，企业不必支付红利[①]。

Erkan（2016）研究了不对称信息如何影响 CEO 内部债务与企业股利分配之间的关系。结果发现，随着公司特定信息不对称程度的提高，CEO 内部债务与企业股利分配之间的负相关关系更强，这支持了股利分配的信号传递假说[②]：尽管股息是自愿决定的，但债务契约为债权人提供了更多的控制权（Nikolaev，2010），并限制基于股息发放的利益侵占行为（Douglas，2003）。因此，债权人比股东具有信息优势。由于较高的股利支付可能会向债权人发出他们利益被侵占的信号，当企业层面的特定信息不对称程度更高时，CEO 内部债务与企业股利分配之间的负相关关系更强，见图 2-3。

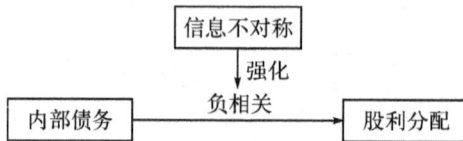

图 2-3　信息不对称背景下内部债务对股利分配的影响

注：作者根据 Erkan（2016）绘制。

2.2.1.5　企业财务管理行为

财务报告质量。关于 CEO 内部债务对公司财务报告质量的影响，有两种

---

① 事实上，Dewenter and Warther(1998)认为，日本公司面临的信息不对称更少，代理问题也不如美国公司严重，此外，股票价格对股息政策变化的反应较小，因而更容易减少股利发放。同样，Hail et al.(2014)发现，随着信息环境的改善，公司支付或增加股息的可能性更小，而是更可能削减或降低股息。

② 另一方面，有人认为企业特定的信息不对称程度越高，CEO 内部债务与企业股利分配之间的负相关关系可能越弱。Li and Zhao(2008)的研究发现，公司信息不对称与股利分配负相关(与股利分配的信号传递假说相矛盾)，其逻辑如下：每家公司都可能存在不同程度的信息不对称(Elton et al.,1984)。公司特定的信息不对称对其股利分配产生的影响并不同于整体经济或行业层面的信息不对称(Li and Zhao,2008)，外部人可能意识到经济或行业层面的信息不对称，这可能会迫使内部人通过股利分配传递信息。然而，外部人无法得知公司层面的特定信息不对称。因此，内部人可能不会受到这种压力，也就不愿意通过股利分配向外界发送信号，因为股利分配是自愿的。在这一逻辑下，可能推断企业特定的信息不对称程度越高，CEO 内部债务与企业股利分配之间的负相关关系可能越弱，因为债权人也可能不会注意到其利益被侵占。

对立的假说：风险规避效应（正相关）①和监督效应（负相关）②。 He（2015）认为，监督效应这个似是而非的竞争论据可能并不成立，因为 CEO 内部债务对权益债务冲突的缓解作用并不一定减少债权人对会计稳健度的需求③。 在抑制股东与债务人之间的冲突中，CEO 内部债务与会计稳健性也可能是互补的，而不是替代性的④。 为此，He（2015）把 CEO 内部债务持有量与财务报告质量之间的关系作为一个未决问题，对这一问题进行了实证检验，结果支持了两者的正相关关系——风险规避效应。 具体而言，他发现 CEO 内部债务持有水平越高，企业的异常应计利润越低、盈余误报的可能性更低、收益基准跳动的发生率更低，意味着 CEO 内部债务提升了财务报告质量。 为控制 CEO 薪酬契约与财务报告质量之间可能存在内生性问题⑤，He（2015）采用了 2SLS 回归法，利用"国家个人所得税率"作为"CEO 相对杠杆"的工具

---

① 内部债务是一种激励高管实行高质量财务报告的有效机制,其原因有三:(1)CEO 内部债务水平越高,则越关注于基于声誉效应的财务错报的风险与成本,从而减少财务错报。(2)CEO 内部债务导致 CEO 更关注投资效率,而由于高会计报告质量通过降低逆向选择而提高了公司投资的有效性(Bushman and Smith,2001;Lambert et al.,2007;Biddle et al.,2009),因此有着更高内部债务水平的 CEO 有更强的实施高质量会计报告的激励。(3)股东-债权人面临冲突时,高管可能为了股东利益而通过过度投资转移债权人财富(Jensen and Meckling 1976;Smith and Warner 1979),并利用会计自由裁量权以隐藏其资源转移和公司业绩相关的不良后果。理论上,内部债务使得高管与债权人利益更加一致,因此高管更少地进行会计自由裁量,导致公司的会计报告质量更高。

② 由于 CEO 内部债务降低了公司股权-债务冲突,从而降低外部债权人对公司会计稳健度的要求(Wang et al,2017),这反过来导致财务误报可能性的提升。

③ 债权人关心公司是否能偿还他们的利息和本金,因此本质上关心公司未来现金流。除了股权-债务冲突本身之外,经理人和其他外部利益相关者之间的冲突也可能对公司未来的现金流产生负面影响,从而间接影响债权人的利益。比如说,如果经理人从股东那里转移资源,或者经理人与客户或供应商的关系恶化,那么公司未来现金流的预期价值将会降低。因此,企业对债权人的偿付能力将受到损害。已有研究表明,稳健会计制度有利于有效率的合同签订,并减轻了经理与股东(Lara et al.,2009)、员工(Dan et al.,2013)、供应商和客户(Hui et al.,2012)等相关方之间的冲突。如果这样的话,即使 CEO 内部债务减轻了权益债务冲突,由于其他可能的利益冲突,即经理人与其他利益相关者之间的利益冲突,债权人仍然可能对会计稳健性有很大需求。

④ 这是 Wang et al.(2017)的结论。

⑤ 具体而言,从长期来看,高质量财务报告提高了投资效率、降低了企业下行风险,反过来激励高管持有更多内部债务。

变量①，此外，参照 Cassell et al.（2012）的做法，还利用的"CEO 年龄"作为"CEO 相对杠杆"的工具变量。

He（2015）的进一步研究发现：（1）CEO 内部债务降低了公司特定股价暴跌风险。 股价暴跌是指当所有坏消息同时爆出时，导致股价即刻剧烈地下跌（Hutton et al. 2009；Jin and Myers 2006）。 如果 CEO 内部债务导致公司更高的财务报告质量，则公司的信息环境会更透明，隐藏坏消息的自由度更小，结果是公司股价暴跌的风险更低。 借鉴 Chen et al.（2001）和 Hutton et al.（2009）的做法，He（2015）用"一个财政年度内出现负的、极端的企业特质性周回报的可能性"来衡量股价暴跌风险。 （2）对于 CEO 持有更多内部债务的企业，审计人员更少可能报告有关企业内控缺陷的内容，意味着审计人员认为 CEO 内部债务水平更高的企业有更低的操控风险。

盈余管理行为。 Dhole et al.（2015）认为，CEO 内部债务对盈余管理行为的影响存在两种效应（见图 2-4）：（1）直接效应（正向影响）。 内部债务盈余管理行为之间的关系取决于 CEO 养老金（pensions）和 ODC（other deferred compensation）如何真实地捕捉到"内部债务"的理论特征。 比如，养老金可能导致 CEO 会提高其退休前的公司盈余管理行为；ODC 的灵活的撤退计划使其可以在外部债权人之前撤出，这就提高了 ODC 的优先级别（内部债务属性减弱）；再者，ODC 计划往往允许 CEO 投资于公司权益，从而使得 ODC 从一开始就失去了债务属性。 （2）间接效应（负向影响）。 持有内部债务的高管可能承担更低风险的融资和投资行为（Cassell et al.，2012），从而导致公司盈余（收入）更稳定，因此公司进行盈余管理以平滑盈余的动力减少。

---

① 由于更高的个人所得税率引致 CEO 延迟收入和相关的税负到下一期，因此预期 CEO 相对杠杆与国家个人所得税率正相关。然而，个人所得税率不可能影响财务报告质量。从而是一个有效的工具变量。

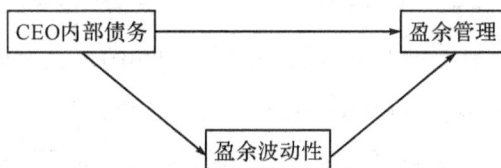

图 2-4　CEO 内部债务对公司盈余管理的直接效应和间接效应

注：作者根据 Dhole et al.（2015）绘制。

因此，内部债务对公司盈余管理行为的影响是一个实证问题。 Dhole et al.（2015）采用联立方程模型检验发现内部债务与盈余管理行为负相关，即存在间接效应。 此外，Dhole et al.（2015）的研究还具有以下特点：第一，认为公司收入平滑行为可以通过"会计盈余管理（Accounting Earnings Management，AEM）"或"真实盈余管理（Real Earnings Management，REM）"实现。当然，公司也可能同时通过"会计盈余管理"和"真实盈余管理"共同进行盈余管理（Barton，2001；Pincus and Rajgopal，2002）。 因此，Dhole et al.（2015）一共采用 3 组指标衡量公司盈余管理：（1）盈余管理指标（CORRK和 |DA|）；（2）真实盈余管理指标（|RCFO|，|RPROD|，|RDISX|和|RMPROXY|）；（3）基于会计盈余管理的二元指标（JustMBE，LargeMBE，和 JustMBEt＋1）①。 第二，检验了市场对这种负向关系的反应。 第三，用 2SLS 控制了内部债务与盈余管理可能存在的内生性。 利用"工资个人最高税率""长期资本利得个人最高税率"和"国家抵押贷款补贴率"作为 CEO 内部债务的工具变量。

Erkan（2016）②也发现，CEO 内部债务与公司盈余管理行为负相关，与公司盈余质量正相关。 该文的特征在于：第一，讨论了几类盈余管理

---

① 考虑到"基于结果的盈余管理措施（outcome-based measures of earnings management）"与"达到会计分析师的盈利预测（meeting/beating analysts' earnings forecasts，MBE）"正相关（Cheng and Warfield，2005），Dhole et al.（2015）还利用"MBE"来度量公司的总体"盈余管理"行为，而没有去具体假设公司到底是用"会计盈余管理"还是"真实盈余管理"进行公司盈余管理。

② Erkan（2016）的 Essay Ⅱ 研究企业内部债务与财务报告行为。

（Earnings Management, EM）行为。 （1）异常应计利润（负相关）。 异常应计利润等于实际总应计利润与估计总应计利润的差额，常被用于衡量 EM 行为。 （2）盈余平滑（Earnings smoothing）（负相关）。 盈余平滑是盈余管理的一个特例，它涉及跨期平滑报告收益，以使公司保持稳定而可预期的收益。 （3）盈利可预测性（Earnings predictability）（负相关）。 Erkan（2016）认为 CEO 内部债务与更高的波动性与更低的盈利可预测性相关。（4）盈利质量（Earnings quality）（正相关）。 第二，检验了几类 CEO 特质（如是否过度自信、自恋程度、权力、年龄、质量、能力、教育、性别等）对 CEO 内部债务与公司盈余管理的关系的影响。 值得注意的是，Erkan（2016）使用了广义的 EM 指标，即不仅包括"盈余平滑"行为，也包括了"财务报告质量"。 因此，Erkan（2016）是在 He（2015）的基础上将研究拓展到了盈余管理，并引入了 CEO 特质变量进行更详细的分析。

卖方财务分析师预测。 已有文献发现，内部债务会影响公司的经营、投资和财务报告活动（Sundaram and Yermack, 2007; Cassell et al., 2012; Phan, 2014; Anantharaman et al., 2014; Dhole et al., 2015; He, 2015 等），因此，内部债务的数量可以用来提取有利于财务分析师未来收益预测的信息。 另一方面，已有文献表明，内部债务不仅对内部管理决策有影响，而且对外部市场参与者的行为也有影响——内部债务对公司经营、投资和财务报告活动等的影响，可能是以加剧股东与债券持有人之间的冲突为代价而得。 例如，Wei and Yermack（2011）发现，债券持有人反应积极，而股东对高管持有内部债务的反应消极，因为他们知道高管可能会采取风险规避策略从而损害股东利益。 此外，Liu et al.（2014）认为内部债务高的公司更有可能持有过多的现金，其价值似乎被股东贴现。Anantharaman et al.（2014）发现资本提供者也将内部债务信息纳入他们的决策过程。 因此，研究作为资本市场整体参与者的财务分析师是否也会对内部债务数量所传播的信息做出反应和运用，就显得十分有意义。

Bhandari et al.（2018）首次将内部债务与卖方财务分析师行为联系起来，有助于理解内部债务对外部市场参与者的影响。 他们使用 2006—2014 年期间 6615 个公司年度观察样本，研究发现，随着内部债务规模的增大，卖方财务分析师的预测精度提高，而预测离散度和修正波动率减小，这支持了

CEO 内部债务的风险规避假说，即持有内部债务的 CEO 的风险规避政策能够降低公司收益波动性，从而使得收益预测更可靠。这些结果对各种不同的检验均稳健，包括倾向-得分匹配模型，见图 2-5。

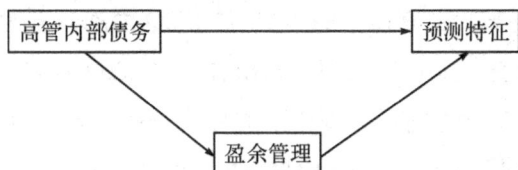

图 2-5　CEO 内部债务对财务分析师预测的直接效应和间接效应
注：作者根据 Bhandari et al.（2018）绘制。

避税行为。由于避税行为可能导致未来预期现金流的不确定性①，从而对债权人不利。Kubick et al.（2014）基于内部债务能降低 CEO 或 CFO 的代理成本，降低其冒险动机的理论假说，研究 CEO 或 CFO 的内部债务是否降低了企业的避税行为。Kubick et al.（2014）用"有效税率（effective tax rates）"和"自由避税（discretionary tax avoidance）"衡量企业避税行为，结果发现，CFO 而非 CEO 的内部债务水平，与更低的避税行为相关。使用了工具变量法和倾向得分匹配法之后，结果依然稳健。进一步的分样本回归表明，企业的违约可能更高时，这种负相关关系更强。

与 Kubick et al.（2014）相似，Chi et al.（2017）也研究了 CEO 内部债务对企业避税行为的影响。利用 2006—2013 年的 6211 家企业×年份观测值，通过 2SLS 估计方法（解决 CEO 内部债务与避税行为之间可能存在的内生性问题），结果证实了 CEO 内部债务和企业避税行为之间的存在负相关性。考虑到首席财务官（CFO）可能参与制定税收政策，Chi et al.（2017）还考虑 CFO 内部债务在评估 CEO 内部债务对企业避税行为影响的效应，发现在控制了 CFO 内部债务之后，结果依然不变。Chi et al.（2017）的研究特点在于：（1）与 Kubick et al.（2014）不同，Chi et al.（2017）借鉴了 Lisowsky（2010）的做法，首先利用美国国税局避税分析办公室（OTSA）提

①　避税行为导致未来的潜在税款支付，包括欠税、罚金、刑罚和利息，可能会对公司的流动性产生负面的冲击，从而将 CEO 债务型薪酬置于风险之中。

供的企业避税交易机密数据，识别与避税行为相关的一组决定因素，然后用所识别的决定因素的公司特征值并利用 logistic 回归模型来估计企业从事避税交易的概率；（2）进一步研究了当存在投机性债券评级、陷入破产或清算的高概率以及违反债务契约的高概率的情况下，CEO 内部债务对避税行为的负向影响更加显著（被放大）；（3）进一步研究了当 CEO 养老金薪酬中存在现金退出选择权时，CEO 内部债务对避税效应的负向影响效应更弱。

Alexander and Jacob（2016）发现，高管内部债务与税负风险（tax risk）负相关[①]；并且这种负相关关系在本身税负风险很大或者不面临流动性约束的企业中更强。 此外，这种负相关关系在公司治理状况更好的企业中更强，这意味着，机构投资者和内部债务薪酬在降低企业税负风险上可以互相替代。与 Kubick et al.（2014）的做法不同，Alexander and Jacob（2016）用符合美国 FIN 48（《所得税不确定性会计处理方法》）的 UTBs 来衡量企业税负风险，UTBs 是一种或有负债，代表公司未来预期的但还未得到税务部门认可的税收优惠的美元价值。 为控制高管内部债务与税负风险之间可能存在的内生性，Alexander and Jacob（2016）采用了 2SLS 法，在检验分类情况时，则采用分位数回归法。

2.2.1.6　企业绩效与风险

破产回收价值。 根据 Edmans and Liu（2006），高管内部债务会导致高管行为更加保守，从而在破产时具有更高的破产回收价值。 Hoang（2013）通过研究 2006—2012 年间破产申请的小样本发现，对于无担保债权人，有内部债务的公司实现了比没有内部债务的公司高 3 倍的回收率。 更重要的是，这种改善是在不影响其他索赔持有人的回收率的情况下实现的。 也有证据支持这样的假设，即拥有内部债务的破产公司以更具成本效益的方式解决他们的破产问题。 Pawliczek（2016）使用来自 UCLA-LoPucki 破产研究数据库的

---

① 当前激进的税负计划可能负向影响未来的税收支出（Dyreng et al.，2008），避税策略导致的支出波动意味着未来税负支出甚至固定税前现金流的不确定性的提高（Guenther et al.，2016）。从债权人视角来看，未来税负支出的不确定性的效应是负的，因为企业总体风险不仅包括经营风险、财务风险，还包括税负风险。如果 CEO 有更高的内部债务水平则会更加保守，其利益与债权人更加一致，因此预期高管内部债务与企业税负风险负相关。

104 家破产企业的样本，发现以 SERP（补充高管退休计划）形式出现的内部债务的确与破产时无担保债务的更高回收价值正相关。 在样本中，与 CEO 没有内部债务的公司相比，CEO 有内部债务的公司在破产的情况下每 1 美元债务的回收价值要高出 0.053 美元。 与理论相一致，Pawliczek（2016）还发现，随着破产的临近，内部债务与高管保持公司流动性的努力正相关（例如，削减研发支出）。

经营绩效。 Cassell et al.（2012）研究发现，CEO 内部债务与企业未来股票收益波动负相关、企业收入多元化程度正相关。 Siddiqui（2016）利用2006—2010 年 1500 家企业的非平衡面板数据研究发现，CEO 内部债务与企业绩效（用 ROA 衡量）正相关。 然而，当用 Tobin Q 衡量投资价值时，CEO 内部债务在一定程度上失去了显著性。 Siddiqui（2016）还用 2SLS 来控制内部债务与企业绩效之间可能存在的内生性问题，结果与 OLS 回归的结果一致。 Siddiqui（2016）还发现经济危机期间（2008—2009 年）的回归系数比2006—2010 年期间的结果更强，这表明，危机越严重，CEO 内部债务对提高实际部门的公司绩效的影响就越大。

失败概率。 Hoang（2013）考察了高管内部债务与公司失败风险率的实证关系。 使用涵盖 Execucomp 数据库中 2006—2012 年期间所有公司的样本，Hoang（2013）发现高管内部债务与公司失败风险率之间呈显著负相关关系。 平均而言，与 CEO 持有内部债务的比例低于股权的公司相比，CEO 持有内部债务的比例大于股权的公司的风险失败率要低 51%。 Hoang（2013）还发现，具有较高水平内部债务的公司也倾向于持有较高水平的营运资本、更多现金、保留更多盈利，以及使销售在更多业务部门多样化。 这些结果证实并扩展了 Wei and Yermack（2011）、Cassell et al.（2012）和 Phan（2014）的发现。

2.2.2 债务成本效应

债务成本效应假说认为 CEO 内部债务使得高管与债权人利益更加一致，从而产生更加有利的债务条件，如更低的债务融资成本、更少的限制性条款等。

2.2.2.1 企业融资行为

债务融资成本。 Kabir et al.（2013）研究了高管薪酬的不同成分对债务融资成本的影响。 他们发现，债务型和股权型薪酬成分具有不同的影响：债务性薪酬与债务融资成本负相关，股权型薪酬与债务融资成本正相关。 另外，Kabir et al.（2013）发现股票期权对债务融资成本具有混合影响，而对现金红利没有显著影响。 总的来说，Kabir et al.（2013）的结果表明，公司债权人充分意识到了高管薪酬的不同组成部分对公司风险承担和风险规避产生的不同激励。

Leibowitz（2016）用长期债务的融资成本来替代债权代理成本，发现内部债务与债务代理成本负相关。

Freund et al.（2018）提出，CEO 内部债务与公司债务发行正相关，而与股权发行负相关。 其理论机理在于，内部债务使经理和债务人的利益更加一致，从而产生有利的债务条件，激励公司提高债务以满足其资本需求。 Freund et al.（2018）的实证结果表明，CEO 内部债务与公司发行债务的可能性以及外部融资中债务的占比均正相关。 此外，CEO 内部债务与公司的债务融资成本负相关，与公债发行公告前后股价的反应正相关。

限制性条款。 Chen et al.（2010）提出，高管债务性薪酬与会计稳健性指标负相关，意味着高管债务性薪酬缓解了债务-权益冲突，从而降低了债权人对会计稳健性的要求。 此外，CEO 内部债务水平与更少的债务限制性契约相关。 最后，公司债的债权人对 CEO 持有内部债务的公司索要更低的债券利率，然而在私人债务（如贷款）上则没有找到类似经验证据。

Anantharaman et al.（2014）利用 2006—2008 年 1462 笔私人债务（如贷款）合同的数据样本研究发现，在控制 CEO 任期、CEO 现金报酬（工资和奖金）、CEO 基于股权的报酬（delta 和 vega）以及相关贷款特征和公司特征后，具有较高 CEO 相对债务薪酬的公司为贷款支付了较低的成本（即较低的贷款利差），并面临较少的限制性契约。 这种负相关关系在高违约风险的公司中更加显著。 Anantharaman et al.（2014）还利用了新的公债数据进行了相关研究，结果同样发现 CEO 内部债务与公债收益率的负相关关系。

Anantharaman et al.（2014）的研究具有以下特点：第一，公司贷款合同条款可能会影响高管薪酬合同的签订方式，为此，Anantharaman et al.（2014）主要研究 CEO 相对债务薪酬对新贷款合同的影响，从而有助于得到 CEO 内部债务对债务合约影响的因果关系[①]；第二，CEO 薪酬企业和公司贷款合同可能同时受到与公司风险相关的未观测因素的影响，即具有内生性。为此，Anantharaman et al.（2014）分别采用了"个人所得税率"和"CEO 相对债务杠杆的行业中位数"作为 CEO 内部债务的工具变量。

Dang and Phan（2016）提出，内部债务使得高管与债权人利益更加一致，降低了债务的代理成本，导致公司面临更优的贷款条件，如债务融资成本更低、债务到期后更容易再融资等。因此，CEO 持有内部债务的公司更偏好成本更低的短期债务。Dang and Phan（2016）利用 2006—2012 年 1011 家公司 4793 个公司×年份样本数据，结果发现 CEO 内部债务与短期债务比例正相关。Dang and Phan（2016）的研究具有以下特征：（1）分别采用了 OLS、Tobit、FE 和 GMM 法进行研究，结果与 2SLS 基本一致。（2）一方面，由于公司并不会频繁再融资（Leary and Roberts，2005；Strebulaev，2007），其资本结构和债务期限结构可能是过去决策的结果。另一方面，CEO 债务薪酬的价值会随着 CEO 年龄的增加而增加。因此，基于面板数据得到的关于 CEO 内部债务与短期债务之间的正相关关系可能是伪相关。于是 Dang and Phan（2016）通过公司的新债务发行数据进一步检验了 CEO 内部债务与公司债务期限结构之间的关系。使用这种增量方法，可以更好地了解外部债权人在对新债务做决策时，对 CEO 内部债务以及借款公司其他特征的看法。（3）如果 CEO 内部持债降低了债务的代理成本，导致债务期限较短，那么预期 CEO 的杠杆率与债务成本之间存在负相关关系；相比之下，如果短期债务的增加仅仅反映了外部债权人对借贷公司风险状况或风险承担行为的关注[②]，那么预期 CEO 的杠杆率与债务成本之间将呈现正相关关系。因此，Dang and Phan（2016）进一步进行了补充检验，结果发现，CEO 内部债

---

① 毕竟薪酬委员会无法完全预见到未来的贷款合同。
② 即债权人认为公司风险更高，而只愿意提供短期债务。

务与债务成本之间的负相关关系，这与 Anantharaman et al.（2014）的结论一致，即 CEO 内部债务使得公司的债务融资条件更好，从而激励公司使用更多短期债务。

股权内部交易。 Brisker et al.（2018）提出，对于企业"内部人"①而言，内部债务可能有两种作用：一方面，内部债务由于缓解了股东-债权人利益冲突，降低了债务融资的成本，使得融资约束企业更容易进入债务市场，从而内部人对内部债务持认可态度。 另一方面，虽然内部债务可能缓解股东-债权人冲突，但也可能加剧经理人与股东对风险的态度分歧，因此，经理人可能倾向于为了债权人利益而采取过于保守的商业政策，这实际上损害股东财富，从而造成内部人对内部债务持否定态度。 Brisker et al.（2018）从内部人抛售其公司股票的行为来研究企业内部人对 CEO 内部债务的态度。 他们提出，如果内部人认为，内部债务进一步使 CEO -股东的利益错位，那么随着内部债务水平的上升，则会有更多的内部人出售其个人股票；反之，如果内部人接受内部债务的发行，相信它使股东受益，则会更少地抛售其个人股票，甚至增加其股票持有比率。 利用 2006—2013 年包含了 14710 家企业×年份观测值的样本数据，Brisker et al.（2018）研究发现，CEO 内部债务水平越高的企业，内部人抛售的企业股份越少。 这说明信息完全的内部人认为内部债务对股东有正面效应，如降低借贷成本、企业更容易获得债务融资等。 Brisker et al.（2018）的主要贡献在于，第一次将内部人的内部股权交易作为考察股东如何看待 CEO 最优薪酬结构中使用内部债务的指标。

2.2.2.2　企业投资行为

投资不足。 Lee et al.（2018）探讨 CEO 内部债务如何及何时影响债务契约条款及公司投资水平。 Lee et al.（2018）认为，一方面，先前的研究表明内部债务与风险投资水平负相关；另一方面，一些研究表明内部债务与更优惠的债务契约条款有关，（在其他条件相同的情况下）从而可能增加投资。

---

①　内部人是一群关注和知情的股东，他们在确定股东是否感受到从 CEO 内部债务薪酬中获得的任何利益方面特别重要。Brisker et al.(2018)将"内部人"定义为"每笔交易须向证券交易委员会提交表格 4 的高级职员、董事和股东"。

因此，这些已有研究对内部债务与投资水平之间的关系作出了相互矛盾的预测。 Lee et al.（2018）通过证明内部债务与投资水平之间的关系取决于公司受到融资约束的水平和类型来调和两者的矛盾：鉴于现有文献中发现内部债务与R&D 投资之间存在负相关关系，Lee et al.（2018）发现，当融资约束较低时，内部债务与 R&D 之间确实存在预期的负相关关系，这与内部债务抑制风险投资的动机是一致的；然而，对于具有高融资约束的公司，Lee et al.（2018）发现内部债务与研发投入 R&D（以及资本支出 CapEx）之间的负相关关系被减少或逆转。 进一步地，利用 Hoberg and Maksimovic（2015）提出的债务和股权融资约束的独立指标，Lee et al.（2018）发现，内部债务与R&D、CapEx 投资之间的关联性对于受到债务融资约束的企业（其中内部债务降低了外债融资成本）是正相关的，但对于受股权融资约束的企业是负相关或不显著的。 此外，Lee et al.（2018）的结果对于工具变量回归（使用各州的收入所得税作为 CEO 债务内部的工具变量）依然稳健。

迄今为止，许多研究都强调了内部债务在影响经理人从事风险转移行为的动机中的作用。 然而，债务人与股东之间的代理冲突也可能表现为投资不足，这是一种投资扭曲的形式，给股东带来巨大成本（Franzoni，2009）。 投资不足取决于获得外部资金的机会以及该资金的成本。 Lee et al.（2018）的研究结果表明，通过将管理层的激励与债务人的激励结合起来，发现内部债务可以降低债务的代理成本，提高面临融资约束的企业的投资水平，缓解投资不足的问题，从而为内部债务与企业投资行为的研究文献做出了新的贡献。

2.2.2.3 企业并购行为

并购支付方式。 并购通常引发对外部融资的需求[1]，外部融资可以通过债务或股权获得。 已有文献已经研究了外部并购融资的各种决定因素，这些决定因素主要是企业特征和市场条件（Martynova and Renneboog，2009）。至于 CEO 债务式薪酬，至少有两种机制可以影响融资选择：一方面，CEO 具有较高债务薪酬的公司可以以更宽松的融资条件、更低的利率等条件借款

---

[1] 例如，在 Peng（2013）的示例中，只有小部分交易（5%）是由内部融资的。

（Anantharaman et al., 2014；Chen et al., 2010；Wang et al., 2011），从而内部债务水平更高的CEO更有可能选择债务融资，即债务成本效应；另一方面，考虑到债务类薪酬较高的CEO更关心公司偿付能力的理论（Edmans and Liu, 2011），由于额外债务降低了公司的偿付能力，CEO不太可能选择债务融资来支付并购，即风险规避效应。 因此，Peng（2013）认为CEO内部债务如何影响企业并购融资选择及其支付方式是一个实证问题。 其研究结果发现，债务类薪酬较高的CEO更有可能使用债务融资[①]，因此更有可能支付现金而不是股票。 因此，Peng（2013）的结果支持了债务成本效应。

2.2.2.4　企业股利分配

其主要理论机理在于股利支付增加了未来需要外部融资的可能性。 CEO内部债务水平降低了企业受到的融资约束。 因此，具有较高CEO内部债务水平的公司更有可能支付股利，并支付较高水平的股息。

股利支付倾向和比率。 Hui and Borah（2013）考察CEO内部债务对股利支付政策的影响。 利用2006—2008年的1859个公司×年观察样本，Hui and Borah（2013）研究发现，CEO内部债务与企业现金股利支付的可能性以及股利支付水平正相关。 此外，Hui and Borah（2013）还发现，与内部债务水平低的公司相比，内部债务水平高的公司股利增加对公司的估值影响更为积极。 总之，Hui and Borah（2013）的研究结果支持了CEO内部债务降低企业债务融资成本的假说。 因此，内部债务水平较高的CEO会因为较低的财务约束而支付更多的红利。

2.2.3　监督效应

监督效应认为，CEO内部债务缓解了股东-债权人利益冲突，从而缓解了债权人通过短期债务、可转债等债务形式对CEO进行监督的需要。

2.2.3.1　企业融资行为

债务期限结构。 同样是研究高管内部债务与公司债务期限结构，Khan

---

① 在这里，非债务融资包括所有股权融资和所有内部现金融资。

（2016）得到了与 Dang and Phan（2016）完全相反的结论，即高管内部债务与公司短期（长期）债务负（正）相关。 其逻辑在于，当高管内部债务水平较高时，由于内部债务缓解了高管与债权人的利益冲突，缓解了债权人通过短期债务对高管进行监督的需要，从而允许企业持有更多的长期债务。 也即，高管内部债务与短期债务在对高管的监督效应上具有替代效应。 Khan（2016）与 Dang and Phan（2016）的研究具有以下不同之处：（1）Dang and Phan（2016）仅研究了 CEO 的内部债务，而 Khan（2016）研究了所有（前 5）高管的内部债务；（2）Dang and Phan（2016）将 CEO 内部债务分解为养老金和递延薪酬两部分并分别进行回归，结果发现只有养老金对债务期限结构有显著影响；而 Khan（2016）则发现两部分的回归结果都显著，此外，Khan（2016）还进行了 2SLS 回归；（3）Khan（2016）将样本分成了融资受约束和融资不受约束两组，结果发现两组子样本中 CEO 内部债务与公司短期债务比例均显著负相关。

银团贷款。 Chen and Fan（2017）研究了借款企业 CEO 内部债务与银团贷款结构之间的关系。 其理论机理如下：股东-债权人（或牵头银行和参与银行）之间的利益冲突加剧，使得银团贷款对参与银行不那么有利[①]。 因此，对于牵头银行来说，发起银团贷款的过程和向参与银行出售贷款份额更为困难。 相反，较少的利益冲突意味着参与银行的信用风险降低，从而使得银团贷款过程变得更快且更容易，这有利于借款公司。 当借款企业 CEO 持有内部债务时，借款企业的股东-债权人利益冲突减弱，缓解了牵头银行对借款企业进行监督的需要，因此，参与银行的信用风险降低，从而更愿意参与到银团贷款中。 Chen and Fan（2017）发现：（1）借款企业的 CEO 内部债务对银团贷款的结构有显著影响，具体而言，CEO 内部债务与银团贷款的参与银行数量正相关，与牵头银行的贷款金额和贷款份额以及借款银行的贷款集中度均负相关。 （2）牵头银行与借款企业过去的借贷关系不仅减轻了双方的信息不对称问题，也为参与银行提供了一个关于牵头银行有能力和经验对借款企业进

---

① 银团贷款前，牵头银行负责对借款企业的资信调查，然后将贷款份额出售给参与银行，出售后，参与银行承担相应份额的贷款风险，但由牵头银行负责对借款企业的监督。因此，银团贷款牵头银行只承担其自身贷款份额的风险，却负责对所有贷款份额的监督，故存在显著的牵头银行与参与银行之间的委托代理问题。

行监督的信号（Boot，2000），因此，当牵头银行和借款企业已有借贷关系时，上述 CEO 内部债务对银团贷款结构的影响效应更弱。 （3）当借款企业的信息透明度更高时，参与银行更能获知银团贷款的风险水平。 因此，当借款企业的信息透明度更高时，上述 CEO 内部债务对银团贷款结构的影响效应更弱①。 （4）当借款企业的 CEO 临近退休时，会更关注其内部债务的价值，从而经营上更加保守。 此时，上述 CEO 内部债务对银团贷款结构的影响效应更弱。 Chen and Fan（2017）也通过 2SLS 控制 CEO 内部债务可能存在的内生性问题，同样利用"CEO 年龄"和"最大个人所得税率"作为企业内部债务的工具变量。

可转债。 风险转移假说（Risk-Shifting Hypothesis，RSH）认为，股东有投资于高风险项目而掠夺债权人利益的动机②。 然而，尽管在理论上具有很高的有效性，RSH 在文献中获得的经验支持却非常有限。 为了抑制股东的 RSH 激励，一方面，Jensen and Meckling（1976）提出，发行可转债可以减少股东从债权人处掠夺利益的动因③，因此债权人会更偏好可转债以更好的监督股东从而保护自身利益；另一方面，由于 RSH 反映了股东和债权人利益冲突，如果能使得经理人-债权人利益更加一致化，则能有效缓解股东（经理人）的 RSH 动机，如 CEO 内部债务④。 基于此，Li et al.（2018）提出，根据 RSH，CEO 内部债务持有与公司对可转债的偏好在缓解股东 RSH 动机上相互替代，即两者存在负相关关系；相反，如果可转换债券的发行主要是由于其他原因，如后门融资，那么 CEO 内部债务持有量应该对公司发行可转换证券的决定几乎没有（或仅有很弱的）解释力。 Li et al.（2018）利用 2006—2011 年

---

① 借鉴已有文献（如 Lin et al.，2012；Bharath et al.，2011），Chen and Fan(2017)利用"公司规模""分析师数量"和"长期的长期债务评级"作为借款公司的信息透明度水平的评价指标。

② 因为若投资成功，股东将获得大部分的收益；若投资失败，债权人除了利息收入不能保证以外，本金也可能遭受损失。

③ 因为可转债使得股东与企业债权人共同分享了资产风险提高过程中的收益，从而抑制了股东承担风险（即 RSH）的激励。

④ CEO 内部债务能够抑制 CEO 转移风险的动机，债务投资者在观察到 CEO 持有大量内部债务时会更加放心。

3558 个企业×年份观测值和 1338 笔直接债务和可转债发行的数据样本，发现
CEO 内部债务与公司可转债显著负相关，从而支持了 RSH。 具体而言，Li et
al.（2018）发现，CEO 内部债务持有水平越高的企业在其存量债务中有更低
的可转债占比，在新发行债务中有更低的可转债发行可能性，并且会设计相关
条款以致可转债进行转换的可能性更低。 最后，Li et al.（2018）还发现，
CEO 内部债务持有与可转债偏好之间的负相关关系在面临高违约风险的企业
中更强。

2.2.3.2 企业财务管理行为

会计稳健性①。 由于内部债务与会计稳健性都能减轻债权人面临的"掏
空风险"，因此内部债务和会计稳健性之间可能存在两种关系：替代关系（监
督效应）②和互补关系（风险规避效应）③。 Wang et al.（2017）利用 2007—
2014 年的 10311 家企业×年份样本数据，证明了 CEO 内部债务与会计稳健性
之间呈"替代关系"。 这一结果意味着，CEO 内部债务降低了高管过度承担
风险的偏好，缓解了债权人对"被掏空"的忧虑，从而减轻了债权人对稳健性
财务报告的要求。 Wang et al.（2017）的研究有以下几个特征：（1）内生性
的控制。 Wang et al.（2017）采用了两种方法控制可能的内生性问题，一是
常规的做法，即采用 2SLS 法，工具变量是公司总部所在地的最高个人所得税
率（包括 maximum tax rate for wages, maximum tax rate for long-term
capital gains 和 maximum mortgage subsidy rate）。 二是利用"CEO 更替"
背景作为对 CEO 内部债务产生的一种冲击。 因为养老金和递延薪酬会随着
CEO 任期的增加而增加，则离职的 CEO 往往会有比即将入职的 CEO 更高的

---

① "会计稳健性"是将更严格的可核实性要求应用于确认经济收益而非确认损失的实
践(Basu,1997)。会计稳健性可以通过减轻债权人面临的掏空风险(expropriation risk)而降
低债务的代理成本(Watts,2003)，还能减轻高管承担高风险、负净现值项目的激励，保持违
约时债权人的价值。

② 替代关系意味着,CEO 持有内部债务的企业更少需要利用会计稳健性保护债权人，
即内部债务与会计稳健性负相关。

③ 互补关系则意味着,会计稳健性可能提高 CEO 内部债务抑制高管风险承担偏好的
作用，即内部债务与会计稳健性正相关。

内部债务水平①。 因此，"CEO 更替"往往导致 CEO 内部债务水平及其风险敏感性的下降。 Wang et al.（2017）以离职 CEO 与即将入职 CEO 之间的相对薪酬敏感性的差异为条件，考察了 CEO 更替前后公司会计稳健性的变化。 结果发现，在 CEO 更替后一年中，会计稳健性显著增加，但只有在新 CEO 的相对敏感性低于离任 CEO 时才会发生。 这表明，CEO 内部债务对会计稳健性有因果影响。 （2）进一步分析了内部债务与会计稳健性之间替代关系的横截面变化。 首先，Wang et al.（2017）发现这种关系主要集中在具有高违约风险的公司。 其次，Wang et al.（2017）发现内部债务与会计稳健性的替代关系随着企业债务结构的不同而不同。 最后，CEO 内部债务与会计稳健性之间关系的一个关键假设是，公司能够对保持保守的财务报告政策作出可信的承诺②。 （3）考虑到与养老金不同的是，延期补偿可以提前收回，但通常会收到巨额罚金（Wei and Yermack，2011）；此外，公司有时会允许高管的递延薪酬投资于他们自己的股票（Wei and Yermack，2011）。 这两个特征在一定程度上抵消了递延薪酬的债务性质。 因此，Wang et al.（2017）进一步对内部债务进行分解，确实发现，养老金对公司会计稳健性有显著的负向影响，但递延薪酬则不明显。 （4）采用了已有文献度量公司"会计稳健性"的指标进行了一系列稳健性检验。

审计费用。 Sun et al.（2014）检验了 CEO 内部债务水平与审计费用之间的关系。 其基本逻辑是：根据 Wang et al.（2017），高管的债务薪酬（如养老金和其他递延薪酬）降低了债权人对会计稳健性的要求和监督。 会计稳健性是限制高管机会主义财务报告行为的重要监督机制（Watts，2003；Guay and Verrecchia，2006；Chen et al.，2007）。 会计稳健性包括使用更严格的标准来将好消息识别为收益，而不是将坏消息识别为损失。 债权人对稳健会计报告行为的监督缺位，可能会产生更大的会计差错和违规行为的潜在风险。 因此，为了得到相同水平的总体可接受审计风险，审计师需要进行更多实质性

---

① 股权也是如此，但程度要小一些。因为与内部债务不同，CEO 定期行使股票期权并出售股票。

② 也就是说，如果内债 CEO 较低的公司事先同意债务人要求更保守的会计政策，它们将事后维持这些政策。

检验（即付出更多努力）；此外，审计师对损益不对称确认的会计稳健性的关注，也源于他们对诉讼风险的关注，因为相比于收入低估，审计师更有可能因收入高估而被起诉（Basu，1997）[1]。考虑到审计费用是审计努力与起诉风险的函数，审计师将对拥有内部债务更多的企业收取更高的审计费。因此，Sun et al.（2014）提出 CEO 内部债务与审计费用正相关。

Sun et al.（2014）利用 2006—2011 年的 985 家公司共 3426 个公司×年份样本数据，通过 OLS 法研究发现，内部债务与审计费用正相关，意味着审计人员认为内部债务是一个需要额外审计工作的因素。Sun et al.（2014）还采用逐年估计法。考虑到内生性问题，Sun et al.（2014）提出没有找到合适的工具变量，并未使用常规的 2SLS 法，而是采用公司固定效应模型法（FE）进行控制。

2.2.4　信号假说

已有研究内部债务对股票价格影响的文献[2]意味着，支付给 CEO 更高水平的内部债务将向市场发出信号，表明 CEO 更关心公司的未来，而不是其薪酬组合中的额外股票的短期收益。

企业融资行为（IPO）。为了验证内部债务的信号假说是否存在，Beavers（2013）在企业 IPO 的背景下进行了两个反事实检验：（1）内部债务与超额配售选择权[3]。如果发行人同意出售更多的股票，如果并且仅当市场上没有足够的股票，即超额需求出现时，就会发生超额配售（over-allotment）。承销商只有在能赚钱的情况下，才会行使超额配售选择权

---

[1]　Basu(1997)发现,审计师更高的被起诉风险与更多的稳健性财务报告有关。

[2]　Wei and Yermack(2011)发现股票价格随着内部债务的增加而下降。在金融危机期间,那些向 CEO 支付内部债务的公司股票表现更好。然而,在宣布提高内部债务之后,股价并没有立即上涨。对于破产可能性更大的公司来说,这种影响更为明显(Francis and Yilmaz,2013)。Bennett et al.(2012)研究发现,由于违约风险增加,在金融危机期间,当内债减少时,银行控股公司的股价表现较低。

[3]　超额配售选择权,又称绿鞋机制,是指发行人授予承销商的一项选择权,承销商在股票上市之日起 30 天内,可以择机按同一发行价格比预定规模多发 15%(一般不超过 15%)的股份。绿鞋机制的引入可以起到稳定新股股价的作用。

（Muscarella et al.，1992）。 换言之，如果承销商能从超额配售中获利，更多的股票将进入市场；否则，超额需求将得不到满足。 因此，如果内部债务的信号理论存在，那么发生这种情况（内部债务与超额配售的概率之间正相关）的可能性更高。 （2）内部债务与互联网企业。 20世纪90年代末的互联网泡沫部分是由媒体推动的（Bhattacharya et al.，2009）。 Beavers（2013）预期在内部债务和互联网公司之间存在正相关关系，因为其大部分收入会在将来实现。 首次公开募股（IPO）引起了公众对互联网公司的注意，并带来了比以前更多的客户和网站点击量。 因此，CEO债务类薪酬的支付取决于公司及其经营的成功。

Beavers（2013）利用一个2006—2012年包含了420笔IPO的独特的手工收集数据集，研究发现：内部债务与IPO超额发售、公司是互联网企业的可能性之间存在总体的净正相关关系。 最后，当投资银行从发行者手中购买股票以转售给投资者时，就会发生联合（Syndication）①。 这种对公司的极端信心只有在CEO有更高的内部债务时才会增加（假设信号理论是正确的）。 Beavers（2013）发现，来自CEO薪酬方案的早期积极信号将进一步增加联合的可能性，从而减少搭便车行为和道德风险成本。 综上，Beavers（2013）的研究支持了内部债务的信号假说。

2.3　银行高管内部债务的影响

由于高杠杆率以及政府存款保险的存在，股东-债权人利益冲突在银行业尤为严重：（1）银行的杠杆水平非常高，持有远低于其他行业的权益水平，在综合考虑杠杆倍数和时间跨度因素的情况下，银行股东的道德风险和过度冒险倾向远高于其他非金融企业股东；（2）在有限责任制和金融安全网（存款保险制度）下，股东对风险的容忍程度可能高到损害其他利益相关者（银行债权人和存款保险人）的程度，而政府可能出于"大而不能倒"的考虑对经营

---

① Corwin and Scholtz(2005)发现,联合会产生信息,减少搭便车行为和道德风险。

不善的银行给予政治救助（即预算软约束问题），进一步加重了股东的风险偏好。

因此，关于银行高管内部债务的相关研究，更多地关注高管内部债务是否有效降低了银行的风险偏好水平，即主要是从高管内部债务的"风险规避效应假说"和"监督效应"视角来进行，而对内部债务的债务成本效应假说、信号效应假说等则关注较少。

2.3.1 风险规避效应

2.3.1.1 银行融资行为

资产负债表管理。 Van Bekkum（2016）从银行的融资策略（危机前借款）视角，探讨了内部债务如何使经理人更加保守地管理企业的具体影响机制，发现与内部债务危机前更保守的资产负债表管理行为（回购业务）正相关。 银行资产负债表的积极管理增加了金融危机期间的总波动性、风险价格和金融困境的可能性（Brunnermeier and Pedersen，2008；Fostel and Geanakoplos，2008；Kashyap et al. ，2008；Brunnermeier，2009；He et al. ，2010；Adrian and Shin，2010）。 具体来说，当2007年和2008年抵押贷款价值下降时，银行需要通过出售部分资产来降低其头寸的杠杆率。 当这些资产的价格较低时，销售的发生导致了资产更低的价格。 这引起了其他银行对银行系统的偿付能力和流动性的担忧，从而提高保证金和抵押品的要求。 由于这些收紧的借贷标准，银行不能再延期偿还短期债务，导致进一步的资产抛售和更深的亏损。 因此，如果高杠杆率提高了银行的违约风险，Van Bekkum（2016）预期内部债务持有与银行债务增长之间存在负相关关系。 银行债务增长的一个直接衡量指标是市场杠杆率的提高。 然而，由于杠杆出现在内部债务变量的分母，内部债务和金融杠杆之间的关联可能是由这种机械关系驱动所致。 因此，Van Bekkum（2016）将银行的回购协议作为资产负债表扩张的代理变量，资产负债表扩张可以说是银行举债更重要的渠道（Adrian and Shin，2010）。 在回购协议中，银行出售一种（通常是次级抵押贷款支持的）证券，以便在未来某个确定的日期以预先约定的价格回购。 因此，回购相当于抵押贷款，利息即回购价格超过销售价格的部分。 Van Bekkum（2016）利用 2006 年 12 月之后的数据来衡量这一事前变量，以缓解人们对内部债务与杠杆政策之间内生性的担忧，并在 2007 年 7 月之前将资产负债表扩张与危机导致的杠杆变化隔离开来。

2.3.1.2　银行投资行为

住房抵押贷款审批。 Chu and Qiu（2016）研究 CEO 持有更高债权激励的银行是否更少批准风险性的住房抵押贷款。 借鉴 Duchin and Sosyura（2013）和 Chu et al.（2015）的做法，Chu and Qiu（2016）将"贷款-收入比"作为衡量其抵押贷款申请的风险指标（该比率越大则意味着抵押贷款的申请人风险越高），引入"贷款-收入比"与"银行 CEO 债权激励比率"的交互项作为解释变量，被解释变量为哑变量，即"如果第 t 年在城市统计区（Metropolitan Statistical Area，MSA）k 的银行 j 的贷款申请 i 被批准，则设为 1，被拒绝则设为 0"，结果发现交互项系数为负，证实了 CEO 持有更高债权激励的银行批准高风险住房抵押贷款的可能性更低。 考虑到贷款审批与CEO 薪酬激励之间可能存在内生性，Chu and Qiu（2016）也借鉴 Anantharaman et al.（2014）的做法，进一步利用工具变量法，即用"国家最大个人所得税率"作为 CEO 内部债务的工具变量，通过 2SLS 法得到了相同的结论。 最后，Chu and Qiu（2016）还将 CEO 内部债务分解成"养老金"和"递延薪酬"两部分，并重新进行了上述检验（OLS 及 2SLS 回归），结果发现"养老金"的检验结果依然显著。 总之，Chu and Qiu（2016）的结果证实了内部债务（尤其是养老金）能发挥降低银行风险承担的作用。

住房抵押贷款质量。 Van Bekkum（2016）从银行的投资策略（危机前贷款质量）视角，探讨了内部债务如何使经理人更加保守地管理企业的具体影响机制，发现内部债务与银行 2008 年 12 月更高质量的资产组合（住房贷款质量及贷款减记）正相关。

银团贷款审批。 与"CEO 持有大量债务薪酬将承担更低风险"的理论预期相反，Liu and Wu（2017）研究发现 CEO 内部债务水平越高的银行提供的银团贷款条件反而更宽松，如发放有着更少参与者、更低利率、更少限制性条款和更长期限的银团贷款。为了对这一异象进行解释，Wu（2017）首先通过引入银行选择效应，发现银行 CEO 内部债务与更安全的借款人正相关，这证实了借款人并非随机选择的（具有内生性）。因此，Liu and Wu（2017）进一步通过 2SLS 来控制"借款人的自选择问题"（工具变量法），借鉴 Bharath et al.（2011）的方法，利用地理距离作为"Pr（Inside Debt Sample）"的工具变量[①]，从而将这一看起来与理论预期相反的结论同更保守的贷款合同条款统一起来，即内部债务限制银行风险承担首先是通过将贷款发放给更安全的借款人，而不是通过更严格的贷款条款。进一步地，Liu and Wu（2017）还区分了银团贷款中的牵头银行和参与银行。最后，Liu and Wu（2017）还进行了一系列稳健性检验：首先，考虑 CEO 内部债务与贷款条款之间可能存在的内生性，借鉴 Anantharaman et al.（2014）的做法，用领导者银行所在国的个人税率作为 CEO 实施内部债务的工具变量，进行 2SLS 检验；然后，Liu and Wu（2017）考虑了贷款条款之间相互影响的可能性，借鉴 Bharath et al.（2011），利用三等式结构性方程重新进行相关检验；最后，进行了逐年回归检验，发现结果均一致并稳健。总之，Liu and Wu（2017）的结论仍然符合"CEO 持有大量债务薪酬将承担更低风险"的理论预期，只不过 CEO 内部债务限制银行风险承担首先是通过将贷款发放给更安全的借款人，在此前提下，银团贷款条款反而变得更加宽松。

2.3.1.3　银行并购行为

并购后的违约风险。Srivastav et al.（2018）预期 CEO 内部债务与银行并购的风险效应之间呈负相关关系。利用 2007—2012 年 62 家美国上市银行的 100 笔并购公告数据，借鉴 Gropp et al.（2006）的方法，Srivastav et al.

---

①　具体而言，对于每对 Dealscan 借款人和 Liu and Wu(2017)的样本银行，使用他们总部的邮政编码，找到城市的纬度和经度。然后，计算两者之间的球面距离，并使用"ln(距离)"来处理距离变量中的偏度(Petersen and Rajan,2002)。最后，对于每个 Dealscan 借款人，Liu and Wu(2017)使用借款人与其最近的银行之间的距离，即"ln(距离)"的最小值。

（2018）使用一个以市场为基础的违约距离度量指标 DD 来衡量银行违约风险[①]，进行了以下检验：（1）首先检验了 CEO 内部债务对收购方银行在并购后的违约风险变化的影响，OLS 回归结果显示，收购方银行在并购后的违约风险与其 CEO 内部债务负相关。 考虑到 CEO 内部债务与银行选择并购之间可能存在自选择问题（内生性），Srivastav et al.（2018）还进一步采用 Heckman 两阶段法，回归结果依然保持不变。 （2）Srivastav et al.（2018）分析了并购过程中银行 CEO 内部债务可能影响银行违约风险的两个可能渠道，即杠杆[②]和资产风险[③]的变化。 利用 CEO 内部债务对这两个指标重新进行上述 OLS 和 Heckman 两阶段法检验之后，结果得到了证实。 另一个值得注意的结果是，逆米尔斯比率只有在用"资产市场价值的标准差"来衡量资产风险时显著，这表明，意外的收购决策与贷款账簿质量方面的风险增加有关。在进行了一系列稳健性检验之后，结果并没有本质改变。 （3）Carbo-Valverde et al.（2012）证明，并购可能是银行（股东）向金融安全网转移风险（攫取价值）的一种手段。 因此，Srivastav et al.（2018）进一步研究发现，CEO 内部债务与并购后的金融安全网价值变化（$\Delta \text{IPP}_{i,t}$）[④]负相关，这意味着，CEO 内部债务水平越高，则 CEO 对风险的保守性越强，从金融安全网提取的价值（风险转移）越低。 这一研究表明，CEO 薪酬激励不仅影响银行的总体风险（如违约距离或其他指标衡量的风险），还影响金融安全网的预

---

① 为了测量由于收购而导致的风险的变化，Srivastav et al.（2018）计算每个收购者在首次宣布完成交易之前的 180 至 11 个交易日以及完成交易之后 11 至 180 天的平均每日 DD 值，$DD_t = (\ln(V_{A,t}/Lt) + (r - 0.5 \sigma_{A,t})^2 T) / (\sigma_{A,t} T)$。同时，还需要控制银行风险的总体变化。因此，计算 $\Delta\text{IADDi} = \text{Change in DD for bank i} - \text{Change in average DD of non-acquiring banks}$，如果 ΔIADD 为正，则意味着违约风险降低。

② Srivastav et al.（2018）采用两种常用的杠杆度量方法："总风险资本比率"（定义为总股本资本比风险加权资产）和"次级债务比风险加权资产"。

③ 资产风险分别通过"资产市场价值的标准差"和"风险加权资产占总资产的比例"来衡量。所有这些指标都经由非银行的行业平均水平调整。

④ $\text{IPP} = N(y + \sigma_{A,t}\sqrt{T}) - ((1-\delta)^n (V_{A,t}/B_t) N(y))$，$y = (\ln(B/V_{A,t}(1-\delta)n) - \sigma_{A,t}^2 T/2)/(\sigma_{A,t}\sqrt{T})$。

期价值[①]。

总之，与研究企业并购行为的文献不同，Srivastav et al.（2018）研究的主要亮点是分别从收购方银行并购后的违约风险变化以及并购后的金融安全网价值变化来衡量银行在并购上的风险承担行为，结果发现 CEO 内部债务不仅降低了收购方银行个体层面的违约风险，也降低了股东从其金融安全网转移风险、攫取价值的动力，从而证明 CEO 内部债务对约束银行风险承担的有效性。

2.3.1.4 银行股利分配

现金支付倾向和比率。Srivastav et al.（2014）认为，银行现金支付[②]向股东转移了现金，从而给债权人留下了更高的风险和更少的流动性资产。因此，银行现金支付构成了一种以债权人利益为代价向股东转移财富的风险转移行为。Srivastav et al.（2014）提出，如果 CEO 内部债务能够使高管与债权人利益更加一致，则应该与更加保守的银行现金支付行为相关。利用 2007—2011 年 103 家美国上市银行 442 个银行 × 年份观测值的样本数据，Srivastav et al.（2014）发现：（1）CEO 内部债务与"银行现金支付是否变化"和"现金支付变化的规模"均负相关。（2）Srivastav et al.（2014）将"不良资产救助计划（TARP）[③]"作为一个自然实验，他们首先通过检验发现更高的银行现金支付降低了银行退出（偿付）TARP 的可能、提升了银行偿付 TARP 资金所需要的时间，这表明银行的现金支付与债权人利益有关[④]。然后，Srivastav et al.（2014）通过 TARP 银行的现金支付政策来检验内部债务在约束 TARP 银行接受国家援助之后的额外风险承担的效果，结果发现

---

① 由于安全网是由纳税人兜底的，因此研究结果显示，CEO 内部债务对银行股东从纳税人那里获得的补贴（转移风险）具有显著影响。

② 银行现金支付（payout）包括了"现金股利"和"股票回购"等，Srivastav et al.（2014）区分了总支付和净支付，其中"总支付"为向股东支付的总现金流，等于现金股利与股票回购之和，"净支付"则为现金股利与股票回购之和减去股票发行获得的现金。

③ 不良资产救助计划（Troubled Asset Relief Program，TARP）是指在 2008 年 9 月雷曼兄弟破产后推出的旨在救助金融系统的紧急措施。

④ Srivastav et al.（2014）的逻辑是，更高的现金支付降低了可供银行偿付 TARP 资金的自由现金，这会延长银行偿付 TARP 的时间，可能带来债权人和纳税人的利益损失。

TARP 加强了 CEO 内部债务与银行支付之间的关系，即内部债务对银行现金支付的负向影响在 TARP 银行中更加显著，但这一结果只在总支付中存在，在净支付中不存在。（3）进一步分别检验了"现金股利""股票回购""股票发行"三个银行现金支付渠道受 CEO 内部债务的影响情况。最后，Srivastav et al.（2014）进行了一系列稳健性检验，分别借鉴 Cuny et al.（2009）和 Hirtle（2004）关于"股票回购"的计算方法重新计算银行现金支付变量，发现结果并无本质改变。总之，Srivastav et al.（2014）的研究结果符合理论预期，即 CEO 内部债务使得高管与债权人的利益更加一致。

2.3.1.5　银行财务管理行为

银行盈余管理行为。Kiridaran et al.（2012）是首个研究 CEO 内部债务与银行通过贷款损失准备（LLP）进行盈余管理的行为之间的关系的文献，他们还进一步检验了银行 CEO 内部债务与此次次贷危机期间银行财务困境之间的关联。Kiridaran et al.（2012）主要发现：（1）证明了 CEO 内部债务与银行危机前的收益波动性（风险承担行为）的负相关关系。其中，银行的核心收益（即净息差）波动性最显著，而对于包含了其他收入要素的经营性收益以及 Z-score 则不那么显著。（2）CEO 内部债务水平越高的银行通过 LLP 进行盈余管理的动机更低，从而证实了 CEO 内部债务水平更高的银行会更少地从事风险承担行为进而有更低的从事盈余平滑的动机的推理。他们证明了，即使像银行这样受到严格监管的行业，CEO 薪酬激励仍然影响其风险承担行为。（3）进一步检验银行 CEO 危机前的内部债务是否是一个银行在危机期间陷入财务困境的好的预测值，结果发现 CEO 内部债务水平更高的银行在危机期间陷入困境的可能性更低，Kiridaran et al.（2012）主要使用更大的损失（更差的经营绩效）、更多的贷款损失准备（更差的资产质量）、低资本水平（更差的资产负债表实力）以及破产来衡量"困境"的表现。

2.3.1.6　银行风险承担与绩效

风险承担。Bolton et al.（2015）研究了金融机构风险承担与高管薪酬的关系。他们建立了一个包含股东、债权人、存款人和经理人的理论模型提出，原则上，金融机构的过度冒险行为（以风险转移的形式）可以通过基于股票价格和债务价格（以信用违约互换衡量，the credit default swap spread）的薪酬制度来解决，即将高管薪酬与长期 CDS 价差相联系。 Bolton et al.（2015）认为，至少对于那些拥有流动性很高的 CDS 市场的大型金融机构来说，这与向 CEO 授予股权或股票期权一样具有可操作性和易于实施性[①]。 不过，Bolton et al.（2015）也提出股东可能无法承诺以这种方式设计薪酬契约，而且由于存款保险制度或天真债权人的引入产生扭曲，股东可能不愿意这样做。 最后，Bolton et al.（2015）利用 SEC 要求披露高管内部债务数据的规定，根据银行首次公布其内部债务数据的时间构造 CDS 事件研究，即研究事件发生前后的 CDS 累计异常收益（Cumulated Abnormal Spread Return，CASR），结果发现，内部债务的披露在信用市场上得到了定价，CEO 内部债务水平越高的企业在内部债务披露事件期间经历了 CDS 价差的减少。 这种减少的一个可能的解释便是，银行在其投资风险的选择上更加保守。 因此，Bolton et al.（2015）利用这一简单的实证分析对其提出的理论模型的有效性进行了一定程度的论证。

Van Bekkum（2016）研究了金融危机时内部债务与银行股东风险、银行总体风险的相关性。 使用来自 319 家美国大、小银行的专有高管样本，Van Bekkum（2016）发现：（1）在 2006 年年底持有较多内部债务的银行，在 2007 年 7 月—2009 年 3 月期间的风险水平更低，具体表现为更低的股票市场价值损失（lost stock market value）、波动性（volatility）、尾部风险（tail risk）以及更低的陷入财务困境的可能性（probability of financial distress）。

---

① 具体而言,银行 CEO 薪酬在实践中应如何与 CDS 价差挂钩? 至少,银行监管机构可以简单地建议银行薪酬委员会研究如何将高管薪酬与银行 CDS 息差挂钩。最简单的方法可能是要求 CEO 在他们的雇佣合同期间写出一定数量的 CDS(或者购买由其他保险公司写的合同期)。或者,更有效率地,当银行 CDS 利差偏离平均银行利差时,高管的递延奖金可以根据预先确定的公式增减:如果利差低于平均,奖金将增加;如果高于平均,奖金将减少。另一个方法可以是将 CDS 风险敞口要求作为债券契约,并将这种风险敞口的存在与银行的信用评级联系起来。最后,如果股东也从减少风险的承诺中受益,他们可能希望向薪酬委员会施压,将 CDS 息差风险暴露引入 CEO 薪酬合同。

（2）由于银行非利息收入业务与银行的风险正相关[①]，Van Bekkum（2016）进一步检验了银行内部债务与银行非利息收入的相关性，结果发现两者负相关，从而也证实了内部债务降低了银行风险的论点。最后，Van Bekkum（2016）也使用了 2SLS 法控制了内部债务可能存在的内生性问题[②]。总之，Van Bekkum（2016）的研究结果表明，债权人治理对银行风险承担具有调节作用，对金融机构的稳定和治理有重要意义。

违约风险。Bennett et al.（2015）利用 371 家 BHCs 的样本，使用了穆迪 KMV 预期违约频率、违约距离（the distance-to-default）、股票收益波动率（stock return volatility）、骆驼评级体系（CAMELS）、真实违约频率（actual default frequency）等 5 个指标来衡量银行的违约风险，结果发现在 2008 年违约风险较低的 BHCs，其 CEO 在 2006 年的内部债务水平也较高。Bennett et al.（2015）还进行了一系列稳健性检验，如利用分位数回归、考虑银行的规模效应，此外，还进一步控制了 CEO 内部债务可能存在的内生性问题，采用 2SLS 法，其中第一阶段用"CEO 年龄""CEO 年龄的平方"以及"国家最大收入所得税率"3 个变量作为 CEO 内部债务的工具变量，结果并未发生根本改变。总之，Bennett et al.（2015）发现 CEO 内部债务可以作为银行高管风险激励的信号，BHCs 的利益相关者可以利用这些信息来识别那些为 CEO 提供债务激励，使得 CEO 与债权人利益更加一致，从而倾向于承担更少风险的银行。

Jiang et al.（2019）基于中国银监会于 2010 年发布《商业银行稳健薪酬

---

① 已有研究发现，银行更多参与到基于手续费的非利息收入业务往往与银行更高的经营杠杆、收入波动性和盈余波动性相关（DeYoung and Roland，2001）。此外，DeYoung et al.（2013）还指出，基于股权的风险激励措施鼓励了美国商业银行的 CEO 从非利息银行业务中获得更多收入。

② Van Bekkum（2016）使用高管年龄作为内部债务的工具变量进行第一阶段回归。

监管指引》的背景①，以 2006—2013 年期间来自 14 家中国上市银行的 156 名银行高管为样本，分析了高管薪酬延期对风险承担的影响。 Jiang et al.（2019）首先证明，在预监管期间，风险较低的银行比风险较高的银行延付薪酬。 与理论分析相一致，我国银行采取递延高管薪酬的主要动机是缓解银行经理过度冒险行为。 当递延高管薪酬为自愿时，高风险银行递延的高管薪酬较少，而低风险银行递延的高管薪酬较多。 此外，Jiang et al.（2019）还发现，在 2010 年强制性监管之后，银行比监管之前递延了更多的高管薪酬，并降低了其风险承担。 此外，对于监管前风险较高的银行而言，监管后风险承担的降低幅度大于监管前风险较低的银行。

风险对冲。 银行经理降低违约风险的一个方法是进行风险的对冲。 企业风险管理的文献提出，企业风险对冲的一个诱因是降低其预期破产成本（Smith and Stulz，1985；Mayers and Smith，1982）。 对冲降低了现金流和企业价值的波动性，从而降低违约风险。 Stulz（1996）建议，公司应该以一种不太可能发生财务困境的方式对冲风险。 Purnanandam（2008）从理论和实际角度证明了当企业面临更高的财务困境可能性时有更强的对冲激励。Purnanandam（2007）发现银行面临更高财务困境可能性时更愿意控制其利率风险。 对冲因此成为银行降低违约风险的一项工具。 基于这一背景，Belkhir and Boubaker（2013）提出，如果 CEO 内部债务使得 CEO 与债权人利益更加一致，则会更加促使 CEO 利用金融衍生工具进行风险对冲。 利用 2006—2010 年美国 150 家银行持股公司（BHCs）的约 500 个观测值样本数据，Belkhir and Boubaker（2013）研究发现，CEO 内部债务与银行利用利率衍生产品来对冲风险的程度正相关。 为控制 CEO 内部债务与银行对冲行为之间可能存在的内生性问题，Belkhir and Boubaker（2013）利用 2SLS 法，其

---

① 2008 年金融危机后，世界各国政府提出了银行高管薪酬合同的多种改革方案。为应对中国金融市场日益增加的经营风险和金融风险，银监会于 2010 年发布了《商业银行稳健薪酬监管指引》。这些指导方针概述了递延高管薪酬政策，并规定了递延比率和递延期限的要求。监管当局声称，这一政策的动机是为了缓解银行经理们过度冒险的行为，以促进中国银行业的稳定运行和可持续发展。这种外生的监管变化为检验多期代理解释递延补偿提供了良好的背景。

中第一阶段用 BHC 总部所在州的"工资最高税率""长期资本利得最高税率"和"最高抵押贷款补贴率"3 个变量作为 CEO 内部债务的工具变量，然后用估计出来的 CEO 内部债务在第二阶段估计其对银行利用利率衍生产品来对冲风险的程度进行回归检验。总之，Belkhir and Boubaker（2013）从银行利用利率衍生产品进行风险对冲这一风险管理的全新视角，证明了 CEO 内部债务有利于使 CEO 与债权人的利益更加一致。

银行绩效。Bennett et al.（2015）发现，危机前 CEO 内部债务水平越高的银行持股公司（BHCs），在危机后有更优的绩效。主要研究为：（1）为了检验这种低风险激励是否也能解释危机期间的财务表现，Bennett et al.（2015）使用资产收益率（Return On Asset，ROA）、权益收益率（Return On Equity，ROE）和累计超额股票收益（cumulative excess stock return）①等 3 个指标衡量银行的绩效，此外，还使用利息收入（interest income）、利息成本（interest expense）、贷款损失准备（provisions for loan losses）、非利息收入和成本（non-interest income and expense variables）等指标（全部占总资产的百分比）来检验薪酬影响 ROA 的路径，结果发现在危机期间绩效变量与危机前的银行 CEO 内部债务比率之间呈显著正相关。（2）为了进一步探究为什么 CEO 内部债务比例与 BHC 的违约风险和业绩相关，Bennett et al.（2015）观察了 CAMELS 评级②的构成。他们对 2006 年 CAMELS 评级的评级指标体系与 2006 年的 CEO 内部债务指标进行截面回归，结果发现，CEO 内部债务水平越高的银行得到的 CAMELS 风险评级更低，也即，2006年 CEO 持有内部债务比率较高的银行将拥有更强的资本状况、更好的管理、更强的盈利，并且在未来能够更好地抵御市场冲击。而事实上，从 Bennett et al.（2015）前面的检验结果来看，这些特征在 2008 年转化为银行更低的违约风险，在 2007 和 2008 年转化为更好的业绩和更高的超额回报。

---

① 累计超额股票收益（cumulative excess stock return）等于 2007 年至 2008 年期间超过标准普尔 500 指数对数回报率的年度化每月累计对数回报率。

② CAMELS 评级代表了对机构风险的事后评估。令 Bennett et al.（2015）感兴趣的是为什么 2008 年违约风险更低的银行在 2007 年和 2008 年的盈余和超额股票回报更高，因此他们使用了 2006 年 CAMELS 评级所使用的事后评价指标。

2.3.2 监督效应

银行资本。 债权人的监督①是银行资本的决定因素之一（Calomiris and Kahn 1991；Calomiris and Wilson, 2004；Allen et al., 2011）。 如果银行缺少足够的资本，则债权人会监控银行管理层的行为，并试图影响他们的行为，这个过程被称为市场纪律。 现有的实证文献侧重于通过关注未受保险的外部债权人，如存款人、次级债务人和银行间借款人的作用，来评估市场纪律的有效性（Flannery and Sorescu, 1996；Furfine, 2001；Calomiris and Kahn, 1991；Billett et al., 1998；等等）。 这些研究潜在的观点是，只有外部人持有类似债权的债权。 然而，市场纪律也可以在内部表现出来。 Srivastav （2015）提出，许多高管持有一定数量的公司债务，以及这些债务的持有者可以行使"内部纪律"，从而为看待对这一问题提供了一个新的视角。 Srivastav（2015）的基本逻辑是：银行可能选择持有不充足的资本，以便从金融安全网中攫取利益，通过过度承担风险以提高其破产风险而造成负外部性 （Bhattacharya et al., 1988；Berger et al., 1995）。 然而，较高的内部债务使这些外部性内部化，因为它将风险承担的部分成本转嫁回 CEO，从而激励 CEO 不断地监测和控制银行风险水平。 因此，Srivastav（2015）主要考察作为银行内部债权人的 CEO 是否会持有更多的资本。 它提出了对银行行为内部纪律的第一次实证检验，提出了一个关键问题：内部纪律是否影响银行资本，进而影响银行的稳定性？ Srivastav（2015）用 CEO debt ownership 和 CEO debt/equity ownership 两个变量来衡量 CEO 内部纪律，在控制了外部纪律（非保险负债②和核心存款③）之后，Srivastav（2015）有 3 个发现：（1）CEO 内部纪律水平越高，则越可能持有更多的银行资本④；（2）更高的

---

① 理论上，债权人对银行资本结构中的股本资本进行估值，因为任何损失在降低其债权对银行现金流的预期价值之前，首先被股本缓冲区吸收。

② 即非保险负债（以次级债务、银行同业存款和批发基金的形式）占银行债务的比例。

③ 即保险核心存款占总存款的比例。

④ 主要采用了两个资本定义：监管资本（总资本比率和一级资本比率）和经济资本（以账面价值或市场价值计量的银行资产中普通股所占比重衡量）。

内部纪律能削弱银行提高纳税人损失预期价值[①]的倾向；（3）更高的内部纪律与银行的资本短缺负相关。 最后，Srivastav（2015）也考虑了 CEO 内部纪律与银行资本之间可能存在的内生性问题[②]，因此，Srivastav（2015）采用 2SLS 法，其中第一阶段使用了个人所得税率、流动性、CEO 年龄和 CEO 任期 4 个变量作为 CEO debt ownership 的工具变量，结果并未有本质改变。

2.4 本章小结

本章首先从传统的委托代理理论出发，对内部债务进行了理论诠释，即内部债务可以帮助减少当经理人只持有公司股权时产生的股东和债权人之间的利益冲突。 然后，按照研究对象的不同，本章对内部债务的实证研究文献进行了梳理和归纳。 从普通企业的内部债务实证文献来看，关于企业的内部债务研究涉及多个方面，这些研究均从委托代理理论出发，发现内部债务有效缓解了股东-债权人的委托代理冲突，增加了企业/银行相关决策行为的保守性，主要形成了风险规避效应、债务成本效应、监督效应和信号假说等 4 种假说。

由于高杠杆率以及政府存款保险的存在，股东-债权人利益冲突在银行业尤为严重。 因此，关于银行高管内部债务的相关研究，更多地关注高管内部债务是否有效降低了银行的风险偏好水平，即主要是从高管内部债务的风险规避效应和监督效应视角来进行，而对内部债务的债务成本效应、信号假说等则关注很少。

---

① 用存款保险精算公允价值与资产市场价值之比（the ratio of actuarially fair value of the deposit insurance to the market value of assets）衡量。

② 高资本银行中的银行 CEO 可能会要求更大比例的薪酬由内部债务支付，而高杠杆银行的 CEO 可能会要求更大比例的薪酬由基于股权的薪酬构成。

3

内部债务研究的新进展

第 2 章主要关注从委托代理理论出发研究内部债务是否增加了企业/银行相关决策行为保守性的研究文献。 近年来，内部债务的研究也出现了一些新进展：第一，鉴于退休年金一般在高管退休后才能领取，延付薪酬则在约定期限或高管离职后即能领取，无论是延付期限还是扣回机制，两者对高管的约束力都有所不同，因此出现了一些文献单独研究延付薪酬或养老金的作用。 第二，关于最优内部债务的决定。 Jensen and Meckling（1976）提出，用等比例的债务和股权来补偿经理人，可以减少其代理问题及其相关成本；Edmans and Liu（2011）则提出，公司特征不同时其高管薪酬的最优契约是不同的，不必要对股权和债务赋予完全相同的权重。 那么，企业是否存在最优内部债务比率？ 最优的内部债务水平、最优的递延期限及递延比例应该如何确定？近年来，出现了一些文献开始对这些问题进行规范研究。 第三，内部债务的影响因素。 关于企业内部债务的影响因素，已有文献主要提出了"管理者权力观（Managerial Power View）"和"最优契约论（Optimal Contracting View）"。 第四，内部债务的负面影响。 第 2 章中，我们主要关注了内部债务的正面效应，即内部债务有效缓解了股东-债权人的委托代理冲突。 然而，近年来也有文献研究发现，在某些条件下，内部债务反而可能增加企业/银行风险。 第五，其他新研究进展。 比如与高管内部债务相对应，研究员工的内部债务；研究企业社会责任（Corporate Social Responsibility, CSR）相关活动对 CEO 内部债务与公司风险承担之间关系的调节作用等。 本章将对这些新的研究进展进行综述。

3.1 单独研究递延薪酬或养老金的作用

鉴于递延薪酬和养老金在递延期限、赎回机制等方面存在着显著差异，近年来，也出现了一些单独研究递延薪酬或养老金对企业（银行）风险影响的文献。

3.1.1 递延薪酬

递延薪酬。 Lee et al.（2011）研究了内部债务薪酬以及内部债务/股权薪酬激励比率的主要影响因素，他们将内部债务中养老金和递延薪酬进行区分，发现实力雄厚的 CEO（如董事会规模更大、首席执行官/董事长二职合一以及更高程度的反收购规定（ATP）等）更可能在退休前撤回其递延薪酬，然而，这种撤回仅发生在当 CEO 的内部债务/股权激励余额之比足够大以及当企业破产概率不显著时。 因此，Lee et al.（2011）的总体证据显示，尽管存在激励 CEO 攫取租金的可能性，但内部债务仍起到了协调与债权人利益一致性的重要作用。

Lee（2016）认为，与养老金不同，递延薪酬可以在退休前赎回。 如果壕沟[①] CEO 利用递延薪酬的这一特征，在企业陷入财务困境时赎回其递延薪酬，则递延薪酬使得 CEO 与债权人利益更加一致的有效性会大打折扣。 因此，有必要重新审视这一领域的现有实证研究[②]。 Lee（2016）探讨在现实世界中，递延薪酬是否可以起到与内部债务相同的作用。 使用标准普尔 1500 家公司的大量样本，Lee（2016）构建了如下实证模型，结果发现当公司陷入显著的财务困境时，壕沟 CEO 们倾向于限制递延薪酬的赎回，以保护债权人的

---

① 高管作为全体股东的代理人，也拥有自己的利益函数，会运用手中的权力追求自身利益最大化，进而形成高管的职务作壕沟的效应（Managerial Entrenchment Effect）
② 这些研究通过简单地增加养老金和递延薪酬的货币价值来获得内部债务数额。

价值。因此，Lee（2016）认为递延薪酬尽管存在赎回的灵活性，但仍起到与债权人结盟的重要作用。

$$\text{Deferred Comp. Withdrawal} = \alpha_0 + \alpha_1 \times \text{Distress} + \alpha_2 \times \text{CEO Entrenchment} + \alpha_3 \times \text{Distress} \times \text{CEO Entrenchment} + \gamma_j \times \text{Control Variables} + \varepsilon \qquad (3\text{-}1)$$

递延现金。除了将已有内部债务中递延薪酬单独剥离出来研究其对企业风险管理的作用，Acharya et al.（2016）和 Mehran and Tracy（2016）还进一步对递延现金薪酬制度的设计及其作用进行了详细分析和建议。

Acharya et al.（2016）通过数学模型，建议将支付给高管的现金薪酬由银行放在专门的账户上代管，当银行陷入困难时收回。因此，Acharya et al.（2016）的建议[①]与"或有资本"[②]的概念密切相关，但又不同：（1）与或有资本不同，Acharya et al.（2016）建议中的或有资产完全来自高管递延现金薪酬，因此直接影响高管的风险承担激励；（2）在 Acharya et al.（2016）的方法中，不会因为触发而稀释现有股权。此外，现金是银行已经支付的薪酬，但由银行代管，在困难时期收回，它不是银行所欠的债务。最后，Acharya et al.（2016）还说明了其建议的递延现金薪酬与已有内部债务计划之间有两个重要区别：（1）根据 Acharya et al.（2016）的建议，在银行面临经营压力时，（代管）递延现金薪酬的所有权返还给银行以偿还其债务（或者更一般地说，偿还任何可能构成违约的非股权债务）。因此，按照定义，Acharya et al.（2016）建议的内部人递延现金薪酬比所有其他债务的优先级别都要低。而相比之下，现有的内部债务计划是给内部人提供与其他债务完全相同的一部分银行债务（即优先级别相同）。（2）根据 Acharya et al.（2016）的提议，递延的现金由银行代管，管理层和股东无权将其用于冒险目的。虽然用债务（而不是现金）奖励内部人可以保留银行的现金，但现有的内部债务计划并没有明确要求规定现金处于管理层和股东自由裁量权的范围之外。事实上，如果内部债务不是公司的最高级债务，那么将可能激励管理

---

① Acharya et al.（2016）模型中的现金代表或有资产；当然，就现金可被视为负债而言，这种术语上的区别本身可能不那么重要。

② 或有资本是在预先指定的触发条件下转换为股权的债务，从而能在困难时期降低银行的杠杆率。因此，或有资本实际上是银行的或有负债。

层和股东们将现金用于冒险目的，以将风险转嫁给高级债权人。

在 Acharya et al. (2016) 的基础上，Mehran and Tracy (2016) 定性分析了递延现金薪酬对银行的作用，主要有以下 3 个方面：（1）递延现金薪酬使银行更加保守。 由于递延现金薪酬比普通债权人的优先级更低，银行员工将会选择能降低银行违约风险的投资决策以保护其递延薪酬价值。 比如，投资更安全的项目，降低企业杠杠，节约开支，实施多元化战略，等[1]。 Mehran and Tracy (2016) 同时也提出，递延股权和递延现金薪酬之间应保持一个合适的平衡。 否则，当这一权衡向任何方向偏离时，员工可能过度规避风险（尽管更多地出现在当递延股权情况下）[2]，从而导致从股东向债权人转移价值的不合意情形出现[3]。 （2）递延现金薪酬增强了内部监督。 对员工实施薪酬延期支付可以减轻股权或期权类薪酬所带来的搭便车问题[4]。 引入现金薪酬递延制度以后，由股权薪酬引发的信息不对称问题可能减轻了，但个人或团队（比如一个销售团队）过度承担风险或错误决策所带来的成本会对很多员工（团队）不利[5]。 由于递延薪酬有债务属性，递延薪酬项目的每一个参与方，都是企业的债权人。 进一步地，就像其他债权人一样，参与方很可能为保护其利益而付出努力。 因此，递延现金薪酬可能在企业风险承担者（那些可能比外部人更成熟的监督者）中间激发监督。 与递延现金薪酬相关的内部

---

① 有大量证据支持薪酬与公司政策之间的联系，参见 Murphy(1999)和 Frydman and Jenter(2010)。

② Morrison and Wilhelm(2004)认为企业员工持有的长期股权产生了合伙关系特征。

③ 参见 William Dudley 在 2013 年的演讲"结束太大而不能倒"，他认为递延薪酬可以补充全面资本分析与审查(CCAR)以增强金融稳定。他指出，金融公司的薪酬重组计划是可以"加强高级银行经理主动管理风险的激励措施"。例如，想象一下，如果每年有一大部分高级银行管理层的薪酬被推迟以弥补未来的资本损失，激励措施将如何改变。

④ 这类搭便车问题的产生主要是由于递延股权的潜在收益依赖于企业业绩而不是个人行为。

⑤ 不同的员工对于提升或损害股权（或递延股权）的价值有不同的考虑。此外，他们可能对于其未来的估值有着不同的评价。这种异质性很可能产生对监督的阻碍，因为确定哪些行为对股权价值有损害变得更加复杂了。例如，不同员工对过度风险承担及其对股权价值的影响可能有不同的理解，而对其影响递延薪酬的价值更能达成共识。因此，员工可能在如何评估递延薪酬价值的问题上更容易达成共识。

监督的提升可以降低个人、团队甚至整个公司的执行成本①。（3）递延现金薪酬可以被用于弥补企业财务损失。员工递延现金薪酬是企业风险管理的重要资源。在极端低迷时期，员工放弃他们的递延现金薪酬以支持企业运营（合同事先约定），企业勾销员工债务从而能动用这笔现金（尤其是当发行新股相对比较贵的时候）。递延现金薪酬计划在繁荣的年份中累积，有稳定器的作用。通过设计，当企业盈利时员工的奖金也高，从而沉淀更多的资金作为缓冲；当企业亏损时可以动用这一缓冲。因此，现金薪酬递延的部分可以暂时改变以助于重建充足的缓冲。这种设计类似于资本保护缓冲，在必要的时候减少股利分配以充实资本缓冲，如果银行经营发生了不可预期的逆转则可以动用这一缓冲。然而，递延现金薪酬不属于监管资本的范畴，它可以减轻更高资本要求所带来的潜在道德风险问题（即银行承担更高的风险）②。

递延股票和期权。Bhagat and Bolton（2014）、Bhagat（2016）研究了2000—2008年美国14家最大金融机构的高管薪酬结构，关注于CEO的银行股权买卖行为、CEO的工资和奖金以及CEO在2008年银行股价暴跌时的资本损失。结果发现，在大而不倒的银行中，高管薪酬所产生的激励是引发这些银行在高风险但价值降低的投资和交易策略中的过度冒险行为的主要原因。然后，Bhagat and Bolton（2014）、Bhagat（2016）提出银行高管激励报酬的相关建议，即高管薪酬激励应该只包括限制性股权（限制性股票和限制性股票期权）——限制性是指个人直到其任职的最后一天都不能出售股票或行使其1—3年的期权，并称之为"限制性股权"计划。Bhagat and Bolton（2014）、Bhagat（2016）强调，其"限制性股权"计划与CEO内部债务薪酬

---

① 比如，假设发现欺诈案件的个人出于保护自己的目的而决定披露这些不法行为，他的行为不仅保护或减轻了公司遭受的损失，同时也可能保护罪犯（或罪犯们）免受"滑坡"的影响，这种"滑坡"即试图掩盖初始问题而使得情况更加糟糕。因此，递延现金薪酬方案能更好地将员工和公司利益与公众利益统一起来。如果这种方法被成功应用，也就是说，如果公司承认雇员的披露，它可能导致尽早地向当局披露，这反过来可能导致减少监管处罚或执行的成本。

② 在更高的资本要求下，银行内部人（如股东或管理者）会利用外部权利人（如存款人等债权人）的资源来从事高风险项目。然而，当他们自身的资源也在内时——换言之，当他们持有未受保护的递延现金时——他们从事高风险项目的可能性更小。

完全不同，并提出"限制性股权"计划的优势远大于内部债务。 最后，Bhagat and Bolton（2014）、Bhagat（2016）还提出，为了使"限制性股权"计划最大限度发挥作用，银行融资应该使用比目前更多的股权融资①，具体而言，Bhagat and Bolton（2014）、Bhagat（2016）提出的银行资本方案包括两个部分：（1）银行资本应当按照有形普通股本与总资产（即独立于风险的总资产）的比例进行校准；（2）银行资本应至少占资产总额的20%。 总之，Bhagat and Bolton（2014）、Bhagat（2016）提出了一种全新的高管薪酬激励方式，与我们前面讨论的内部债务不同，即 Bhagat and Bolton（2014）、Bhagat（2016）虽然提到了"递延薪酬和扣回机制"，但主要是"股权和期权"，而非"现金（奖金）"。

3.1.2 养老金

在美国，主要有两种养老金计划，固定缴费养老金（Defined Contribution Plans, DC）②和固定福利养老金（Defined Benefit Plans, DB）③。 内部债务考察的主要是 DB 部分。 DB 的资金状况④是反映养老金账户状况的重要指标，如果资金状况值为正（负），则称为资金剩余（资金不足）。 当资金状况为负数（资金不足）时，公司必须将资金拨入养老金账户；反之，当融资状况为正（超额筹资）时，公司的财务约束和现金效应较少。

由于递延薪酬计划的披露是有限的，Sundaram and Yermack（2007）的分析主要集中在 CEO 的养老金计划上，样本包括 1996—2002 年 7 年间 237 家财富 500 强企业的 CEO 薪酬，其研究内容包括：（1）关注养老金在 CEO 薪

---

① 随着银行的股权价值接近于零（就像 2008 年一些银行所做的那样），基于股权的激励方案在激励经理人提高股东价值方面失去了效力。此外，Bhagat(2016)的证据表明，随着银行股本比率的下降，银行 CEO 们出售的股票数量显著增加。

② 在 DC 计划下，雇主每年向指定的员工养老金账户支付一定金额的资金。员工获得其养老金账户中积累的资金。员工承担养老金账户的投资风险，雇主在退休时对雇员的退休金数额不作任何承诺。

③ 在 DB 计划下，雇员退休后会向他们的雇员支付特定数额的养老金。公司必须保证员工的养老金账户的价值足以在员工退休时履行对员工的支付义务。

④ 被定义为养老金资产减去养老金负债。

酬结构中的重要性，发现养老金是许多 CEO 整体薪酬的重要组成部分①。 薪
酬中养老金部分的重要性随着 CEO 年龄的增长而单调增加，随着 CEO 年龄
的增长，债务和股权激励之间的平衡明显地从股权转向了债务②。 （2）试图
找到决定或与 CEO 养老金价值以及 CEO 债务-股权比率相关的重要变量。
Sundaram and Yermack（2007）根据契约理论和直觉提出了一系列变量，包
括公司杠杆率、增长机会、税收状况、流动性状况等变量。 他们发现，公司
杠杆率、CEO 任职年限、公司年龄以及 CEO 是否从外部聘用等指标与 CEO
养老金价值和债务-股权支付比率正相关。 在其他条件不变时，流动性受限的
公司似乎倾向于股权补偿，避免养老金补偿。 （3）研究养老金的支付时间表
对 CEO 更替（离职）的影响，发现养老金的支付时间对 CEO 离职起着关键影
响：控制年龄和其他变量时，一旦 CEO 对养老金全额支付，就更有可能退
休，这种效应对 60 岁及 65 岁及以上的 CEO 最显著。 此外，对于那些在养老
金到期时不退休的 CEO，Sundaram and Yermack（2007）发现他们收取额外
的现金补偿，相当于每 1 美元退休金收入约 50 美分现金。 这些结果具有特殊
的意义，因为养老金对 CEO 更替的影响的相关研究还未出现。

与 Sundaram and Yermack（2007）相似，Liaoet al.（2016）只使用养老
金金额作为内部债务的代理变量。 他们分别采用累积收益负债
（Accumulated Benefit Obligation，ABO）和预期收益负债（Projected Benefit
Obligation，PBO）作为内部债务代理变量。 ABO 是雇员在养老金计划报告
之日提供劳务所获得的既得利益和非既得利益的精算现值，是基于当前和过
去的薪酬水平测量。 PBO 是雇员在规定日期之前提供劳务所赚取的所有福利
的精算现值加上由于未来加薪而导致的预计福利。 在大多数情况下，PBO 的
规模大于 ABO，并且更保守。 除了代表内部债务总额的 ABO 和 PBO 外，

①　例如，对于样本中的 61—65 岁年龄组的 CEO，总体薪酬中养老金的水平平均比基
本工资高 30%，是股权类薪酬规模的 21%。

②　例如，在 Sundaram and Yermack（2007）的样本中，51—55 岁的 CEO 中，只有 7% 的
CEO 债务权益比率超过公司的债务权益比率，但对于 61—65 岁年龄组的 CEO 来说，这一比
率上升至 22%。鉴于高管薪酬中养老金部分的重要性，Sundaram and Yermack（2007）认为
美国公司（不像英国公司）不需要明确和更详细地报告养老金价值，这有点令人惊讶。

Liaoet al.（2016）还考察了企业年金账户的资金状况①是否影响企业的资本结构。 Liaoet al.（2016）的实证研究内容详参 2.2.1 部分。

在企业的固定福利养老金中（Defined Benefit pension plans，DB），员工（受益人）持有与公司债权人类似的企业债权，企业保证在员工退休时向其支付特定数额的养老金，但若企业陷入破产困境，则受益人必须接受该计划资产可能减少的任何支出。 因此，濒临困境的企业股东有动机对 DB 进行风险转移：（1）使 DB 资金不足（增加杠杆率）——资金不足的 DB 相当于在没有资金的情况下承诺未来的福利，并且实际上是通过向员工借贷来增加杠杆率的一种方式；（2）股东也有用 DB 资金进行风险投资的动机（增加潜在资产风险）——如果投资得到回报，企业得以存活，股东将从减少对养老金缴款中受益；如果投资失败、企业破产，则最终是受益人遭受损失。 此外，美国关于DB 的监管环境进一步加剧了这些风险转移激励。 根据 1974 年的《雇员退休收入保障法》（ERISA），大多数 DB 由养老金福利担保企业（PBGC）提供保险（如果企业因资金不足而破产，PBGC 将接管该 DB，并在一定限度内弥补资金赤字），从而加剧了企业（股东）的道德风险问题。 因此，Anantharaman and Lee（2014）认为，有充分理由预期美国企业 DB 计划在面临困境时的风险转移行为（既通过资金不足又通过增加资产风险）。Anantharaman and Lee（2014）的研究结果发现：由于养老金资金不足（以及，在较小程度上，通过养老金资产分配给更高风险资产）而导致的风险转移在产生高财富风险敏感性（vega）的薪酬结构下（即基于股权的薪酬，使得高管与股东利益更加一致）更强，而在高财富价格敏感性（delta）下更弱。 这些发现对于首席财务官（CFO）来说要强于首席执行官（CEO），这表明养老金政策属于 CFO 的管辖领域。 此外，当 CFO 在养老金计划中的个人持有比例越大时，通过养老金资金不足的风险转移也越低。

---

① 资金状况被定义为养老金资产减去养老金负债,如等式 $FUND_{i,t} = PA_{i,t} - PBO_{i,t}$ 所示。养老金资产是养老金计划的资产(包括股票、债券和其他投资)的公允价值,这些资产通常被拨出并限制在信托机构内,以便在到期时支付福利;PBO 代表养老金负债。

3.2　最优内部债务的决定

Jensen and Meckling（1976）和 Edmans and Liu（2011）的研究是讨论企业内部债务相关理论的开山之作。 Jensen and Meckling（1976）指出，纯粹的股权报酬可以促使经理人采取损害股东利益的行动，如果债权人适当地预见到这种行动，则会造成最终由股东承担的代理成本（John and John，1993）。 对于这一基本命题，Jensen and Meckling（1976）提出，用等比例的债务和股权来补偿经理人，可以减少其代理问题及其相关成本。 Edmans and Liu（2011）在一个更加复杂的模型中检验了最优的内部债务，该模型将内部债务水平与经理人努力及其对企业清算价值的影响联系起来。 Edmans and Liu（2011）关于内部债务的观点意味着，公司特征不同时其高管薪酬的最优契约是不同的，不必要对股权和债务赋予完全相同的权重。

那么，企业是否存在最优内部债务比率？ 最优的内部债务水平、最优的递延期限及递延比例应该如何确定？ 近年来，出现了一些文献开始对这些问题进行规范研究。

薪酬的最优持续期。 管理者短期主义一直是决策者、实践者和学术界关注的问题[1]，在 2008 年安然丑闻和金融危机之后，对管理者短期主义的关注在近年来更是尤为突出。 这些事件促使了新的高管薪酬监管条例的推出。 例

---

　　[1]　Graham et al.（2005）发现，78％的美国 CEO 愿意牺牲长期价值来实现市场预期。例如，Dechow and Sloan（1991）发现，在任期结束时，CEO 们倾向于削减 R&D 投资，这些投资虽然有利可图，但对公司财务报告的收益具有负面影响。为了理解这一现象（管理者短期主义），理论文献主要采用了两种方法：一种研究 CEO 行为的方法是，将管理者激励视为给定从而不讨论管理者最佳激励（Stein，1989）。但是，现实世界中 CEO 合同的复杂性（包括基于会计报告的奖金、股票期权、限制性股票、递延薪酬、回扣等）表明，股东意识到 CEO 潜在的操纵行为，并设计薪酬条款来减轻这些操纵行为的后果；另一种方法是研究旨在完全消除 CEO 操纵的最优薪酬合同。在这类模型中，在均衡状态下观察不到操纵行为（Edmans et al.，2012）。这种方法在 CEO 操纵对公司来说过于昂贵或者容易排除的情况下，非常有用，但是不能解释为什么操纵在实践中如此频繁，以及为什么现实中的薪酬契约可以容忍操纵，甚至诱导操纵（Bergstresser and Philippon，2006）。

如，作为《多德-弗兰克法案》的执行者，金融监管机构提出了监管股权投资和回扣使用的规则①。 在这一背景下，Marinovic and Varas（2017）的理论模型研究了当 CEO 存在操控行为时，使企业价值最大化的 CEO 薪酬契约设计。具体地，Marinovic and Varas（2017）研究了短期和长期薪酬的最优结合、CEO 任期内的 CEO 薪酬最优支付期限、以及最优的赎回条款和退休后的薪酬设计。 该模型预测了公司治理（由 CEO 操纵业绩指标所承担的成本衡量）、操纵水平和薪酬持续时间之间的微妙关系。 更好的治理会导致更强的短期激励，但结果可能导致更高水平的操纵。 这表明，忽视 CEO 激励的内生性可能会导致错误地得出结论，即认为短期激励会导致 CEO 的操纵。 短期激励和业绩操纵之间的正相关关系可能表明公司治理更健康。 Marinovic and Varas（2017）的模型显示，考虑到递延薪酬的成本②，公司很可能会提供激励某些管理者短期主义的契约，尤其是在经理短视的情况下，这个问题就特别尖锐。在 Marinovic and Varas（2017）的模型中，CEO 视野是外生和固定的。 然而，主要的直觉在内生性假设条件下仍成立：当经理临近离开时（离职或退休），契约应该变得更加短视。 Marinovic and Varas（2017）预计，管理短期主义在高更换率的行业（预计首席执行官的任期会很短）中将特别成问题。在 Marinovic and Varas（2017）的模型中，允许操纵从公司的角度来看是最优的。 薪酬契约的设计旨在促进努力，同时尽量减少操纵的不利影响。 因此，

---

① 参"New Rules Curbing Wall Street Pay Proposed," Wall Street Journal, Apr. 22nd, 2016。

② Marinovic and Varas(2017)的目标是研究在 CEO 任期内操纵是如何演变的，以及最优契约是否可能产生 CEO 在其任期结束时操纵其业绩的效应。以往的文献表明，不同于静态环境，在动态环境中，通过适当平衡短期和长期激励的组合，可以同时实现积极努力和零操纵。然而，在 Marinovic and Varas(2017)的环境设定中，诱导零操纵不是最佳的：容忍一些操纵是合乎需要的，因为作为回报，它允许公司比无操纵的契约引发更高层次的努力。此外，为了完全阻止操纵，公司必须向 CEO 提供一揽子退休后薪酬，将财富与公司退休后的业绩挂钩。这种退休后的薪酬对公司来说是昂贵的，因为它在不需要激励努力时给 CEO 带来风险，并且 CEO 必须因承担这种额外风险而得到补偿(Dehaan et al. ,2013)。

为了使监管的社会效益合理化，一个模型应该考虑外部性的存在①。 例如，如果由操纵造成的一些损失由政府承担（例如，由于救助）或由行业中的其他公司承担（例如，由于信用传染），在这些情况下，公司会倾向于提供过于短视和产生过度短期主义的契约。 这种可能性可以证明监管的正当性，比如那些目前在美国和欧洲进行的关于意图增加递延薪酬的使用以及降低 CEO 契约的激励力度的辩论。 Marinovic and Varas（2017）在两个方面对现有文献做出了贡献：（1）在规范方面，他们研究了存在操纵的情况下使公司价值最大化的契约。 他们将长期和短期激励、CEO 在整个任期内的最佳薪酬期限、回扣和退休后薪酬的理想设计结合起来。 （2）从积极的方面来说，Marinovic and Varas（2017）能够预测 CEO 任期内的操纵行为，并且能够确定内生的 CEO 视野问题的存在性。

薪酬的最优递延比例。 Jarque and Prescott（2015）基于 Hopenhayn and Jarque（2010）开发了一个两期激励模型，研究了激励审慎冒险的最优薪酬契约中的延期支付比例，并讨论了对银行业中诸如奖金或回扣等现实薪酬工具进行监管的意义。 在 Jarque and Prescott（2015）的两阶段委托代理模型中，管理者（代理人）努力的影响具有持续性，并且随着时间推移而显现。 他们提出了一个递延的测度指标，假设风险厌恶的代理人具有平方根效用（square root utility），这刻画了其关于持续程度的比较静态以及委托人和代理人的共同折扣因子。 Jarque and Prescott（2015）辨别了决定最优递延数量的两个互补效应：第一个效应是直观的，即委托人直到有更多关于代理人努力行为的信息时才向代理人支付薪酬，从而实现更有效的激励；第二个效应则不那么直观，但也与获得更多的信息有关。 当代理人努力的效果随时间持续时，这意

---

① Marinovic and Varas(2017)研究了 CEO 付出隐性努力但又能操纵其绩效指标(有时以牺牲公司价值为代价)的最优薪酬契约。在 Holmstrom and Milgrom(1987)的基础上，Marinovic and Varas(2017)考虑这样一种环境:一个能够私下储蓄、持续消费的风险厌恶的 CEO 会采取两个代价高昂的行动:努力和操纵。这两种行为都会在短期内提高 CEO 的绩效指标,但操纵也会对公司价值产生负面影响。与 Stein(1989)一致,Marinovic and Varas(2017)假设这些后果并非完全/立即被业绩衡量所捕获,而是需要时间来验证,因此当 CEO 的任期短于公司寿命时,可能产生外部性。

味着存在不止一个输出指标来提供关于代理人努力的信息。 由于持续性对委托人可得信息的积极影响，持续性更强烈（努力对第二阶段结果的影响更大）时将转化为更少的延期支付（第二阶段中预期支付的工资低于先前）。 也就是说，在某些情况下，第二种效应占主导地位，因此递延薪酬会随着（代理人努力的）持续性增加而减少。 即使在不存在持续性的情况下，在多期激励问题中递延薪酬也是有价值的。 为了提供一个比较基准，Jarque and Prescott（2015）还在一个标准重复道德风险模型（其中努力的效果不会随时间而持续）研究了递延薪酬的度量。 有趣的是，Jarque and Prescott（2015）发现，在这个模型中，薪酬的递延比相应的持续性模型中更高。 这一比较结果表明，持续性并不一定意味着延期支付的比例更高。 投入对产出有持续影响是生产过程的一个普遍特征。 虽然这类模型适用于各种各样的问题，但特别有趣的应用是银行业。 最近的监管试图通过要求银行推迟支付比过去更高的薪酬比例来限制银行风险。 Jarque and Prescott（2015）的结果表明，尽管延期支付是激励审慎冒险行为的最优薪酬契约的重要组成部分，但是更多的延期并不总是可取的，而且多少有些令人惊讶的是，生产持续性提高并不一定意味着应该增加递延的比例。 从这个意义上讲，强制性的最低递延薪酬比例可能是不可取的。

最优内部债务水平及其调整。 2006 年底美国证券交易委员会（SEC）开始要求公司公开披露内部债务水平。 正如 Bebchuk and Jackson（2005）和 Edmans and Gabaix（2009）所指出的，先前缺乏披露要求可能导致低效率地使用内部债务来增加高管薪酬，同时避免股东审查。 披露内部债务水平应向投资者提供必要的信息，以迫使公司调整低效率的内部债务薪酬水平，还可向公司提供有关其他公司内部债务水平的有用信息。 因此，Campbell et al.（2016）研究了一个有趣的问题——在 2006 年 SEC 开始要求披露公司的内部债务信息后，公司是否将其内部债务水平提高到最佳水平；如果这样的话，对于那些朝着最佳方向发展的公司来说，其股权价值是否会增长。 为此，Campbell et al.（2016）进行了如下研究：（1）估计企业最优的内部债务水平。 利用 Edmans and Liu（2011）模型中所隐含的公司特征来预测标准普尔 1500 指数中每家公司的最优内部债务比率，将预测值作为代表最佳内部债务的初步证据，发现企业内部债务水平的变化与其预测值的偏差显著负相关。这表明，在 SEC 要求必须披露其内部债务水平之后，企业内部债务水平（上升或下降）会朝着预测的最佳方向移动。（2）检验调整到预期的最佳内部债务比率是否对股东有利。 对于每个公司和每个内部债务披露日期，Campbell et al.（2016）计算实际内部债务水平与预测的最优水平之间的距离，然后计算对于每家公司第二次及随后披露的内部债务水平到最佳距离的年度变化。结果发现，当企业缩小到其预期最优内部债务比率的距离时，异常股权收益为正。 当控制企业公开披露的其他与价值相关的潜在信息时，这一正的异常股权收益保持不变。 这一结果支持了内部债务水平披露要求的提高导致企业将其内部债务水平调整到股东财富最大化水平的假说。（3）对于那些接近于最优内部债务比率预测值的公司来说，股权价值的增加是否源于债权人的财富转移效应①。 Campbell et al.（2016）通过拥有债券价格数据和信用违约掉期（CDS）息差数据的子样本，没有发现任何证据表明股票价值的增加仅仅是由于债权人的财富转移。 总之，Campbell et al.（2016）的结果支持了 Edmans and Liu（2011）的理论预测，即根据企业的具体特征，最优水平的内部债务可能表现出股权偏向或债权偏向。 Campbell et al.（2016）的结果还增加了对经理人报酬的潜在后果和益处特别是内部债务的最优利用的讨论。 虽然有关高管薪酬的文献尚未达成共识，许多人质疑公司使用薪酬激励的方式（Bebchuk and Fried，2004；Core et al.，2005；Yermack，1995，Wei and Yermack，2011），但 Campbell et al.（2016）的研究结果提供了最佳设置高管薪酬的好处的经验证据。

3.3　内部债务的影响因素

2006 年美国证券交易委员会（SEC）对包括养老金在内的高管薪酬披露

---

①　降低过高的内部债务水平可能将财富从债权人转移回股东，这基本上是 Wei and Yermack(2011)发现当公司最初披露相对较高的内部债务水平时财富转移的逆转现象。

实施重大监管改革，要求各公司在财务报表中披露公司前 5 名高管的养老金福利年度应计额和应计养老金福利现值。 尽管这些变化提高了养老金披露的水平，增加了对虚假、误导和/或质量差的披露的惩罚，但公司在披露养老金福利方面继续行使酌处权（Scannell and Lublin，2006）。

SEC 披露要求的改变是由评论员、机构投资者和学者推动的，他们声称养老金比其他薪酬机制提供更多的提取管理层租金的机会。 管理者权力论提出两个反对 CEO 养老金的论点：（1）有限的披露要求使 CEO 能够隐藏和/或伪装过多的养老金福利；（2）拥有董事会权力的 CEO 通过养老金提取租金，因为与其他形式的长期薪酬相比，养老金支付不那么引人注目，对业绩的敏感度也较低（Core et al.，1999；Bertrand and Mullainathan，1999；Bebchuk and Fried，2004；Faleye et al.，2011）。

最优契约论则认为董事会代表股东的利益，因此构建合约以满足 CEO 的保留工资，最小化代理成本，以及最小化联合税负（Core et al.，2005）。 根据这一观点，当养老金提供最佳激励和/或最小化联合税负时，董事会用养老金代替其他形式的薪酬和激励（Lazear，1979；Scholes et al.，2002；Edmans and Liu，2011）。 这种观点暗示，契约决定因素（例如，公司层面的经济因素、税率、劳动力市场条件等）主要决定 CEO 养老金的提供和披露（Rosen 1981；Edmans et al.，2009；and Baranchuk et al.，2011）。

3.3.1 最优契约论

契约因素。 为了评估这些关于 CEO 养老金的相互冲突的观点，Gerakos（2010）研究了 CEO 养老金的决定因素以及 CEO 养老金、披露选择和过度薪酬之间的关系。 结果发现，公司层面的经济特征和契约决定因素是养老金福利水平的主要决定因素，但对于那些实力更强的 CEO 获得更高养老金福利水平的说法，支持不一。 即使披露导致对养老金价值和养老金福利水平的偏倚估计高于预期，这些事实如果不导致 CEO 薪酬总额过高，对股东的影响也很小。 因此，Gerakos（2010）调查养老金是否与总超额 CEO 薪酬有关，结果发现，虽然经济因素是养老金福利水平的主要决定因素，但养老金与 CEO 薪酬过高之间存在正相关关系，这与管理者权力观点一致，即养老金可以用来提取额外的租金。

杠杆率。 Cen（2010）以 2006—2008 年的 1947 家公司为样本，发现公司杠杆率与 CEO 内部债务之间存在非线性关系。 特别地，Cen（2010）发现内部债务最初随着公司杠杆的增加而增加，并且 CEO 内部债务的持有量在公司杠杆达到一定水平之后与公司杠杆负相关，即"倒 U 型"关系。 Cen（2010）认为，CEO 风险规避可能是公司杠杆率与 CEO 内部债务持有量呈"倒 U 型"关系的根本原因之一[①]。 当 CEO 内部债务远高于公司杠杆时，CEO 变得极度规避风险，并且储备现金而不是支付。 因此，股利倾向与股利水平呈负相关，CEO 与公司债务权益之比呈正相关。

并购行为。 Liu et al.（2012）在研究企业内部债务是否影响企业并购决策的同时，进一步研究并购是否对 CEO 内部债务水平起反向作用。 特别地，董事会是否调整 CEO 薪酬以避免未来次优的投资或融资决策。 Liu et al.（2012）检验了收购方企业的"CEO -企业相对债务-股权薪酬"在并购完成前后的差异，结果发现，当并购前 CEO -企业的相对负债权益比率高于 1 时，并购后显著降低（趋向于 1），这与最优契约理论所暗示的方向一致。 这表明董事会知晓 CEO 内部债务对并购方企业绩效的负向激励效应，从而调整 CEO 薪酬以降低其对股东财富的破坏。

---

① Cen(2010)试图提出两个假设：企业最优选择和经理人风险规避选择，来解释产生"倒 U 型"的原因。企业最优选择表明，倒 U 型是企业基于债务代理成本问题的最优策略。因此，具有高于平均杠杆率的公司可能具有除内部债务薪酬之外的其他机制来降低债务的代理成本(Klock et al.，2005)。或者，对于这些高杠杆的公司，债权人可能要求保守的财务报告和更强有力的协议，以帮助债权人有效地监督其投资。因此，债的代理成本可能会降低(Guay,2008)。经验研究还表明，具有较高杠杆率的公司可能具有较少的风险转移和资产替代的机会——例如，在没有成长机会的成熟行业公司(Talberg et al.，2008)。当公司具有较高的杠杆率时，债权人可能持有该公司的股权(称为双重持有人)或担任董事会成员，以便CEO 在某种程度上可以为债权人的利益行事(Jiang et al.，2010)。换言之，企业最优选择假说认为高杠杆本身可能就是债务代理成本降低的结果。经理人风险规避选择假说表明，倒U 型也可能是由 CEO 风险规避决策驱动的。如果公司的杠杆率超过 CEO 的"最佳"水平，或者 CEO 预见了破产和财务困境的高风险，那么 CEO 将不愿意把自己的财富留在公司的内部债务中。在这种情况下，CEO 对于获得内部债务补偿的兴趣会降低，甚至会撤回内部债务以降低个人财富损失风险。

税率变化。 自 1980 年以来，高管薪酬的形式发生了重大变化。 不仅薪酬总额大幅增长，而且 Bebchuk and Grinstein（2005）和 Frydman and Saks（2010）也证明，股票期权和其他形式的激励性薪酬现在占整个薪酬总额的更大份额。 事实上，在 Gorry et al.（2015）的样本期（1992—2005 年）中，经理人的总收入增加了一倍多，而递延收入（期权和限制性股票授予）则增加了两倍多。 股权类薪酬的增加使得高管能代替需要立即纳税的现金薪酬，从而推迟对其收入征税。 基于此背景，Gorry et al.（2015）考察税收如何影响薪酬的选择，并证明收入递延是响应税率变化的一个重要调整内容。 为了解释这种选择，在实证分析中，Gorry et al.（2015）通过估计经理人如何在当前收入和递延收入之间选择薪酬补偿取决于税收政策的变化来探讨薪酬递延问题。 通过利用 1992—2005 年 Execucomp 的公司数据库，Gorry et al.（2015）的实证结果表明，税收对高管薪酬的结构有显著影响，而不是简单的时间推移。 不过，值得注意的是，Gorry et al.（2015）将递延收益定义为"期权和限制性股票授予之和"，这一定义与我们关注的递延薪酬并不相同。

企业违约风险。 Dong et al.（2016）研究企业违约（破产）风险与 CEO 内部债务的使用之间的关系。 他们提出了两个假说：第一，债务代理成本假说（正相关），即企业违约风险越高，越需要更高的债务薪酬激励（Jensen and Meckling，1976；Edmans and Liu，2011）；第二，风险承担假说（负相关）①，即违约风险越高，CEO 可能越风险规避，因而越不需要债务薪酬激励。 Dong et al.（2016）首先利用四个指标衡量违约风险：Z-score、O-score、distance-to-default（DD）和 probability of default（PD），普通多元回归分析结果显示，有着更高违约风险的企业与更低的 CEO 债务激励相关。 这

---

① 然而，其他影响风险承担的因素在上述关注委托代理关系的文献（Jensen and Meckling，1976；Edmans and Liu，2011）中被忽略了，如高管风险规避、职业忧虑等。企业违约风险的提高也可能降低风险规避的 CEO 承担风险项目的激励（Lewellen，2006；Armstrong and Vashishtha，2012）。此外，违约风险提高了 CEO 强制性变更的概率，从而导致激励 CEO 承担更少的风险（Grossman and Hart，1982；Hirshleifer and Thakor，1992；Eckbo et al.，2016）。在这一逻辑下，违约风险的提高可能降低企业提供债务薪酬激励的需要。

一关系在控制了其他已知的与内部债务的使用相关的变量后（如企业规模、杠杆率、研发费用和 CEO 年龄）依然稳健。 然而，要得到违约风险与内部债务之间的因果关系则很困难，因为违约风险与债务激励可能是同时决定的。 为此，Dong et al.（2016）利用 2008 年的金融危机作为企业违约风险的一个外生变化，在控制其他已知的影响内部债务使用的变量的基础上，利用双重差分法来检验违约风险与 CEO 债务激励之间的因果关系。 研究结果不支持"债务代理成本假说"，而与"风险承担假说"一致。 总之，Dong et al.（2016）的研究结论表明，企业使用内部债务的主要驱动因素不是委托代理问题，而是其他影响风险承担的因素（如高管的风险规避、职业忧虑等）。

风险调整。 Li et al.（2018）认为，已有研究假设并检验了公司保守性（侵略性）随着内部债务水平的提高而增加（减少）。 然而，这并不完全是高管薪酬理论所陈述的。 Jensen and Meckling（1976）认为经理持有债务是减轻公司外部债务的代理成本的一种解决方案。 例如，当经理的内部债务持有量与股票持有量的比例超过公司的债-股比例时，他会受到激励，以减少经营成果的差异，将财富从股东转移到债务人。 Edmans and Liu（2011）进一步将这些假设发展、整合到一个正式模型中，证明使用内部债务作为一种有效的激励措施是合理的，这种激励方式优于其他偿付工具（例如，工资、奖金、声誉和私人福利等），因为它使经理人不仅对公司的破产风险（违约概率）敏感，而且也对公司的破产价值（回收率）敏感[①]。 换言之，管理者真正关心的是"内部债务的预期价值"，即根据其违约概率和预期回收率调整的内部债务的预期价值：如果 CEO 拥有很高水平的内部债务，如果其预期违约概率（预期回收率）为零（100%），那么他可能会采取激进措施；相反，如果预期违约概率很高，即使 CEO 持有的内部债务水平较低，也可能相对保守。 Li et al.（2018）认为，以往的研究未能解释内部债务理论中的这一重要风险因素，他们关于企业保守行为与内部债务水平之间直接关系的经验假设也不完整。

---

① 根据 Edmans and Liu(2011)的模型，当企业破产时经理人努力的预期回报非常高时，也就是说，当企业很可能破产时或经理的努力在提高公司清算价值方面很有成效时，偏向债务的薪酬可能是最优的。假设两个 CEO 拥有相同的内部债务水平，那么信用风险更大的公司 CEO 会越保守。

Jensen and Meckling（1976）关于内部债务激励理论的一个更恰当的假设是，企业保守主义与经信用风险调整后内部债务水平①之间存在着直接的关系。鉴于 CEO 的成熟性和资源，有理由假定他们理解其内部债务水平和经信用风险调整后内部债务水平在激励机制方面的差异。已有研究将风险不同的内部债务混在一起，导致难以（甚至错误地）解释经济的结果。

因此，Li et al.（2018）首先构建了一个全新的经信用风险调整后的内部债务度量指标，然后重复 Cassell et al.（2012）的检验，结果发现，一旦内部债务经过信用风险的调节，CEO 保守主义与 CEO 内部债务之间的关系更强，特别是对于高风险的公司；此外，Li et al.（2018）还发现，对于非投资级别、信用评级被下调以及信用风险较高的企业，风险调整的内部债务与企业保守性之间的关系更为突出。这一结果表明，经理人真正关心的是其内部债务的期望值，即根据其违约概率和预期回收率调整的内部债务的期望值。在实践中，仅基于内部债务水平的薪酬政策可能是次优的。

董事特征——银行家董事。Korczak et al.（2018）旨在研究董事会为什么以及在什么情况下给予 CEO 比股权更高的内部债务水平，即研究 CEO 内部债务与董事会特征的关系。特别地，Korczak et al.（2018）检验了在商业银行中具有从业经历的董事（即"银行家董事"）的存在如何影响 CEO 内部债务。

Korczak et al.（2018）首先阐述了银行家董事可能与债权人利益更加一致的两种理论假说：（1）潜在利益冲突假说。在公司董事会任职的个人必须为股东的利益行事，提供建议并监督公司的管理团队。尤其是，具有银行从业经历的董事会成员预计将改善公司与信贷机构之间的信息交流，并且还将向董事会提供有价值的行业相关的金融专业知识（Kroszner and Strahan，2001）。然而，与信贷机构现在或过去有联系的董事会成员可能鼓励他们支

---

① 内部债务本身的水平仅仅是其承诺价值；内部债务的信用风险调整水平是其预期价值，即公司未能支付的承诺价值较少的预期损失。

持有利于债权人、但可能对股东有害的决策①。 （2）认知偏差假说。 对银行家董事与债权人结盟的另一种解释建立在以下证据之上，即个人的先前经验影响他们在公司的决策（Bertrand and Schoar，2003；Malmendier and Tate，2005；Benmelech and Frydman，2015；Dittmar and Duchin，2016；Bernile et al.，2017）。 这一发现被认知心理学的论点所解释，即个人和专业经验影响决策（Nisbett and Ross，1980；Hertwig et al.，2004）②。 此外，有证据表明，银行家比其他高管更保守③。 基于上述假说，Korczak et al.（2018）预计，银行家董事很可能会为 CEO 设计对债权人更有利的薪酬政策，如更多地使用内部债务。 董事会中的银行家可以代表债权人的利益，推动降低债权人风险的薪酬结构；另一方面，银行家董事的决策会受到以往他们在银行的工作经历形成的偏好的影响，从而很可能会推动有利于债权人的薪酬结构。

为了检验银行家董事④对内部债务⑤的影响，Korczak et al.（2018）追踪了标准普尔 1500 家非金融类公司 17525 位董事在 2006—2014 年的雇佣历史，发现 CEO 内部债务水平与公司董事会中银行家董事存在正相关性，并且这种正相关性主要是由第二种假说驱动的。 考虑到可能存在的内生性问题⑥，

---

① 已有证据表明，这样的利益导致董事有银行家经历的公司董事（即银行家董事）会采取有利于债权人的策略：Hilscher and Şişli-Ciamarra（2013）证明，具有债权人董事的公司更有可能进行有利于债权人的并购，如多元化和股权融资的并购。 Güner et al.（2008）发现，银行家董事导致企业信贷增加，但仅限于财务上没有约束的公司，这表明它们可能不会惠及股东，反而会提高银行利润。 Morck and Nakamura（1999）研究日本企业发现，对来自产业集团外部的银行家董事的任命导致企业股价表现不佳。

② 具体到董事会，Kor and Sundaramurthy（2009）认为，外部董事的人力资本（表现为经验、专业知识、技能等）会影响董事会的思考和决策。 Hambrick and Mason（1984）的上层理论认为，个人经历和个人特征影响战略决策的解释，从而影响公司的选择。 在上层理论的延伸中，Westphal and Fredrickson（2001）表明，过去在另一家公司担任行政职务的外部董事，当面对不完整或模糊的信息和有限的时间，他们往往有意或无意地基于其在另一家公司的经验而作出决定。

③ MacCrimmon and Wehrung（1990）研究了 500 多名高管人员，发现相比较而言，银行高管表现出更高的风险规避水平。

④ 定义为现在或曾经在商业银行中任高管的董事。

⑤ 根据之前的文献（Sundaram and Yermack，2007；Wei and Yermack，2011），Korczak et al.（2018）使用 CEO 的养老金计划和递延薪酬的总和，来估计 CEO 的内部债务水平。

⑥ 比如，公司的薪酬政策可能会吸引特定类型的董事加入董事会。

Korczak et al.（2018）分别还进行了 Heckman 两阶段检验、倾向-得分匹配分析以及银行家被任命为董事会成员后 CEO 内部债务水平的变化等 3 个测试，发现结果依然稳健。

最后，Korczak et al.（2018）进一步讨论了银行家董事在增加 CEO 内部债务以使债权人受益时，是否会对股东利益有害。Korczak et al.（2018）基于 Campbell et al.（2016）的经验模型，从股东的角度分析银行家董事内部债务的增加是否导致最优的薪酬结构①，结果发现公司设置内部债务以使 CEO 薪酬激励调整至最优水平；更重要的是，银行家董事的存在加快了薪酬激励调整到最优的速度。因此，Korczak et al.（2018）得出结论，银行家董事对内部债务的积极影响，导致高管薪酬激励结构的改善，最终有利于股东。为了证实股东获得的潜在好处，Korczak et al.（2018）进一步研究发现，银行家董事对内部债务的影响在有着壕沟经理人和外部公司治理薄弱（如有着很多反收购条款、机构投资者持股比例低等）的公司中更加显著。这一结果证实了银行家董事为企业股东提供了额外监管的观点（Kroszner and Strahan, 2001）。

3.3.2 管理者权力论

内部债务。Lee et al.（2011）利用标准普尔 1500 家公司 2006—2008 年的大样本数据，考察了内部债务薪酬以及内部债务/股权薪酬激励②比率的主要影响因素。Lee et al.（2011）发现，权力雄厚的 CEO（如董事会规模更大、首席执行官/董事长二职合一以及更高程度的反收购规定（Anti-Takeover Provisions, ATP）等）更有可能通过利用内部债务获得更高的薪酬，从而支持了 CEO 寻租假说。这与 Gerakos（2010）的结果一致。Lee et al.（2011）的研究结果还表明，随着企业破产概率的提高，CEO 薪酬呈现出更高的内部债务/股权激励薪酬比率。此外，CEO 的内部债务/股权激励薪酬比率越高，

---

① Campbell et al.（2016）基于 Edmans and Liu(2011)的理论见解，估计了 CEO 内部债务的最优水平。

② 如股票和股票期权等股权激励。

其公司实施有风险的决策的可能性就越小。 因此，Lee et al.（2011）的总体证据显示，尽管存在激励 CEO 攫取租金的可能性，但内部债务仍起到了协调与债权人利益一致性的重要作用。

Campbell et al.（2016）也发现，企业内部债务比率与 CEO 权力和治理变量有关。 Campbell et al.（2016）认为这表明他们估计的至少一些内部债务比率目标可能源于 CEO 的代理问题，甚至股东和债权人之间的代理问题，而不是对最优内部债务水平的真实估计。 因此，Campbell et al.（2016）将"企业的内部债务调整"划分为两部分：一部分是只依赖于最优契约变量的预期目标驱动的调整；另一部分是依赖于公司治理和 CEO 权力目标变量的预期目标驱动的调整。 结果发现，只有由基于最优契约的预期目标驱动的调整部分才能增加股权或债权的价值。

养老金。 固定收益养老金是许多高管薪酬的重要组成部分（参见第 3.1.2 节）。 由于固定收益养老金往往是针对公司的无担保和无基金索赔，因此可以将其作为一种内部债务的形式，即通过使高管与其他无担保债权人利益保持一致来减轻其风险转移行为（见第 2 章）。 然而，部分原因是 SEC 披露规则不要求公司在 2006 年之前报告高管养老金的精算价值，Bebchuk and Fried（2004）认为这是一种隐形薪酬。

根据 2006 年前报告制度期间的手工收集数据和自己的价值估计进行的研究表明，固定收益养老金金额通常很大（Bebchuk and Jackson，2005；Sundaram and Yermack，2007）。 自 2006 年以来，各公司必须同时披露高管累积养老金收益的现值及其逐年变化。 随后，标准普尔 1500 名首席执行官的固定收益养老金计划使用率从 2006 年的 48％下降到 2012 年的 36％（Cadman and Vincent，2015）。 然而，随着披露要求的扩大，规定的生效日期要求资产负债表确认养老金计划，并为资金不足的计划增加保险费。 因此，尚不清楚高管养老金计划的下降是否是由于披露要求的扩大所致。

Stefanescu et al.（2017）利用最近在养老金数据可用性方面的改进，研究董事会在确定高管的养老金福利公式输入时是否以对股东有利或有害的方式行使自由裁量权。 结果显示，董事会通过在冻结养老金计划（plan freezes）前一年或者高管退休前临时提高奖金来增加应计养老金的收入。 企业在对高管退休养老计划进行一次性支付时，倾向于使用更低的贴现率以提高养老金现值。 高管养老金的增加似乎不是试图激励管理层努力或留任，它更可能发生在治理不善的公司。 这些发现支持了管理层寻租观点。

递延薪酬。 参见 3.3.1 部分。

3.4 内部债务的负面影响

尽管绝大多数文献发现内部债务降低了经理人-债权人代理冲突，进而降低了企业/银行的风险。 但近年来，也有些文献研究发现，在某些条件下，内部债务反而可能提高企业/银行风险。

3.4.1 内部债务(养老金和递延薪酬)

内部债务的投资。 最近有关高管薪酬的文献表明，内部债务促使经理人行为更加保守，从而有助于保护债权人免受违约风险。 然而，为了达到这个目的，内部债务必须向经理人提供类似于债务的收益，并使经理人和债权人面临同样的违约风险。 但是，如果经理人能够将内部债务投资于对冲违约风险的目标，会发生什么呢？ Cambrea et al.（2016）提供的理论和实际证据表明[①]，在这种情况下，内部债务可能作为增加而不是减少风险的保险激励，尤其是在困难时期——债权人最需要经理人审慎经营的时期——反而促使经理人增加风险承担和投资。

Cambrea et al.（2016）建立了一个内生化处理经理人选择公司风险和内

---

① Cambrea et al.(2016)提出，为了使经理人与债权人的激励一致，内部债务必须为经理人提供类似于债务的回报。因此，内部债务降低风险的功能就取决于经理人对其的投资方式。然而，内部债务的投资策略却很少受到关注。Jackson and Honigsberg(2014)是个例外，他们发现，公司内部债务的很大一部分被投资于公司的股票。因此，在经济不景气的时候——恰恰在与债权相关机构冲突最严重的时候，内部债务可能为经理人提供类似于股权的回报，加强而不是减少了经理人风险激励。Cambrea et al.(2016)认为，这样的结果将取决于经理人对内部债务的投资策略如何随时间变化。然而，对于内部债务投资策略的时变性，国内外的文献却鲜有研究。Cambrea et al.(2016)的研究填补了这一空白。

部债务投资策略的模型，该模型提出了两个预期：（1）经理人有动机在困难时期减少内部债务与公司股票之间的相关性，比如，从自己公司的股权中剥离内部债务；（2）在经济不景气的时候，投资于自己公司股权的内部债务比例较小的CEO们将承担更大的风险，也即减少这种关联的经理人在困难时期承担更多的风险。

Cambrea et al.（2016）利用2006—2014年期间1693家美国上市公司的大样本数据对其理论模型进行了以下检验：（1）内部债务与公司股票显著相关，从而证实Jackson and Honigsberg（2014）的暗示性证据[①]。这表明，内部债务一般情况下类似于股权式补偿，如限制性股票和股票期权。然而，内部债务的这种特性并不一定与债权人的利益不相容。事实上，与债务相关的代理冲突（例如，风险转移和投资不足）在财务困境时期更为普遍。换言之，内部债务减轻代理问题的有效性应该特别体现在危机时期。（2）进一步分析内部债务回报与股票回报之间的时变关系。与其模型预测一致，Cambrea et al.（2016）发现，这种内部债务回报与股票回报之间的相关性在经济不景气期间要低得多。这表明，在困难时期，股东和经理人通过内部债务实现的利益一致性更弱，而当最需要内部债务时，内部债务实际上可能有助于降低与债务有关的代理成本。（3）进一步检验内部债务与公司股票之间相关性的下降确实是由于经理人与债权人之间利益一致性降低的结果，还是相反，反映了经理人在困难时期"抛弃"公司的愿望。为了区分这两种可能导致相关性下降的原因，Cambrea et al.（2016）研究了企业风险和投资的模式。他们发现，处于困境期时企业的资产风险比非困境期的资产风险高，但是这种差异在统计学上并不显著；然而，这种差异似乎是由股票回报和内部债务回报之间相关性较低的公司驱动的。事实上，正如Cambrea et al.（2016）的模型所建议的，公司资产风险与财务困境之间的正相关关系对于这些（股票回报和内部债务回报之间相关性较低的）公司来说显著更强。有趣的是，这

---

① 鉴于目前的披露规则并不要求公司披露如何投资内部债务，Cambrea et al.（2016）通过内部债务回报与股票收益之间的相关性来衡量内部债务与公司股票之间的联系。他们发现，这种正相关性在经济上和统计上均显著。

些公司的资本支出也较高，这与过度投资的故事是一致的。（4）为了进一步阐明这些结论，Cambrea et al.（2016）检验从公司的角度来看上述的资产风险选择和投资模式是否低效。为此，他们分析了研发（R&D）支出和现金收购的行为。结果发现，财务困境企业的 R&D 支出与公司内部债务与公司股票相关性的关联不显著；相反，这些公司的现金收购显著增加。这些发现支持了这样的观点，即经理人倾向于抛弃处于困境中的公司，同时执行风险更高、可能浪费的活动。综上所述，Cambrea et al.（2016）发现了一个降低内部债务抑制经理人风险激励的渠道：如果经理人能够决定如何投资他们的内部债务，他们可以通过对冲违约风险来保护自己，例如，在困难时期将内部债务投资于与公司股票弱或负相关的资产。这种策略为经理人提供了诱导其风险转移行为的保险，从而使长期债权人面临的风险增加。

直接和间接效应。Colonnello et al.（2017）提出，内部债务使经理人与债权人利益更加一致的能力依赖于多个因素，其中内部债务在企业破产时的优先级别可能是最重要的（Anantharaman et al.，2014；Jackson and Honigsberg，2014）。如果 CEO 能够在退休前收回他们的内部债务，他们就不受违约风险的影响。结果是，如果公司违约，这些 CEO 不会面临失去其内部债务的风险，于是其激励一致性的功能不复存在。此外，高管薪酬包含不同的成分（如工资、股权奖励和内部债务），每个部分都提供不同的风险承担激励。Colonnello et al.（2017）认为不仅需要考虑内部债务的直接风险激励，而且需要考虑其与其他薪酬形式的相互作用，即内部债务的间接风险承担激励效应。Colonnello et al.（2017）发现，间接风险激励对于 CEO 的风险管理决策有重要影响。

Colonnello et al.（2017）基于 Carlson and Lazrak（2010）的框架，研究了一个风险厌恶型经理人的资产风险选择，该经理人的薪酬不仅包括工资和股权奖励，还包括不同优先级的内部债务。该模型提供了关于信用利差（credit spreads）和不同薪酬成分之间关系的预期：首先，Colonnello et al.（2017）表明，信用利差只有在内部债务没有担保时才减少；其次，信用利差与股权激励之间的关系取决于内部债务的特征。Colonnello et al.（2017）表明，信用利差随股权激励增加，这种关系会随着内部债务优先级别的提高而增强。 Colonnello et al. （2017）使用在 2006—2011 年期间具有违约互换合约（CDS）的美国上市公司综合样本，为其模型的预期提供了支持。

Colonnello et al. （2017）通过引入内部债务及其破产时的优先级别（seniority），扩充了现有关于管理层薪酬与风险承担的文献。 Colonnello et al. （2017）的理论框架有助于使观察到的信用利差动态合理化。 然而，Colonnello et al. （2017）的模型没有考虑管理层薪酬的另一个相关组成部分，即股票期权。 研究股票期权及 3 种薪酬的相互作用所产生的风险激励，Colonnello et al. （2017）的模型可为今后的研究提供新的思路。 此外，一个重要的开放和具有挑战性的问题是，鉴于不同的薪酬成分之间的复杂相互作用，从证券持有人的角度来看，什么是最优合同？ 这些问题都值得在未来进行研究。

3.4.2　强制性延付薪酬

在金融危机之后，更严格的资本要求（Admati and Hellwig，2014）和强制递延银行家的薪酬（Bebchuk and Fried，2010）是减轻过度冒险动机的两个最突出的建议。 经过与成员国为期一年的谈判，欧洲议会终于在 2013 年 4 月发布了资本要求指令Ⅳ，该指令将核心一级资本（普通股）的要求从 2% 提高到 4.5%。 银行家的奖金上限为固定奖金的 100%，但如果得到股东的批准，则允许增加到 200%。 根据情况和可变工资的总百分比，至少 40%—60% 的可变工资需要推迟至少 3—5 年（EU，2013，p.389）。

同样，美国也出台了一些法律规定，这些法规在 2015 年实施，并将一级资本与风险加权资产比率从 4% 提高到 6%（参见 Board of Governors of the Federal Reserve System，July 2013）。 美国新立法不包含奖金上限，但如果银行的合格留存收入（定义为前 4 个季度的净收入）为负，且该银行本季度初的资本保护缓冲低于 2.5%①，则禁止在任何季度内任意发放奖金。 然而，这些缓冲要求仅对那些被视为对避免全球相关系统性风险至关重要的大型机构

---

① 欧洲 CRD Ⅳ 中包含了类似的规则，其需要 5 个新的资本缓冲，而那些没有达到要求的公司则被限制自由分配利润。

是强制性的。 为了实施《多德-弗兰克华尔街改革和消费者保护法》第 956条，美国联邦监管机构在 2016 年 6 月公布薪酬监管建议，要求合并资产平均总额在 2500 亿美元以上的金融机构必须将高级执行官的激励性薪酬的 60％推迟至少 4 年（Federal Register，2016）。

这种监管的制定基于媒体上对管理层薪酬失灵激励机制的持续辩论（Michaels，2004）以及学术研究（Bebchuk and Fried，2004）。 例如，在最近的金融危机期间，讨论的中心是不适当的长期激励、高管风险承担和银行部门的过度奖金（如 Hagendorff and Vallascas，2012）。 已提议的减轻所观察到的缺陷的工具是递延薪酬（Bhagat and Romano，2009；Bhagat and Bolton，2014；Edmans et al.，2012；Dutta and Fan，2016），它规定了可变薪酬组成部分的支付期限，并允许根据公司未来的业绩向下调整。 例如，法国巴黎银行（BNP Paribas，2015）在其合并财务报表中概述，"年度递延薪酬计划是为某些表现优异的员工制定的，或者是根据特殊的监管框架制定的"。 根据这些计划，付款将随着时间推延，并取决于业务部门、部门和集团的业绩。 因此，激励经理考虑其行动的长期影响。 英格兰银行总结说，"延期支付是可变薪酬结构的一个重要特征，它有助于确保公司内部风险承担者的利益与公司本身的长期利益之间更加一致"（BoE，2014）。

因此，近年来出现了一些研究，试图为强制性延付薪酬政策的有效性提供理论依据。 然而，结果却发现，强制性延付薪酬政策扭曲了银行内部的委托代理关系，起到了负面作用。

贷款质量与证券化决策。 Inderst and Pfeil（2012）的模型提供了当存在（信贷资产）证券化时，强制性递延薪酬可以提高贷款质量的原因——它帮助银行解决对其证券购买者的承诺问题。 Inderst and Pfeil（2012）争论的核心是银行的内部代理问题[1]与来自于（信贷资产）证券化的外部代理问题[2]之间的相互作用，从而建立了银行提供给经理人的薪酬结构、贷款质量和证券化策

---

[1] 代理人（经理人）相对于委托人（银行）的信息优势构成了内部代理问题。由于代理人没有直接承担与新交易（如资产证券化）有关的风险，因此产生了这种内部代理问题。

[2] 银行也可能不用完全暴露在风险之下，因为它可以将其资产或现金进行证券化。在这种情况下，有一个额外的外部代理问题。

略三者之间的联系。

在 Inderst and Pfeil（2012）的模型中，有以下设定：（1）银行决定代理人薪酬的陡峭程度。 递延薪酬可以取决于关于交易质量的更多信息，例如借款人（贷款）是否最终违约。 然而，由于代理人比委托人（即银行）具有更高的时间（或流动性）偏好，因此递延薪酬是昂贵的。 （2）银行决定是否进行（信贷资产）证券化①及其程度。 Inderst and Pfeil（2012）讨论了投资者能观测或不可观测到银行留存证券化资产份额的情况，还讨论了银行如何优化其发行的证券。

证券化的预期水平决定了最优的薪酬策略，而发行的证券价格取决于市场对银行提供给其代理人的内部激励（薪酬）的期望值。 Inderst and Pfeil（2012）考虑了两种场景。 首先考虑了当监管机构不干预时的市场均衡问题：当银行不进行证券化时（银行完全暴露于新贷款的风险），它在更高资产质量与更高的薪酬成本（递延薪酬）之间进行权衡。 然而，当银行预期将其大部分贷款进行证券化时，银行的收益被稀释。 因此，在均衡状态下，只有当其持有大量信贷资产时（比如，不进行证券化，银行自己承担风险），银行将激励其代理人筛选信贷资产质量。 而且，只有在这种情况下，银行才可能会递延薪酬并将其与贷款质量或其他随时间暴露的关于信贷质量的信息（例如通过内部贷款审查）相联系。 否则，考虑到代理人的不耐烦，薪酬将永远是短期的。

然后，Inderst and Pfeil（2012）考虑强制性递延薪酬的情况，银行可能被诱导使用贷款的附加信息，并相应地激励代理人。 那么，薪酬监管导致贷款质量的提高，减轻发起机构（银行）对其证券购买者的承诺问题。 然而，Inderst and Pfeil（2012）提出，相反的结果也可能出现，即强制性递延薪酬可能降低平均贷款质量，并增加了未来违约的可能性。 Inderst and Pfeil（2012）进一步分析了强制性递延薪酬何时能作为要求金融机构对其原始贷款保持最低风险敞口的政策的补充，并讨论税收对短期奖金支付的影响。

---

① 证券化可以为银行带来风险多样化和放松融资约束（尤其是当面临监管资本要求时）的好处。

总体来说，Inderst and Pfeil（2012）的模型框架允许其研究金融机构内部代理问题与证券化决策产生的外部代理问题的相互作用。

强制性递延薪酬与银行资本要求。 金融危机后，"提高资本要求"和"强制性递延高管薪酬"是降低银行风险承担的两大主要监管手段，不过大部分文献仅关注其中一项，Feess and Wohlschlegel（2018）则试图研究资本要求和强制性递延薪酬的关系（替代还是互补）。 在 Feess and Wohlschlegel（2018）的理论模型设定中，考虑了两类项目，即相关项目（风险项目）和独立项目（安全项目）①；两类异质性银行，即好银行和差银行②；两类薪酬支付方式，即提前支付和延期支付③；为限制银行的风险转移行为，监管者有两种监管手段，即资本比率和递延薪酬比率。 股东可以决定其经理人的薪酬是否递延，首先出现的结果是，无论银行何时面临正的违约风险，股东都更倾向于提前发放奖金。 原因是，经理人在递延薪酬时面临违约风险，因此在未违约时会要求更高的薪酬。 因此，Feess and Wohlschlegel（2018）的模型主要关注于社会和股东之间的外部代理问题，而不是股东与经理人的内部代理问题（这其实就是"强制性"递延薪酬的关键所在）。

在上述设定下，Feess and Wohlschlegel（2018）考虑了两种场景：（1）所有项目都是充足供应的。 更简单的情形是，两类项目供应充足，两家银行的项目选择相互独立，则递延薪酬政策没有负面效应。 Feess and Wohlschlegel（2018）分析了其原因，对于给定的资本要求，银行对风险项目而非安全项目融资的激励会随着递延薪酬的比率提高而下降：如果银行为安全项目融资，则没有破产风险，那么银行价值与递延薪酬比率无关④；然而，由于风险项目存在违约风险，在非违约情况下，银行向经理支付的薪酬更高，

① 由于独立项目的风险可以完全多元化，也把它们称为安全项目。因此，将相关的项目也称作风险项目。从社会角度看，风险项目是次优的，但银行仍偏好此类项目，因为可以从有限责任中获利。

② 好银行即在处理风险项目上更有优势的银行。

③ 提前支付即在相关项目收益实现之前支付，延期支付则只在银行不破产时才支付。

④ 因为银行不面临违约风险，因此提前或递延薪酬都是一样的。

银行价值随递延薪酬比例提高而降低。 因此，结果是，即便允许更低的资本比率，监管者也可以避免银行的风险转移行为，从而提高社会福利。 也即，当两类项目充足供应时，强制性递延薪酬与资本要求是相互替代的，都能有效减轻银行的风险转移行为。 （2）社会偏好的安全项目不足，导致银行的竞争。 由于好银行在处理风险项目上更具有优势，因此，监管者更希望好银行承担风险项目，安全项目由差银行承担。 然而，如果所有薪酬都要求递延，那么好银行将偏好安全项目，则风险项目留给了差银行。 Feess and Wohlschlegel（2018）称之为项目错配，即风险项目由相对劣势的银行承担了，从而对管理社会总体风险不利。 Feess and Wohlschlegel（2018）认为，当两个监管工具中至少有一个对好银行更严格时，经济中风险项目错配的风险将会加强，最终确实可能降低大型银行的风险偏好，但它可能以将风险项目转移给较小的银行或甚至转移给影子银行部门[①]的金融机构为代价，最终带来社会福利的下降。 综上，在所有项目（即安全和风险项目）都充足供应时，更高的资本要求和递延薪酬政策之间是相互替代关系；然而，在安全项目供应不足时（现实最常见的情况），对银行的监管越强（即更高的资本比率或更高的递延薪酬比例）则可能导致好银行风险不足，差银行只能过度冒险，最终带来社会福利的下降。

扣回阈值。 在类似于 Carpenter（2000）的连续时间模型中，Leisen（2014）研究了风险厌恶[②]经理人的风险承担问题，该经理在一系列离散日期获得薪酬（奖金）[③]。 没有延期时，经理人获得奖金的要求是当期产出的函数。 奖金延期则是指在每个日期（比如 t），有一部分奖金不发给经理人，而是延期到下一个日期 t＋1 支付，但数量不能保证：如果产出低于日期 t 设定

① 而影子银行部门在管理风险项目方面可能不那么谨慎。
② Ross(2004)的开创性贡献引起了对管理者风险厌恶的关注。然而,他的分析只关注风险规避作为(单一)奖金支付日已实现资产价值的函数;这不允许在任何其他日期研究风险承担,因此 Ross(2004)的结论是呼吁对风险承担进行动态扩展和显式分析。Leisen(2014)的研究提供了 Ross(2004)所要求的扩展。
③ 在整个过程中,Leisen(2014)分析一般的奖金函数,即其所谓的直接奖金方案(又称股票)是资产价值固定比例的支付结果。

的阈值（即出现短缺），那么只支付一部分。因此，奖金的延期部分是产出短缺部分的减函数。如果短缺超过某一个门槛，则整个递延薪酬都将无法支付。Leisen（2014）的分析集中于递延薪酬对从（在下一个支付日）财富中获得效用的影响，并讨论与时间和已实现资产价值（当前产出）相关的风险承担。Leisen（2014）在经理人具有双曲型绝对风险规避偏好（Hyperbolic Absolute Risk Aversion，HARA）[1]时充分地刻画了直接奖金的风险承担，他发现，在资产价值实现并没有短缺时以及当短缺非常大以至于整个递延薪酬取消的情况下，风险承担总是增加；对于所有其他的资产价值（介于没有短缺和很大短缺之间时），Leisen（2014）刻画了能降低风险承担的递延薪酬的参数化（阈值）设置，并讨论了递延薪酬参数设置的权衡。

Leisen（2014）的主要贡献在于当前的政策辩论。他直接而专门地关注于监管者面临的风险承担问题：描述了延期支付对整个奖金功能的影响以及由此产生的连续时间风险承担（变化）。Leisen（2014）对通常认为延期总是减少（增加）冒险（风险规避）的想法持谨慎态度；特别是，Leisen（2014）对风险增加或减少的情况进行描述。此外，在风险偏好的典型假设下，Leisen（2014）将注意力集中到风险承担不增加的唯一部分（已实现资产价值）；然后，当风险承担减少时，Leisen（2014）提供一个简单的特征：延迟部分对短缺的敏感性不应该超过一个参数比（阈值）。基于规定延期比率大小的监管努力，Leisen（2014）讨论了在设置延期付款对短缺的敏感性方面的权衡。

并购。Hoffmann et al.（2015）从并购视角通过委托代理模型分析了金融机构的强制性递延薪酬，他们提出，并购作为一个可以立刻观察到的任务，其绩效（即高管的勤勉[2]程度）却需要时间的证明。

Hoffmann et al.（2015）的模型，识别了强制性递延薪酬对银行（委托人）激励其代理人勤勉程度产生的3个影响：（1）第一个是正面影响——强

---

① HARA 偏好是金融中常见的风险偏好类型。

② 在 Hoffmann et al.（2015）的模型中，勤奋的关键任务是减少罕见但可观察到的事件（对于银行、其客户或社会）发生的可能性。

制性递延薪酬有效地增加了均衡的勤勉水平。 它产生于这样一个事实，即在 Hoffmann et al.（2015）的模型中，在没有监管的情况下，（代理人的）薪酬发放不取决于企业未来业绩，而只对并购任务及其增长实施激励可能是最佳的。 当监管强制银行递延薪酬时，银行以前只针对并购任务现在也取决于业绩的激励措施便成为最佳选择。 虽然这种激励机制的变化增加了银行的薪酬成本，但它将降低诱导（代理人）勤勉的边际成本。 （2）第二个正面影响出现在监管特别严格的时候。 Hoffmann et al.（2015）发现，在这种情况下，监管实际上可能迫使银行以较低的薪酬水平来诱导更高的努力，因此，这种较低的代理租金与诱导并购努力的额外目标不兼容。 （3）然而，当并购约束宽松时，也会产生监管的负面影响。 在这种情况下，银行将永远不会发现利用业绩不敏感的薪酬在私下是最佳的。 当监管者施加进一步的递延薪酬监管时，不仅会增加薪酬成本的水平，而且会增加诱导勤勉的边际成本。 在均衡状态下，强制性递延薪酬可能通过这种效应，降低而不是提高（代理人的）勤勉程度。

因此，Hoffmann et al.（2015）的分析强调，强制性递延薪酬对代理人勤勉程度的影响比简单的、但具有误导性的论点①更微妙，这种简单化的观点忽略了总薪酬成本和边际薪酬成本之间的重要区别。 虽然当施加薪酬监管时，总薪酬成本会增加，但保持授权不变的情况下，其对边际薪酬成本的影响却是先验不明确的。 由于薪酬监管在理论上模棱两可的效应，有必要在一个具体模型中分析一项具体政策，以了解边际报酬形成过程中的经济原理。

Hoffmann et al.（2015）的模型提供了一个强有力的洞察。 他们从银行给予其代理人的并购（交易或客户）激励的角度，对强制性递延薪酬的影响进行了比较分析。 当银行提供的并购激励很高时，具有约束力的强制性递延薪酬将导致更高的勤勉均衡水平；而当银行提供的并购激励很低时，这种监管将适得其反。 事实上，在后一种情况下，Hoffmann et al.（2015）发现不施加任何监管是最佳的。 此外，当银行已经提供了高额薪酬以激励代理人勤勉时，强制性递延薪酬会对银行风险产生反作用，例如，由于风险主要由银行自

---

① 这种论点沿着"监管提高了勤勉的代价，因此人们'消费'更少勤勉"的逻辑展开。

己承担，而不是通过（信贷资产）证券化转嫁这些风险（Inderst and Pfeil，2012）。 当收购任务与努力筛选和管理风险的任务分开时，这一原理同样适用，而当提供并购激励对银行来说变得更加繁重时（如竞争加剧时），强制性递延薪酬应当诱导更高的勤勉均衡水平。 最后，Hoffmann et al.（2015）的研究结果指出了其他旨在改善银行激励和强制性递延薪酬的监管政策之间的交互影响效应。 尤其是，如果更高的资本要求增加了银行自身的勤勉激励，那么施加额外的强制性递延薪酬更有可能适得其反。

其他薪酬部分的调整。 Inderst et al.（2016）建立了一个简单的委托-代理框架来分析风险承担与薪酬支付时间之间的均衡关系。 他们认为，由于薪酬时机只是与风险激励相关的薪酬契约的多个维度之一，因此监管者对"短期薪酬等于高风险激励"的隐性推断存在误导。 在他们的框架中，代理人的行为具有持久效应①——这个特性可以捕捉到（冒险）结果常常不能立即观察到，而只能在经济低迷时期暴露的概念。 虽然委托人随着时间的推移接收到关于代理人行为的信息，但是由于代理人相对而言是不够耐心的，因此依赖这些信息获得激励性薪酬的成本很高。

Inderst et al.（2016）的最优薪酬合同解决了两个支付日期之间的不耐心和信息之间的关系。 当代理人的参与约束松弛时，最佳支付时间仅仅是使每单位信息的延迟成本最小化的唯一支付日期（其中信息以"似然比单位"适度测量）。 如果信息随时间平滑地到达，则相关的一阶条件直观地指出，在最佳支付时间时信息的增长率等于贴现成本的增长率（给定代理人更高的不耐烦程度）。 有趣的是，在各种常见信息的处理过程中，Inderst et al.（2016）发现，最佳支付时间可能增加或减少风险承担行为，也即较长时期的薪酬递延通常不能必然与较少的风险承担相关联。 如果代理人的参与约束固定，则额外的、较早的薪酬支付可能是最优的。 Inderst et al.（2016）通过一个简单的凸化参数给出一个直观的图形说明上述情况。 这一分析构成了 Inderst et al.（2016）考虑强制性递延薪酬的核心。

总而言之，Inderst et al.（2016）发现，只要银行的股东不能通过要求的

---

① 也即代理人的一次性动作可以影响灾难事件发生的时间分布而具有持久效果。

时间维度以外的任何其他变量来调整薪酬合同，那么监管有效。 他们将这种调整的可能性与代理人的外部期权的规模（足够高的薪酬）和强制性回扣条款（规定支付意外）联系起来。 Inderst et al.（2016）的框架有助于评估最近规定金融部门的最低延期和回扣条款的相关监管干预措施[①]。 它显示了这种在时间维度上的监管干预是如何导致委托人调整薪酬合同的其他维度[②]，从而可能导致更高的风险承担。 强制性递延薪酬并非万灵药，只有当代理人（高管）竞争非常激烈时才能有效降低其风险承担[③]。

最优递延期限。 Hoffmann et al.（2019）的目标是解决一个基本的研究问题——在"只有时间才能告诉"的信息环境[④]以及代理人有流动性需要从而递延薪酬成本更高时，如何优化跨期薪酬激励的结构？ 他们考虑抽象的、一般性的信息系统，从而获得最优契约的易处理和直观特征，尤其是薪酬的最优支付期限。 Hoffmann et al.（2019）的建模框架可用于阐明各种经济应用，例如，从薪酬付款时机（如奖金递延要求或回扣）的监管干预效果到企业家融资决策的最佳期限结构。

为了关注一般信息环境下的最优跨期薪酬激励，Hoffmann et al.（2019）考虑一个一次性行为（Holmstrom，1979）、双方均为风险中性以及代理人负有限责任（Innes，1990；Kim，1997）的委托-代理框架：代理人的不可观测

---

① "这些机制的有效性在很大程度上尚未得到检验，需要更多的分析来评估诸如递延和回扣之类的工具是否得到充分开发并有效地用于阻止承担风险。"（金融稳定委员会，2015）

② 这些调整，最显著的是薪酬水平，通常随信息环境而变化，因此可能对风险承担产生模糊的影响。

③ 即如果代理人的外部期权（薪酬水平）足够高，使得一揽子薪酬计划的水平由外部期权决定，则最小递延要求具有减少风险承担的预期效果。

④ 在许多现实生活中的委托-代理关系中，代理人的行为对产出具有长期——不能立即观察到——的影响。例如，在金融部门，私人股本或风险投资基金经理的投资只有在退出时才能向投资者产生可核实的回报，信用评级机构发布的信用评级（或信贷部门的贷款决策）可以在贷款的整个生命周期内更精确地进行评估，以及银行的风险管理只是在危机时期的压力测试。而在金融部门之外，研究人员的创新活动，无论是在学术界还是在工业界，通常只是相当延迟地产生诸如专利或引文之类的信号。类似地，CEO战略决策的质量可能要到很远的将来才能评估。

行为会影响可收缩信号（例如产出实现、违约和年度绩效评估等）的分布，这些信号可以连续地或离散地到达；薪酬合同规定（奖金）支付给代理人，以特定日期的所有可用信息（历史信号）为条件，并且必须同时满足代理人的激励相容和参与约束；最后，与 DeMarzo and Due（1999）一样，他们通过代理人的相对不耐心来刻画其流动性需求。 最优薪酬支付期限是在信息量增加与代理人流动性需求所产生的成本之间的权衡。

Hoffmann et al.（2019）总结了其基本框架及其扩展的两个潜在应用：第一，他们的框架可以用来理解监管干预对薪酬支付时间（如最低递延期限或回扣条款）的影响。 例如，在英国，监管机构最近开始对金融部门高管的奖金规定最低 3 年延期支付和 7 年内扣回的期限。 因此，分析这种监管对银行委托人（董事会）行为的影响是一个及时的政策问题。 在没有任何监管的情况下，董事会可能选择利用金融安全网而过度冒险。 那么，强制性递延薪酬是否促使委托人采取更好的行动？ 尽管最低递延规定（轻微的）增加了所有行动的工资成本，但 Hoffmann et al.（2019）发现，从社会角度来看，递延薪酬规定对"坏"行为的工资成本征税高于"好"行为的工资成本，类似于庇古税。 因此，递延条款的效力与支付时间的比较静态分析密切相关：如果委托人的无约束薪酬设计的特征是将较长的支付日期用于那些从社会角度来看更好的行为，那么通过使这些更好的行为相对更便宜，强制性递延薪酬将是有效的。 第二，通过允许委托人直接投资于信息（会计）系统，从而使委托人发挥更积极的作用。 例如，委托人也可以通过代价高昂的监测或审计获得关于代理人行动的信号，而不仅仅是等待信息（参 Plantin and Tirole（2018）中的类似机制）。 现在可以分析信息源的最佳组合。 这两类信息投资之间的区别在于，与递延薪酬相关的成本是内生的，因为代理人不耐烦成本与延期奖金包的大小相互作用，而 IT 或会计系统的投资是一次性的。

高管退休与财务会计管理。 鉴于最近关于经理人薪酬和激励的辩论，特别是在金融部门，监管机构规定薪酬合同的延期支付以加强对经理人的长期激励。 Pelger and Schäfer（2018）运用动态代理模型分析了管理层退休情况下强制性递延薪酬的激励效应[①]，并探讨了其与会计制度特征的相互作用。因此，Pelger and Schäfer（2018）主要研究了以下两个问题：

第一，强制性递延薪酬是否是一个使经理人行为与股东长期目标一致的有效工具？ 在 Pelger and Schäfer（2018）在模型设定中，规定经理人在职期间可变薪酬的一定比例必须被延期到他的雇佣合同到期之后，并可能根据未来的绩效（会计盈余）进行调整，公司并非自愿采用可变的退休后薪酬，而是由于监管的要求（Milgrom and Roberts，1992；Sabac，2008）和经验（Bolton et al.，2015；Wei and Yermack，2011）。 Pelger and Schäfer（2018）发现，强制性递延薪酬可能有助于克服长期承诺的缺乏，然而，这并不是解决激励问题的灵丹妙药。 强制性递延薪酬改善了对长期活动的激励，但同时也对后任经理人工作努力的激励产生不利影响。 此外，Pelger and Schäfer（2018）的模型还发现管理层风险规避和公司产出波动对递延薪酬效果的影响并不确定：如果递延薪酬的主要目的是长期激励，而盈余管理只是小问题，那么较高的风险规避和产出波动性会促进递延报酬的使用；然而，如果经理人有足够的自由裁量权来操纵收益，那么更高的收入不确定性或风险规避则限制了递延薪酬监管的好处。 这些结果对强制性延期支付的监管方法具有启示意义：首先，在某些情况下，公司最好不要在很大程度上使用递延补偿，即使它能够承诺这种退休后补偿。 监管机构在识别此类案件上面临挑战。 其次，不要对递延薪酬采取一刀切的方法，因为强制性递延薪酬的好处需视情况而定，它取决于长期努力的重要性、经理的风险规避和公司产出的不确定性。 这一发现大体上符合当前特定行业（如银行和金融服务业）递延薪酬的监管方法。 这个行业的公司可能具有某些特征使得这一领域中递延薪酬监管的好处较少依赖于公司特定的因素，从而可能使监管者能够建立适当的规则。

[①] 已有的并不丰富的关于递延薪酬在商业实践中使用程度的实证文献表明，至少银行在很大程度上使用了递延薪酬（Bell and Reenen，2014）。然而，对美国工业公司（Wei and Yermack，2011）和银行（Bolton et al.，2015）的研究显示，"递延薪酬一般在退休时支付给高管"（Wei and Yermack，2011）。因此，在管理层退休的背景下，递延薪酬实践与现行监管规定之间存在明显差距，因此 Pelger and Schäfer（2018）着重研究在高管退休情况下的递延薪酬的监管问题。

第二，（财务）会计制度设计如何与强制性退休后递延薪酬制度相互作用？ 首先，Pelger and Schäfer（2018）揭示了会计制度的及时性①影响递延薪酬的价值。 如果管理层没有会计报告方面的自由裁量权，那么更高的及时性和更高的递延薪酬要求之间互相替代。 然而，在低及时性和高自由裁量空间的会计制度中，薪酬的递延程度和会计制度的及时性之间是互补的。 Pelger and Schäfer（2018）的结果还表明，有一些最低水平的奖金延期是有益的，这不依赖于会计的及时性和操控余地。 其次，Pelger and Schäfer（2018）证明递延薪酬能够减轻会计制度中自由裁量权对委托人预期效用的不利影响（Nieken and Sliwka，2015），恰当设计的强制性递延补偿可能与原则导向的会计制度结合是适当的②。 这一结果还意味着，当递延薪酬不足以激励经理人不从事盈余管理（和操纵）时，严格执行会计规则尤为重要。

3.5 其他

3.5.1 员工内部债务——公司内部存款

越来越多的文献认为，公司员工的利益和行为可能是其冒险行为的主要决定因素。 不仅高层管理人员的债务持有量重要，那些普通员工和普通员工的债务持有量也具有重要影响。 Dasgupta et al.（2018）的论述是第一个直接研究雇员和雇主之间的短期债务合同（公司内部存款）对公司风险的影响的文献。

在日本，这些公司内部存款是根据员工存款计划（Employee Deposit

---

① 会计制度没有立即捕捉到完整的经济产出，而只是在下一个时期的会计信号中描述了其中的一部分。Pelger and Schäfer(2018)将此解释为会计的"及时性"，较及时的会计系统能提供更早的信息。

② 与规则导向的会计制度(rule-based accounting systems)相比，原则导向的会计制度下有更多的盈余管理机会(Fornaro and Huang,2012)。

Programs，EDP）进行的，该计划允许参与的员工以优惠的利率将钱存入公司[1]。CEO 内部债务与员工内部存款之间有几个重要的区别：首先，由于高管的退休金往往与公司的股价挂钩，因此无法使高管和债权人之间的激励措施完全一致（Jackson and Honigsberg，2014）。相反，EDP 是雇员和雇主之间的信用安排。只要雇员的存款没有完全担保，借钱给雇主，雇员就面临破产的风险，不管他们的存款优先级如何。这意味着，通过参与 EDP，雇员的激励与债权人（即他们确实是债权人）完全一致。其次，在养老金计划冻结和退休之前，高管可以很容易地操纵他们的养老金。在这方面，高管养老金的水平在很大程度上可能归因于管理层寻租（Stefanescu et al.，2018）。相比之下，这样的机会主义行为在 EDP 中不太可能出现，因为员工不能操纵合同条款。最后，EPD 影响企业风险承担的机制可能不同。由于员工有权随时取款，知情的员工意识到公司的风险策略，可能会要求取款，从而造成"挤兑"。这种挤兑的后果对公司来说可能是昂贵的，因为它将向市场传达雇员的信息，并且可能会对筹集资金或与其他利益攸关方做生意的成本产生不利影响。也就是说，EDP 可以充当"风险发现系统"，揭示内部人关于公司对外部资本市场的信用度的信息。

Dasgupta et al.（2018）利用日本上市公司的 EDP 数据，提供员工存款及其监督对企业风险行为影响的实证证据。他们发现，提供 EDP 的公司或雇员存款水平较高的公司，其总风险、系统风险和特质风险水平均较低。此外，以 keiretsu 核心成员资格作为银行关系强度的代理变量，Dasgupta et al.（2018）发现，EDP 的风险降低效应只集中在非 keiretsu 企业中，这表明当企业预期可以得到银行的资金支持时，员工内部债务的约束力就会下降。这一发现与银行文献中的类似发现相呼应，即政府担保的存在，通过要求提高存款利率和取回存款，削弱了存款人或次级债权持有人监督的积极性（Kane 1989）。Dasgupta et al.（2018）利用基于 2003 年新公司重组法通过的 DID

---

[1]　虽然美国没有这种明确的雇员内部债务形式，但雇员存款计划并非日本经济所独有。它在中国台湾和印度等许多亚洲经济体中很受欢迎。甚至在一些欧洲国家，如意大利，已经发现许多公司提供各种类型的员工存款计划，如流动性 - TFR。

分析来克服内生性和反向因果关系。最后，Dasgupta et al.（2018）发现，员工存款水平可以正向预测公司杠杆比率的水平（在计算总债务时不包括员工存款），这意味着员工存款余额越大，借贷成本越低，这是因为内部和外部债权人之间的激励更加一致。总之，Dasgupta et al.（2018）的研究结果表明，当员工内部债务被适当地优先考虑时，它可以有效地弥补债务的代理成本。除了内部债务文献外，Dasgupta et al.（2018）亦增加有关员工作为公司重要利益相关者的角色的文献，同时对影子银行系统的监管也提供了政策启示。

3.5.2 企业社会责任

Wanget al.（2017）的研究，假设企业社会责任（Corporate Social Responsibility，CSR）相关活动调节了 CEO 内部债务与公司风险承担之间的关系。此外，他们认为，CEO 内部债务与公司风险承担之间的影响关系是上下文相关的，并假设环境动力性和宽松性这两种偶然性调节了影响过程。Wang et al.（2017）基于一个大的纵向数据集的非金融美国公司进行分析，为这些假设提供了强有力的支持。总之，Wang et al.（2017）揭示了一个基于企业社会责任的、上下文相关的机制，通过该机制，企业社会责任相关战略可以与风险管理相关的战略决策相集成，从而促进企业的核心业务和运营。

3.6 本章小结

本章整理和归纳了近年来内部债务研究出现的一些最新进展，具体分为以下几个方面：（1）单独研究延付薪酬或养老金。由于退休年金一般在高管退休后才能领取，而延付薪酬则在约定期限或高管离职后即能领取，因此无论是延付期限还是扣回机制，两者对高管的约束力均有所不同，于是出现了一些文献单独研究延付薪酬或养老金的作用（Lee et al.，2011；Acharya et al.，2016；Mehran and Tracy，2016；Sundaram and Yermack，2007；Liao et al.，2016）。（2）关于最优内部债务的决定。Jensen and Meckling（1976）提出，用等比例的债务和股权来补偿经理人，可以减少其代理问题及其相关成本；Edmans and Liu（2011）则提出，公司特征不同时其高管薪酬的最优契约是不同的，不必要对股权和债务赋予完全相同的权重。 那么，企业是否存在最优内部债务比率？ 最优的内部债务水平、最优的递延期限及递延比例应该如何确定？ 近年来，出现了一些文献开始对这些问题进行规范研究。 （3）内部债务的影响因素。 关于企业内部债务的影响因素，已有文献主要提出了管理者权力观和最优契约论。 （4）内部债务的负面影响。 有些文献研究发现，在某些条件下，内部债务反而可能提高企业/银行风险（Inderst and Pfeil，2012；Leisen，2014；Cambrea et al.，2016；Colonnello et al.，2017；Feess and Wohlschlegel，2018；等）。 （5）其他新研究进展。 比如与高管内部债务相对应，研究员工的内部债务；研究企业社会责任（Corporate Social Responsibility，CSR）相关活动对 CEO 内部债务与公司风险承担之间关系的调节作用；等。

4 递延高管薪酬与银行风险的事前选择
——资产配置决策[①]

风险管理历来都是金融管理当局和从业者十分关注的问题。尤其是 2008 年金融危机后，如何防控风险更是受到监管者和从业者的高度关注。在对金融危机的反思中，高管薪酬激励不当是引发金融机构过度承担风险的重要原因，已然成为社会共识。为此，各国纷纷提出了加强金融高管薪酬制度改革的原则和具体建议，其中一项重要内容就是对高管薪酬实施延期支付、薪金追回措施（Bernanke，2009；Bebchuck and Fried，2009），一些国家或经济体甚至通过监管介入强制要求其金融机构的高管薪酬实施延期支付（Bebchuck and Spamann，2010；Wagenhofer，2016）[②]。在我国，2010 年 3 月银监会发布《商业银行稳健薪酬监管指引》（以下称《监管指引》），明确要求我国商业

---

① 本章部分内容分别发表于《财贸经济》2016 年第 11 期、《经济学家》2019 年第 3 期以及《Emerging Market Review》2019 年第 40 卷。

② 例如，欧盟 2013 年发布的 2013/36 法令（Art. 94）要求金融机构高管的绩效薪酬的 40％部分至少延期 5 年支付（EU 2013，p. 389）；2016 年 6 月发布的"联邦公报"（Federal Register 2016，p. 37680）建议平均综合资产在 2500 亿美元以上的金融机构高管的绩效薪酬的 60％部分至少延期 4 年支付。

银行高管的绩效薪酬实施延期支付①，其核心就是通过延长薪酬的支付期限，将风险成本、风险抵扣与薪酬挂钩，以发挥薪酬机制对风险管控的作用。 事实上，早在2005年，杭州银行就率先建立延付高管薪酬制度，随后相继有银行跟进，2010年《监管指引》颁布之后，更有越来越多的银行开始实施高管薪酬延付方案（见表1-1）。 因此，如果从2005年算起，我国银行实施高管薪酬延付制度已经有14年时间，从2010年算起也已经实施了9年。 那么，延付高管薪酬是否有效约束了我国银行的风险偏好？ 这是一个极为重要而又亟待回答的问题。

贷款业务是我国银行最重要的资产业务之一（数据显示，我国银行资产中有一半以上为信贷资产）。 巴塞尔协议对银行信贷资产设定了较高的风险权重，逻辑上，银行风险偏好越强，可能表现为将资产更多地配置在贷款上。此外，巴塞尔协议对不同类型贷款也制定了不同风险加权系数，例如，与附担保物贷款及保证贷款相比，信用贷款的风险加权系数更高，与个人住房抵押贷款相比，企业贷款的风险加权系数更高，逻辑上，银行贷款结构会因风险偏好不同而不同，银行风险偏好越强，可能表现为将资产更多地配置在信用贷款和企业贷款上。

近年来，我国金融业改革创新出现了一些新现象。 不同金融机构业务融合加深，交叉性金融工具②不断涌现，如各种资产管理计划、信托收益权和资产收益权等。 这些交叉性金融工具的兴起与蓬勃发展，有以下深层次原因：（1）金融分业经营，市场发展不平衡。 长期以来，我国间接融资占主导，直接融资市场发展相对滞后③。 金融市场发展的不平衡蕴含了巨大业务拓展空间，金融机构有着突破分业限制向其他领域拓展的内在动力。 （2）金融市场

---

① 《监管指引》中明确要求"高管绩效薪酬的40%以上应采取延期支付的方式,且延期支付期限一般不少于3年""如在规定期限内其高级管理人员和相关员工职责内的风险损失超常暴露,商业银行有权将相应期限内已发放的绩效薪酬全部追回,并止付所有未支付部分"。

② 交叉性金融工具,是指一项金融工具跨货币市场、资本市场、保险市场等至少两个以上金融市场或跨银行、证券、保险、信托等至少两个金融行业。

③ 截至2016年末,我国银行资产总规模达226万亿元,证券资产总规模为5.79万亿元,保险资产总规模超15万亿元,信托资产总规模为20.22万亿元。

需求发生深刻变化。 一方面，资金供给端的需求发生深刻变化，存款稳定但微薄的利息收入已经无法满足居民日益旺盛的财富管理需求，这对传统金融业务形成巨大冲击，推动金融机构广泛开展资产管理业务，创新推出各种类型交叉性金融工具①；另一方面，资金需求端也不再满足于传统贷款，金融机构同业交易也不仅限于资金，推动金融机构创设新型交易载体，促进了交叉性金融工具的发展。 （3）规避金融管制。 信贷规模是监管当局金融宏观调控的重要内容之一，而息差是银行的主要收入来源，在逐利动机驱使下，银行通过与其他类型金融机构开展业务合作，借助交叉性金融工具将表内信贷转化为表外融资。 此外，以资本消耗为主要特征的传统金融业务，在增长过程中容易受到资本约束。 为减少资本占用，金融机构由"重资产信用中介"业务逐步向"轻资产信息中介"业务转型，而转型载体即为交叉性金融工具②。

我国交叉性金融工具的发展，在一定程度上提升了金融服务实体经济的水平，但与此同时，也改变了金融风险的存在方式、聚集方式和传染方式，加剧了金融市场运行的脆弱性，甚至出现了一些不当和过度金融创新，极大增加了金融管理当局风险处置与应对的难度。 为了防控交叉性金融工具带来的风险聚集隐患，近年来我国金融管理当局的监管力度持续提升，但在各项监管措施连续出台的情况下，我国银行的资管（理财）产品规模仍连年显著上升并屡创新高③（见图 4-1）。

---

① 截止 2016 年末，我国资产管理业总规模达到 114 万亿元，超过广义货币余额的 2/3。

② 例如，商业银行通过交叉性金融工具将类信贷资产转化为同业投资业务，减少了资本占用。

③ 为了对银行理财市场、业务和产品进行全方位监管，2013 年全国银行业理财信息登记系统正式上线运行，同年，银监会印发《关于进一步规范商业银行理财业务投资运作有关问题的通知》（下称"8 号文"），"非标准化债权资产"概念横空出世，年末理财规模突破 10 万亿元。2014 年，中央五部委联合印发《关于规范金融机构同业业务的通知》（下称"127 号文"），一些旧的同业投融资模式难以为继，错误的会计计量方法被纠正，同业专营得到有效治理；但很快利用混业资管多层嵌套的"金融创新"陆续诞生，并被争相模仿，年末理财规模突破 15 万亿元。

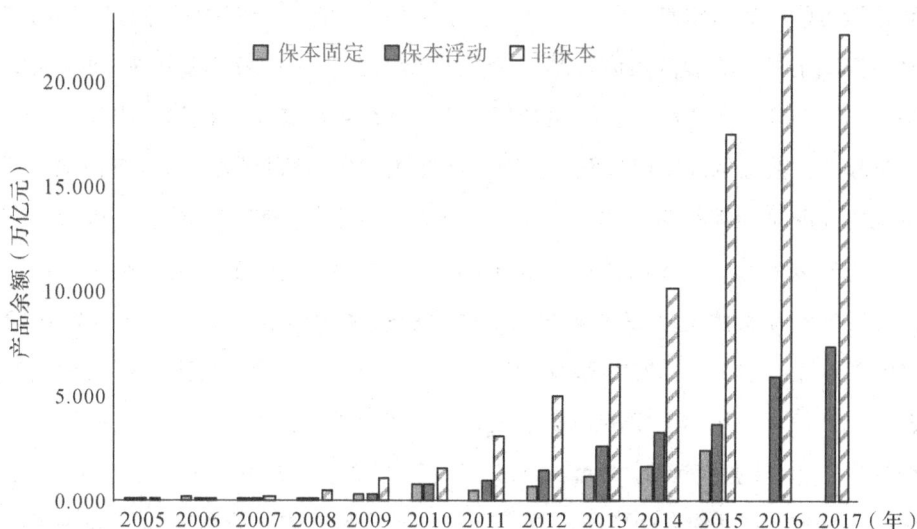

图 4-1　我国商业银行历年资管(理财)产品余额

注：作者绘制。 数据来源于 wind 资讯。

　　从我国延付高管薪酬政策的具体实施要求来看，《监管指引》将"风险成本"作为高管薪酬延付的核心评价标准[①]，即将资本充足率（即资本监管）放在首位，辅之以不良贷款率、拨备覆盖率、杠杆率等风险指标。 无疑，这些重要的风险评价指标与当时我国银行的分业经营现状（即业务集中于传统存贷款业务）以及"一行三会"分业监管格局下银监会的监管职权一脉相承。然而，在近年来交叉性金融业务蓬勃兴起的背景下，这种分业监管模式可能导致监管真空的出现，银监会无法对银行逐利动机下利用交叉性金融工具进行的金融业务实施有效监管[②]。 因此，在银行逐利动机的驱使下，延付高管薪

---

　　① 《监管指引》对"绩效薪酬"和"风险成本"的相关标准做出界定,要求"商业银行绩效考核指标应包括经济效益指标、风险成本控制指标和社会责任指标",其中"风险成本控制指标至少应包括资本充足率、不良贷款率、拨备覆盖率、案件风险率、杠杆率等"。

　　② 例如,一支资产管理产品的发行可能会涉及银行、保险、信托、证券等不同领域,而银监会、保监会、证监会大多关注其职权范围内的部分,所以对资管产品的监管常有空白,导致大量资金通过监管套利;而且各监管机构的统计口径不一、数据缺乏共享,很多资金的来源难以参透、去向难以跟踪,导致杠杆率悄然上升,诸多风险在金融体系产生并积累,金融结构脆弱性增加,局部风险时有发生(王剑,2018)。

酬政策可能在有效降低银行表内（信贷）风险的同时，促使银行更多地利用交叉性金融工具，即银行表内信贷与交叉性金融工具（如资管计划和同业业务等）之间可能存在此消彼长的跷跷板效应，其结果可能是银行的表内风险向表外转移，显性金融风险隐性化，金融风险圈内封闭传染向跨市场多点扩散，延付高管薪酬防控银行风险的目标落空，极端情况下甚至可能发生系统性风险。

鉴于以上分析，本章试图从银行风险的事前选择——资产配置决策（包含信贷资产及交叉性金融资产两方面）视角检验高管薪酬延期支付对银行风险影响的政策效应。本章的贡献在于：（1）首次实证检验了我国银行延付高管薪酬对银行事前风险选择的政策效应，填补了相关研究空白，为我国基于银行稳健经营目标的高管薪酬制度改革提供了直接经验支持和政策依据；（2）除了准自然实验的 PSM-DID 法以外，进一步利用改进的一阶差分模型解决了延付高管薪酬政策可能存在的自选择问题，进一步检验了内部债务理论；（3）从银行主动风险承担——资产配置行为视角（包含信贷资产及交叉性金融资产两个维度）衡量了银行风险偏好，从而更好地识别了延付高管薪酬对银行风险偏好的影响机理；（4）提供了"一行三会"分业监管模式下银行信贷与交叉性金融工具之间存在跷跷板效应、进而金融风险管理可能失效的直接经验证据，有助于我们更好地理解"一委一行两会"新监管格局的科学性和必要性。

4.1　理论分析及研究假设

4.1.1　延付高管薪酬（内部债务）与银行风险承担

外部股东和债权人的存在导致双方权利人的利益冲突，Jensen and Meckling（1976）与 Edmans and Liu（2011）提出，在高管薪酬中设置部分债务形式的薪酬能有效减轻股东-债权人代理冲突及其引发的高管过度冒险问题，即内部债务，包括退休年金和延期支付薪酬①。自 2006 年美国证监会信息披露制度新规的出台，高管内部债务的数据能够公开获得，涌现出一大批实证文献，它们发现高管内部债务水平与银行风险负相关：如 Tung and Wang（2011）发现金融危机前 CEO 内部债务与银行风险承担负相关，另外，他们发现银行 CEO 内部债务水平越高的银行在本轮金融危机中的表现更好。Kiridaran et al.（2012）发现，CEO 内部债务与银行的收益波动性负相关；金融危机后，CEO 内部债务水平低的银行更容易陷入财务困境。Belkhir and Boubaker（2013）发现，CEO 内部债务水平越高的银行在对冲银行利率风险上越积极。Srivastav et al.（2014）从股利分配及回购视角发现 CEO 内部债务与银行股利分配及回购政策的激进程度负相关。Srivastav et al.（2018）从银行并购视角研究发现 CEO 内部债务与银行追求并购的积极性以及并购后的风险变化负相关。Bennett et al.（2015）发现危机前 CEO 内部债务水平与银行在本轮金融危机期间的破产风险负相关。Van Bekkum（2016）发现 CEO 内部债务水平与银行风险水平负相关，银行的资产质量更高，在资产负债管理上更为保守，在业务选择上更倾向于传统银行业务。Liu and Wu（2017）研究 CEO 内部债务与银行贷款合约，发现 CEO 内部债务限制银行风险承担首先是通过将贷款发放给更安全的借款人，而不是更严格的贷款条款。

后金融危机时代，金融机构的激励性薪酬安排越来越受到监管当局的关注（Bebchuk and Spamann, 2010; Wagenhofer, 2016），一些国家或经济体（包括中国）通过监管介入强制要求其金融机构的高管薪酬实施延期支付。然而，强制性延付高管薪酬政策可能带来负面效应：Inderst and Pfeil（2012）分析了金融机构的强制性延付薪酬、贷款质量与证券化决策之间的交互影响，他们发现，强制性延付薪酬可能导致银行过度承担风险。Hoffmann et al.（2015）从并购视角通过委托代理模型分析了金融机构的强制性延付薪酬，他们提出，并购作为一个可以立刻观察到的任务，其绩效（即高管的勤勉程度）却需要时间的证明，高管"怠工"对客户或社会均有负外部效应。为激励高

---

① 内部债务在高管职业生涯中延期支付，如果企业宣布破产，则所有金额的求偿权都次于债权人。

管勤勉努力，监管当局强制要求的延付薪酬政策需要考虑各方利益，因此，监管当局的目标实现可能受到各种情境限制，强制性延付薪酬可能产生负面效应，即引致高管怠工。 Inderst et al.（2016）研究了延付薪酬与高管风险承担之间的关系，他们提出，监管的介入可能导致委托人（股东）调整薪酬合约的其他部分，从而可能引致更高的风险水平；强制性延付薪酬只有当代理人（高管）竞争非常激烈时才能有效降低其风险承担。 Hoffmann et al.（2019）通过一个委托代理模型研究了延付薪酬的最优延付期限问题，并分析了监管介入对最低延付期限和扣回条款的影响，他们提出，强制性延付高管薪酬的功能类似于庇古税，其有效性与延付期限密切相关。 Pelger and Schäfer（2018）在高管更替的场景下通过一个动态委托代理模型分析了强制性延付薪酬的激励效应，并讨论了强制性延付薪酬与盈余管理行为的交互影响，他们认为，强制性延付薪酬并非解决高管过度激励问题的万应灵药。 因此，这些文献都是在委托代理框架下，从理论上探讨了强制性延付薪酬政策可能扭曲银行原有的委托代理关系，带来负面效应，但缺乏经验证据。

综上，内部债务包含退休年金和延付薪酬（Jensen and Meckling，1976），从现有实证文献来看，一方面，它们并未严格区分两者，另一方面，它们主要以欧美发达国家的银行为研究对象，内部债务作为一种市场行为，与银行风险偏好可能存在天然的内生性，即银行风险偏好可能反过来决定高管内部债务水平，因此现有实证文献往往得到内部债务水平与银行风险负相关的结论（Tung and Wang，2012；Kiridaran et al.，2012；Belkhir and Boubaker，2013；Srivastav et al.，2014，2018；Bennett et al.，2015；Van Bekkum，2016；Liu and Wu，2017；等等）。 事实上，虽然都是在高管职业生涯中延期支付，退休年金一般在高管退休后才能领取，延付薪酬则在约定期限或高管离职后即能领取，无论是延付期限还是扣回机制，两者对高管的约束力均不可相提并论。 后金融危机时代，一些国家通过监管介入强制要求金融机构（银行）实施延付薪酬政策，譬如我国要求银行高管的绩效薪酬至少延期3年支付，如果约定期限内风险超常暴露，则要扣回已发的绩效薪酬，目的是将风险与薪酬挂钩，发挥薪酬机制对风险防控的作用。 但是，这种强制性的短期延付薪酬可能存在两方面的问题：（1）延付期限较短，对银行风险的约束力可能不足。 可能出现的情况是：在延付期限内风险还没暴露，而风险暴露时延付期限已经结束；甚至在延付期限内风险隐匿，根本无法识别。 因此，除了强制至少 3 年的延付期限，《监管指引》还要求"商业银行应根据不同业务活动的业绩实现和风险变化情况合理确定薪酬的支付时间并不断加以完善性调整"，但显然，如果不能准确识别风险，这一要求便形同虚设。 （2）由于我国银行实施薪酬延付主要来自监管的强制要求，在逐利动机的驱使下，银行可能利用交叉性金融工具转移（隐匿）风险。

因此，本文认为，作为一项强制性的短期薪酬延付制度，其有效性严重依赖于对风险的识别。 只有有效识别银行的风险承担及其暴露情况，才能真正通过薪酬延付及扣回机制，发挥其对银行风险的防控作用。 我国现行的延付薪酬政策主要通过资本监管指标（如资本充足率）以及表内资产规模和质量指标（如不良贷款率、拨备覆盖率、案件风险率、杠杆率等）来识别银行风险，这在当时无疑是适合我国银行的分业经营及分业监管现状的。 然而，随着近年来交叉性金融工具的兴起，银行表内风险表外化、显性金融风险隐性化，银行风险的识别在分业监管制度下变得困难重重。

4.1.2 分业监管制度、交叉性金融工具与风险识别

我国金融监管体制改革呈渐进式发展。 1978 年以前，我国不存在其他的金融机构，主要由中国人民银行负责金融业务的经营与管理，即所谓的"大一统"金融体系。 改革开放以后，计划经济体制向市场经济体制不断深入转化，我国的金融业也有了长足发展，金融机构不断增加，金融业务不断拓展。 相应地，金融监管也通过分离中国人民银行的双重职能，专注于中央银行的职能，通过增设监管机构、制定法律法规等，逐步走向完善。 2003 年，中国银

监会挂牌成立，标志着我国"一行三会"分业监管格局的正式确立①。

在分业监管制度下，依托于交叉性金融工具的金融业务日渐兴盛。 目前我国金融市场上的交叉性金融工具主要有以下两类（陈涛，2016）：（1）特殊目的载体（SPV）。 主要是各种资产管理计划，如银行理财计划、信托计划、保险资管计划、证券公司资管计划、基金子公司资管计划等。 特殊目的载体虽然是虚拟主体，但实际上是各类金融资产的集合，调剂了借款者与贷出者之间的资金余缺，具备金融工具属性。 而特殊目的载体的创设，有效突破了金融分业的限制：信托公司、证券公司和基金子公司可以通过单一资管计划或资管计划嵌套，突破"不能发放委托贷款"的限制；商业银行则可以借助银行理财计划再嵌套证券公司资管计划的方式，把表内贷款转移至表外，还可以直接投资于股票一级和二级市场。 （2）信托受益权和资产收益权。 在法律上，《信托法》明确了信托受益权可以依法转让；在实务上，信托受益权建立在特定信托计划项下，其底层资产为贷款或融资，可以在不同类型金融机构间交易转让。 因此，银信合作规模迅速膨胀及不规范运行招致监管当局严格管控②，在压缩了银信合作规模的同时，推动了"资产收益权"的产生。 资产收益权是单一财产或财产集合的权利，一般依附于基础财产或权利，其内容随基础财产或权利的不同而变化，该模式广泛出现于金融实践中。 综合来看，信托受益权和资产收益权，均具备金融工具属性，原本转让受限的底层资产，可以顺利成为不同类型金融机构之间的交易标的。

交叉性金融工具提升了金融服务实体经济的成效。 从反映金融对实体经济支持力度的重要指标"社会融资规模"来看，2016年末我国社会融资规模

---

① 在这一安排下，中国人民银行作为中央银行，是国务院具体职能部门之一，其监管职能主要包括：制定和执行货币政策；对金融业的整体风险、金融控股公司以及交叉性金融工具的风险进行监测与评估，防范和控制系统性金融风险；指导、部署金融业反洗钱工作；管理信贷征信业。"三会"作为国务院直属金融行业监管机构，其监管职能主要有：制定监管法律法规和行业规章，并通过机构审批、业务审批、高级管理人员任职资格审查和监督指导等对相应监管行业进行直接调控，防范金融行业风险。

② 2010年银信合作规模一度高达2.08万亿元。2011年银监会发布《关于进一步规范银信理财合作业务的通知》，要求银行将表外贷款转入表内，对商业银行未计入表内的银信合作信托贷款，信托公司按照10.5%的比例计提风险资本。

存量为 155.99 万亿元，是 2011 年末的 2.03 倍，2011—2016 年社会融资规模
存量平均增速为 15.7%。 相应地，我国金融业增加值在 GDP 中的占比也从
2005 年的 4%一直增加到 2016 年的 8.35%，金融行业在国民经济中地位持续
提升①。

　　但不容忽视的是，在分业监管制度下，交叉性金融工具也带来了严重的
"风险识别"问题：（1）资管业务存在刚性兑付②，沦为"影子银行"，使银
行所承担的风险被隐藏了一部分，风险监管指标失真。 借资管业务（直接融
资）之名，行间接融资之实，这会严重影响银行的微观审慎。 （2）一个资管
产品可以投资于另一个资管产品，即所谓的"嵌套"。 在分业监管制度下，
两个资管产品分别由不同监管部门监管③，这时，原本银监会对银行理财产品
的投资杠杆、久期错配、资金投向都有规定，而通过绕道于券商资管产品，则
可能规避这些监管要求。 虽然监管部门一直强调"穿透"监管，但在监管部
门分割的背景下，真正的穿透几乎不可能实现。 此时，最终的结局可能是，
每个监管部门自己辖内的所有资管产品虽然看上去都是合乎监管要求的，但
所有的链条叠加后，杠杆过高了，或者投向失控了。 这就影响了宏观审慎，
提升了整个金融体系的脆弱性。

4.1.3　延付高管薪酬、跷跷板效应与银行资产配置

　　2008 年受全球金融危机的影响，我国面临较大的经济下行压力，政府出
台了"四万亿"刺激计划，带来了经济上的后遗症（通货膨胀和资产泡沫），
中央不得不进行宏观调控，2010 年信贷政策突然刹车，通过信贷额度配给

①　2013—2016 年期间,我国金融行业增加值在 GDP 中的占比一度超过了美国。2016
年美国金融行业增加值占 GDP 的比重为 7.3%,而同期我国金融行业增加值占 GDP 的比重
为 8.35%。

②　银行表内信贷(间接融资)"伪装"成资管业务,佯装不是由自己承担投资风险的,那
么就可以规避计提资本、损失准备金和信息披露等要求。但其实,这是银行自己的投资,由
银行承担风险,银行对客户刚性兑付,并且分离定价(即银行给客户固定的回报,而不是像资
管业那样,自己收取相对固定的管理费)。

③　比如一个银行理财产品购买一个券商资管产品,两者分别由银监会、证监会监管,
那么每个监管部门只能监管自己的那一环,即所谓的"铁路警察,各管一段"。

制、资本金约束、贷存比的流动性约束等对信贷采取总量控制方式管理，地方融资平台、房地产行业和产能过剩行业被打入另册，成为银监会限制银行贷款投向领域。 因此，正规信贷系统监管的加强可能刺激金融创新，甚至产生过度创新：（1）为应对竞争、追求利润，银行有动机增加贷款规模，这意味着银行需要突破资本充足率、信贷额度、贷存比等指标的限制；（2）为防止不良贷款率显著上升，商业银行需要继续为受到信贷政策限制的行业或领域（如地方融资平台、房地产行业等）的已开展项目提供后续资金，以避免后者资金链断裂造成大规模坏账，这意味着银行需要突破央行与银监会对信贷投放领域的限制（刘煜辉，2013；张明，2013）。 于是，银行就可能绕道，利用交叉性金融工具将表内信贷转移至表外。 从图 4-2 中我们看到，在新增社会融资规模中，新增银行贷款占比在 2008 年"四万亿"计划刺激下陡然上升，之后由于信贷政策收紧而逐年下降，自 2013 年起我国各项有关银行理财业务、同业业务的监管政策密集出台[1]，这一比重又逐年上升；而新增委托贷款占比、新增信托贷款占比则基本表现了与新增银行贷款占比相反的走势。 这说明银行信贷与信托贷款、委托贷款等"类银行信贷"资金之间很可能存在此消彼长的跷跷板效应[2]。 当然，要得到这一结论我们还需要更详实的证据。

2010 年延付高管薪酬政策的出台，旨在通过延长薪酬的支付期限，将风险成本、风险抵扣与薪酬挂钩，以发挥薪酬机制对风险管控的作用。

---

[1] 按时间顺序，依次有 2013 年 3 月的 8 号文，2013 年 12 月国务院办公厅下发了《关于加强影子银行业务若干问题的通知》（下称"107 号文"），2014 年 4 月的 127 号文，2014 年 5 月中国银监会办公厅下发《关于规范商业银行同业业务治理的通知》（下称"140 号文"），2014 年 7 月银监会下发了《关于完善银行理财业务组织管理体系有关事项的通知》（下称"35 号文"），等等。

[2] 而信托贷款、委托贷款正是资管计划和同业业务等交叉性金融工具的主要交易标的。

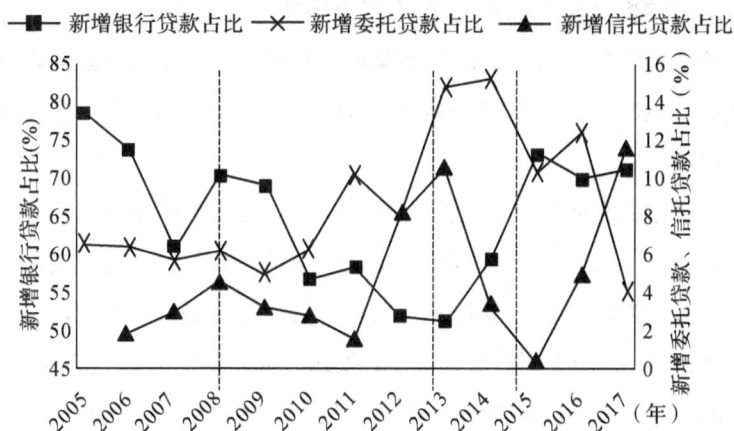

图 4-2　新增社会融资规模中新增银行贷款、委托贷款和信托贷款占比

注：作者绘制。　数据来源于 wind 资讯，中国人民银行。

　　从贷款规模来看，在我国，贷款是银行最重要的资产业务，贷款占总资产的比例远超过其他资产。　此外，根据我国 2004 年《商业银行资本充足率管理办法》的规定，银行贷款的风险加权系数在所有资产中是最高的（吴玮，2011）。　因此，如果银行将更多的资产配置在贷款上，则意味着银行有更强的投资高风险等级资产的意愿，也即有更强的风险偏好。　Heuvel（2008）也发现，当银行意图减少风险资产的持有时，首选缩减贷款规模。　本文认为，如果延付高管薪酬能有效降低银行风险偏好，则可能体现为减少风险权重更高的信贷资产投放。

　　从贷款结构来看，根据对象的不同贷款可以分为个人贷款和企业贷款；根据担保方式的不同贷款可以分为信用贷款、保证贷款和附担保物贷款（主要包括抵押贷款和质押贷款）三类，其中后两类（保证贷款与附担保物贷款）统称为担保贷款。　由于不同类型贷款的风险存在一定的差异，监管当局对各类贷款资产的风险加权系数规定亦有所不同。　例如，我国 2004 年《商业银行资本充足率管理办法》中规定，个人住房抵押贷款的风险加权系数为 50%，而企业贷款和其他个人贷款的风险加权系数为 100%；信用贷款由于不能提供风险缓释，其风险加权系数为 100%，而担保贷款由于有合格的抵质押品、保证和信用衍生工具等方式转移或降低信用风险，其风险加权系数更低。　因此，如果银行将更多的资产配置在企业贷款和信用贷款上，则意味着银行有更强的投资高风险等级贷款的意愿，也即更强的风险偏好。而如果延付高管薪酬能有效降低银行风险偏好，则可能体现为银行减少风险等级更高的企业贷款和信用贷款投放。

最后，正如前文所述，在分业监管体制下交叉性金融资产带来了"风险识别"上的困难。因此，作为一种"强制性"的短期延付薪酬制度，在分业监管体制下，银行高管有动力也有能力通过交叉性金融工具向表外转移（隐匿）风险，以美化其表内风险指标，从而提高或至少不影响其延付薪酬。因此，在延付薪酬政策下，银行可能减少表内信贷资产的占比，而增加资管（理财）产品和体现为各种收（受）益权的同业业务的占比。据此，我们提出待验证的研究假设。

H4-1：控制其他因素时，延付高管薪酬政策将导致银行压缩表内信贷业务、同时增加理财业务和同业业务。

基于上述逻辑，"延付薪酬政策下银行的总体风险是否提升"便成为了一个实证问题：既然延付薪酬政策激励高管通过表内信贷与表外风险的跷跷板效应隐匿风险，那么最初体现出来的总体风险承担可能下降；然而，正由于风险只是被隐匿而并非实际减少，如果风险隐匿失败，则可能体现为总体风险承担的提升。考虑到2013年起我国密集出台了各项有关银行理财业务、同业业务的监管政策，原有的"存量"隐匿风险可能被识别、重新纳入监管，从而体现为总体风险承担的提升。此外，如前文所述，在分业监管制度下交叉性金融工具存在严重的"风险识别"问题，银行可能在各项严厉的监管政策下利用分业监管漏洞，进行各种混业资管多层嵌套的"金融创新"，从而承担大量"增量"风险。据此，我们提出待验证的研究假设。

H4-2：控制其他因素时，延付高管薪酬政策将导致银行总体风险的提升。

4.1.4 资本压力与银行资本配置的跷跷板效应

资本监管是银行监管最重要的内容之一（Santos，2001）。监管当局为增强银行体系的稳健性和防范金融风险，规定商业银行必须达到一定的"资本充足率"。监管资本套利对于经营特种风险的银行而言是一种最常见的套利，也是目前国内外学者关注的重点（万晓莉等，2016）。 监管资本的真正推广和使用应归功于巴塞尔协议的产生与发展，巴塞尔协议构建了国际银行业的监管框架，为各国监管当局实施资本监管提供了标准和依据[①]。 关于监管资本套利行为产生的动因，学术界主要有两种观点：

第一，认为监管资本套利产生于银行自身资产所具有的真实经济风险和巴塞尔协议的风险评价（风险加权资产[②]）之间的巨大差异（Jones，2000）。 Jones（2000）认为，自巴塞尔协议出台以后，商业银行便有提高资本充足率的愿望，可通过两种方法实现：一是分子对策，如通过盈余转移或少计提贷款损失准备等方式增大资本充足率公式的分子部分（监管资本），进行粉饰性资本调整（Cosmetic Adjustment），显然这并未真正提高银行吸收未来未预期损失的能力；二是分母对策，即通过开发资本监管规则的灰色甚至空白地带，利用资产证券化或其他金融创新方式人为降低资本充足率公式的分母部分（风险加权资产），"虚抬"银行资本充足率，使部分风险游离于资本监管之外，从而使银行得以在较低资本成本下追求更高风险的机会。 因此，银行在几乎不降低实际风险的前提下提高了资本充足率，或者在增加实际风险的同时却没有相应减少资本充足率，这就是所谓的"监管资本套利"。

第二，认为监管资本套利是由于经济资本（Economic Capital）[③]与监管资本（Regulatory Capital）存在差异而产生的一种税收规避行为（Jackson et al.，2002；Elizalde，2006；Jacobsonet al.，2006）。 经济资本与监管资本是相对应的概念，监管资本是监管当局要求的强制性资本（最低资本），而经济资本则是银行出于自身风险管理要求，能够与银行实际承担的风险相对应的

---

① 1988 年巴 I 提出了银行业的国际资本充足率标准，引发银行业监管的新重点，2004年巴 II、2010 年巴Ⅲ继续以资本监管作为三大监管支柱之一，并进一步提高和强化了资本充足率监管标准。

② 风险加权资产（Risk-Weighted Assets）是指对银行的资产加以分类，根据不同类别资产的风险性质确定不同的风险系数（即风险评价），以这种风险系数为权重求得的资产。

③ 从风险管理角度，商业银行的资本除了监管资本以外，还有经济资本。经济资本的概念最早起源于 1978 年美国信孚银行（Bankers Trust）创造的风险调整后资本收益率（Risk Adjusted Return On Capital，RAROC），其目标是通过测量银行信贷资产组合的风险，推算既定损失概率下覆盖储户（及其他债权人）风险头寸所需的资本量。

内在资本要求，也称为内部资本（Internal Capital）。 理论上，监管资本应该与经济资本趋于一致。 但在实践中，由于采用了统一的监管标准，监管部门出于金融稳定等目标，往往可能要求银行的监管资本高于经济资本，此时银行被迫持有多余的资本量，银行会将两者之间的差距视为被迫缴纳的监管税收，从而产生监管资本套利的动机。

无论是哪种动因下的监管资本套利，都会导致银行承担的资产风险水平提高。 数据显示，2003—2007 年间，美欧主要经济体的银行总资产翻番，而计算资本充足率的风险加权资产仅提高了约 25%，存在巨大差距，且直到 2008 年金融危机爆发前，这些国家的银行资本充足率大多保持在 10% 以上的高位，远高于巴塞尔协议 8% 的监管资本要求。 这意味着银行从事资产证券化并未转移或分散风险，实质上是通过监管套利绕过资本监管，在降低监管资本要求的同时创造了巨大风险（IMF，2008；Acharya and Richardson，2009；宋永明，2009）。

从我国延付高管薪酬政策的考核要求来看，"资本充足率"要求居于首位。 按照已有的资本监管规则，与传统的信贷业务相比，理财业务和同业业务对资本的占用更低①。 因此，本文认为，如果银行面临的资本压力越大，则银行更可能将表内信贷转移至交叉性金融工具上，两者的跷跷板效应可能更加显著，即延付高管薪酬政策对银行减少表内信贷资产、增加理财产品和同业业务的影响效应则会进一步增强；反之则相反，银行的资本压力越小，则延付高管薪酬政策对银行减少表内信贷资产、增加理财产品和同业业务的影响效应可能会减弱。 据此，本文进一步提出待验证的研究假设 3。

H4-3a：对于资本压力较大的银行，控制其他因素时，延付高管薪酬政策导致银行压缩表内信贷业务、同时增加理财业务和同业业务的影响效应可能更强。

_____

① 传统信贷的风险权重为 100%。而（非保本）理财产品理论上应该是资产管理业务，风险由投资人自行承担，管理人（如银行）只按约定收取管理费，并不承担投资风险，因此几乎没有监管资本的要求；同业资产按照规定仅需计提 20%（3 个月内）或 25%（3 个月外）的风险权重。

H4-3b：对于资本压力较小的银行，控制其他因素时，延付高管薪酬政策导致银行压缩表内信贷业务、同时增加理财业务和同业业务的影响效应可能更弱。

4.2 研究设计

对于项目评估和政策分析，目前比较常用的方法有面板数据模型和双重差分法（DID）。这两种方法各有千秋，其中面板数据要求对观测对象在不同时期跟踪调查以收集跨时资料，但对观测点的分布没有严格的独立同分布要求，而 DID 要求数据来自对所研究总体不同时点的随机抽样，并且假设随机观测点独立同分布。本文首先通过中国银监会网站获得相关银行名录，然后手工查阅各商业银行网站的公开披露信息，统计了截至 2015 年底已经实施延付高管薪酬的银行（见表 1-1），结合 Bankscope 数据库后可得到一个包含 103 家银行 2005—2015 年共 881 个观察值的非平衡面板数据，其中包括 4 家大型商业银行、10 家股份制银行、71 家城商行和 18 家农商行。

因此，与国外已有实证文献的做法一致，我们首先采用能在很大程度上控制遗漏变量问题的非观测效应面板数据模型，比较高管薪酬延付前、后的银行风险偏好情况。

4.2.1 面板数据模型

本文的非观测效应面板数据模型设定如下：

$$\text{Risk Taking}_{it} = a_0 + a_1 \cdot \text{IDEBT}_{it} + bX_{it} + c_t + c_i + \xi_{it} \tag{4-1}$$

其中，Risk Taking_{it} 衡量银行 i 在 t 时的风险偏好，根据本文的研究目标，拟采用以下 4 类指标：（1）表内信贷业务，包含贷款规模和贷款结构两个维度。其中，贷款规模（Loan）即贷款余额/总资产余额，以衡量银行表内信贷资产规模；贷款结构即企业贷款占比（CorpL）和信用贷款占比（Credit），分别用企业贷款/总贷款和信用贷款/总贷款来衡量。（2）理财业务占比（WMPs）。Wind 数据库提供了各银行每年的非保本理财产品的发行规模以及市场占比^①，因此本文用各银行"非保本理财产品余额/总资产余额"来衡量银行的理财业务规模。 （3）同业业务占比（IBs）。 根据银行同业业务的创新模式，银行主要通过对反映在银行资产方的"买入返售金融资产、应收款项类投资和可供出售金融资产"等三个同业资产会计科目进行资产腾挪（夏蜀，2014）。 因此，本文用"（买入返售金融资产＋应收款项类投资＋可供出售金融资产）/总资产余额"来衡量银行的同业业务规模。 （4）风险加权资产比例（RWA）。 风险加权资产是指在巴塞尔协议下，根据不同类别资产的风险性质确定不同的风险系数，以这种风险系数为权重求得的资产。 因此，本文用"风险加权资产/总资产余额"来衡量资本监管规则下银行的总体风险水平。

IDEBT$_{it}$是一个二值虚拟变量，银行 i 在 t 时实施了延付高管薪酬则 IDEBT$_{it}$＝1，否则 IDEBT$_{it}$＝0（本文的高管是指银行 CEO 或行长）。 X_{it} 是一组随时间变化的可观测的影响 Risk Taking$_{it}$ 的控制变量，借鉴已有文献的做法，X_{it}包括银行特征变量和经济周期变量，其中银行特征变量包括贷款增速、贷款损失准备、银行规模、杠杆率、贷存比、资本充足率、权益收益率、是否上市等。 c_t 是年份固定效应。 ε_{it} 是随机误差项，代表因银行因时而变且影响被解释变量的非观测扰动因素。 α_0 和 α_1 是待估计参数，其中 α_1 是研究最为关注的系数，衡量了延付高管薪酬对银行风险偏好的影响，根据研究假设，我们预期 α_1 为负。 β 是待估计参数矩阵，衡量了控制变量对 Risk Taking$_{it}$ 的作用。 各变量定义见表4-1。

估计式（4-1）的方法主要有固定效应估计、随机效应估计和一阶差分估计等。 随机效应估计对于非观测效应 c_i 与 IDEBT$_{it}$、X_{it}之间的关系给出了很强的假设，即它们之间没有任何关系；而在固定效应假设下，非观测效应 c_i 与 IDEBT$_{it}$和X_{it}之间可以有任意的相关关系。 基于一阶差分数据的混合 OLS 估计也能用于式（4-1）的估计，与固定效应估计取每期观测与组内均值的差

（组内差分）不同，一阶差分估计取相邻两期的差分。固定效应估计与一阶差分估计在处理非观测效应 c_i 上是相似的，而且两者都是无偏的，至少是一致的（Wooldridge，2002）。因此，考虑到本文样本的数据特点（多期面板数据），在研究中我们运用固定效应模型估计式（4-1）。

表 4-1　变量定义表

名　称	符　号	定　义
贷款规模	Loan_{it}	银行 i 在第 t 期的贷款净值/总资产
贷款结构	CorpL_{it}	银行 i 在第 t 期的企业贷款/总贷款
	Credit_{it}	银行 i 在第 t 期的信用贷款/总贷款
理财业务占比	WMPs_{it}	银行 i 在第 t 期的非保本理财产品余额/总资产余额
同业业务占比	IBs_{it}	银行 i 在第 t 期的(买入返售金融资产＋应收款项类投资＋可供出售金融资产)/总资产
风险加权资产比例	RWA_{it}	银行 i 在第 t 期的风险加权资产余额/总资产余额
延付高管薪酬	IDEBT_{it}	二值虚拟变量,银行 i 在第 t 期时,CEO 存在延期支付薪酬时取 1,否则取 0
	IDEBT_L_{it}	CEO deferred comp /CEO incentive,其中 CEO deferred comp 为财务年度末 CEO 延期支付薪酬结余之和,CEO incentive 为财务年度末 CEO 已支付现金薪酬加上持有的股份总数×当年股票收盘价(非上市银行则乘以当年每股净资产)
贷款增速	Gloan_{it}	$(\text{Loan}_{it} - \text{Loan}_{it-1}) / \text{Loan}_{it-1}$
贷款损失准备金率	LSR_{it}	银行 i 在第 t 期的贷款损失准备余额/总贷款余额
银行规模	Size_{it}	银行 i 在第 t 期的总资产的自然对数
杆杠率	Lev_{it}	银行 i 在第 t 期的净资产/总资产
贷存比	LDR_{it}	银行 i 在第 t 期的贷款/存款
资本充足率	CAR_{it}	银行 i 在第 t 期的监管资本/风险加权资产
权益收益率	ROE_{it}	银行 i 在第 t 期的净收益/平均净资产
是否上市	List_{it}	虚拟变量,银行上市后取 1,否则取 0
经济周期	Ggdp_{it}	国有及股份制银行使用全国 GDP 增长率,城市及农村商业银行使用其所经营地区的 GDP 增长率

注:本文中所有涉及比例计算的变量单位均为"％"。

固定效应模型要获得一致且无偏的估计量，需要式（4-1）的随机误差项 ε_{it} 不存在异方差和自相关问题。 然而，银行风险偏好可能存在动态连续性，即当期的信贷资产配置行为可能与上期的信贷资产配置行为高度相关，从而使得 ε_{it} 不存在异方差和自相关问题的假设无法满足。 此时，运用"广义矩估计法（Generalized Method of Moments，GMM）"更加有效（Wooldridge，2002）。 因此，我们也引入滞后被解释变量构建部分调整模型（4-2）并运用 Arellano and Bond（1991）提出的 GMM 来估计：

$$\text{Risk Taking}_{it} = a_0 + \lambda \cdot \text{Risk Taking}_{it-1} + a_1 \cdot \text{IDEBT}_{it} + bX_{it} + c_t + c_i + \xi_{it} \tag{4-2}$$

其中 Risk Taking$_{it-1}$ 是被解释变量滞后一期项，λ 是调整速度，其他变量定义与式（4-1）相同。 Angrist and Pischke（2008）指出，固定效应模型和部分调整模型都不具有嵌套结构，无法在估计其中一个的同时将另一个当作特例。 如果部分调整模型是正确的，但错误地使用了固定效应模型，那么估计出的因果效应 α_1 的绝对值会偏大；而如果固定效应回归模型是正确的，但错误地使用了部分调整模型，则估计出的因果效应 α_1 的绝对值会偏小。 因此，Angristand Pischke（2008）建议在做应用计量经济学研究时，可以将固定效应模型和部分调整模型估计值看作是我们感兴趣的因果效应 α_1（给定对选择偏误特性的一些假设）的极大值和极小值，真实的因果效应会落在这两个值决定的区间里。

4.2.2　PSM-DID 检验

上述非观测效应面板数据模型获得一致估计的一个重要假设是所有可观测的解释变量（包括 IDEBT$_{it}$）必须严格外生。 然而，在许多关于项目评估的实证研究中，上述严格外生性假设经常因为参与项目的内生性（即自选择）问题而不能成立。 具体到本文的研究，从表 4.1 我们不难看到，2010 年《监管指引》出台以后，实施延付薪酬的银行数量显著增加，作为一种新的薪酬治理方式，延付高管薪酬制度开始进入政策层面，绝大多数银行都是在 2010 年及以后开始实施高管薪酬延期支付。 然而，我们也看到，《监管指引》以前就有银行主动选择延付高管薪酬，而 2010 年以后也并非所有银行都（同时）开始实施延期高管薪酬支付。 因此，中国银行业的延付高管薪酬行为可能是一个自我选择的过程。 也就是说，对于中国银行业而言，2010 年《监管指引》规定的延付高管薪酬政策并非是完全外生的，而是一个"准自然实验"。 此外，面板数据回归模型的另一个困难在于我们很难将延付高管薪酬与其他影响银行风险偏好的因素相区分。 如果我们发现延付高管薪酬实施之后银行风险偏好显著下降，我们难以断定这一结果究竟是来自高管的延付薪酬，还是受到了宏观经济或银行其他行为的影响，也即无法识别延付高管薪酬对银行风险偏好影响的净效应。 正是为了处理延付高管薪酬政策的内生性问题，本文采用倾向评分匹配方法（PSM），从资本充足率、贷款损失准备金率等多个配对指标对延付高管薪酬政策的自选择效应进行控制；此外，为识别延付高管薪酬对银行风险偏好影响的净效应，我们采用双重差分检验（DID）以剔除其他因素对银行风险偏好的影响。 因此，我们以 2010 年《监管指引》的出台作为延付高管薪酬政策的起始点，采用依托于"准自然实验"的 PSM-DID 法对延付高管薪酬的政策效应进行评估，考察期为 2009—2015 年[①]。

（1）倾向得分匹配（PSM）

PSM 处理时，选择两类银行作为分析对象：其一为"2009 年未实施延付高管薪酬，但从 2010 年开始实施延付高管薪酬的银行"，称为处理组；其二为"2009—2015 年始终未实施延付高管薪酬的银行"，称为对照组。 本文采用 Rosenbaum and Rubin（1983）提出的 PSM 法，从资本充足率（CAR）、不良贷款率（NPL）、贷款损失准备金率（LSR）、拨备覆盖率（PCR）、杠杆率（Lev）、权益收益率（ROE）、资产收益率（ROA）和贷存比（LDR）等 8 个可观测变量[②]（相关定义详见表 4.1）对处理组和对照组进行匹配，可观测变量的数值时期均为滞后一期，即 2009 年。

[①] 此时，2010 年延付高管薪酬的实施对银行风险偏好的影响可以追溯至延付薪酬后第 5 年，这更有利于判断延付薪酬政策的时间延续性。后文将对此进行稳健性分析。

[②] 根据《监管指引》的相关规定，本文主要从风险控制和经济效益两个方面来选择高管薪酬激励考核指标：其中风险控制方面主要选择了资本充足率、不良贷款率、贷款损失准备金率、拨备覆盖率和杠杆率等 5 个指标；经济效益方面选择了权益收益率、资产收益率和贷存比等 3 个指标。通过 PSM，如果处理组和对照组在这 8 个指标上并无显著差异，即两组银行的高管薪酬激励指标并无差异，此时处理组和对照组实施延付薪酬政策的概率相同，则可以认为延付高管薪酬政策是完全外生的。

PSM 思想源于匹配估计量，其基本思路是在对照组中找到某个银行 j，使得 j 与处理组中银行 i 的可观测变量尽可能相似（匹配），即 $x_i = x_j$。基于可忽略性假设，则银行 i 和银行 j 实施延付高管薪酬的概率接近。不过，直接配对的方法有局限性：配对变量数目太多意味着要在高纬度空间进行匹配，可能遇到数据稀疏的问题，即很难找到与 x_i 相近的 x_j 与之匹配；配对变量数目太少又可能产生不合适的对照组银行。PSM 法根据多维配对指标进行概率 p 的计算并将处理组和对照组银行间 p 值的相近度对两者进行配对，概率 p 是一维变量，且取值介于 [0，1] 之间，从而可以较好地解决上述问题。这样，经 PSM 后的处理组和对照组在 2010 年初具有（基本）一致的银行特征，具有可比性，便可以通过 DID 比较两者在 2010—2015 年的差异以检验延付高管薪酬政策的净影响效应。

（2）双重差分法（DID）

为进行 DID 检验，我们设置分组虚拟变量 Group，对经 PSM 处理后获得的处理组定义 Group＝1，对照组则定义 Group＝0；同时，设置时间虚拟变量 Event，2010 年时 Event＝0[①]，其他年份（2011—2015 年）时 Event＝1。基于 DID 法的回归模型设定如下：

$$\text{Risk Taking}_{it} = \lambda_0 + \lambda_1 \text{Group}_{it} + \lambda_2 \text{Event}_{it} + \lambda_3 \text{Group}_{it} \cdot \text{Event}_{it} + \alpha X_{it} + \upsilon_t + \nu_i + \xi_{it} \tag{4-3}$$

式中，Risk Taking_{it}、X_{it}、υ_t、ν_i 与 ξ_{it} 的定义与式（4-1）相同。表 4.2 列示了 DID 模型中各参数的含义。对于对照组（Group＝0），延付高管薪酬政策实施前后的银行风险水平分别为 λ_0 和 $\lambda_0 + \lambda_2$，也即对照组银行的风险水平在 2011—2015 年和 2010 年的差异为 $\Delta \text{RISK Taking}_0 = (\lambda_0 + \lambda_2) - \lambda_0 = \lambda_2$，这一差异即银行风险水平存在的时间趋势差异（排除了延付薪酬政策的影响）。对于处理组（Group＝1），延付高管薪酬政策实施前后的银行风险水平分别为 $\lambda_0 + \lambda_1$ 和 $\lambda_0 + \lambda_1 + \lambda_2 + \lambda_3$，也即处理组的银行风险水平

---

① 从具体实践来看，各银行的延付高管薪酬考核往往从延付政策实施后的次年开始，因此我们假设延付薪酬政策的作用在政策年后的次年（2011 年）开始显现。我们也进行了稳健性检验，即设定 2009 年时 Event＝0，其他年份（2010—2015 年）时 Event＝1，实证结果并无显著差异。

在 2011—2015 年和 2010 年的差异为 ΔRISK Taking$_1$ ＝（λ_0＋λ_1＋λ_2＋λ_3）－（λ_0＋λ_1）＝λ_2＋λ_3，这一差异不仅包含了延付薪酬政策的影响 λ_3，还包含了时间趋势差异 λ_2。 因此，剔除时间趋势差异后的延付高管薪酬政策对银行风险水平的净影响效应为 $\Delta\Delta$RISK Taking＝ΔRISK Taking$_1$－ΔRISK Taking$_0$＝λ_2＋λ_3－λ_2＝λ_3，λ_3 即本文关心的系数。 如果假设 **H4-1** 和 **H4-2** 成立，则因变量为 Loan、CorpL 和 Credit 时 λ_3 应显著为负，同时因变量为 WMPs、IBs 和 RWA 时 λ_3 应显著为正。 值得注意的是，如果我们利用混合截面数据进行 OLS 估计，而如果非观测效应 ν_i 与解释变量是相关的，那么回归结果将是有偏且不一致的。 使用面板数据，通过组内差分，可以消掉非观测效应 ν_i，从而得到一致的估计，见表 4-2。 因此，本文将采用面板双重差分模型来估计式（4-3）。

表 4-2　DID 模型中各个参数的含义

	延付高管薪酬前 (Event＝0)	延付高管薪酬后 (Event＝1)	Difference
处理组（Group＝1）	（λ_0＋λ_1）	（λ_0＋λ_1＋λ_2＋λ_3）	ΔRISK Taking$_1$＝λ_2＋λ_3
对照组（Group＝0）	λ_0	（λ_0＋λ_2）	ΔRISK Taking$_0$＝λ_2
Difference in difference			$\Delta\Delta$RISK Taking＝λ_3

注:作者绘制。

从式（4-1）我们能够得到延付高管薪酬政策实施后的 2011—2015 年对银行风险水平影响的平均处理效应。 考虑到 2013 年起我国密集出台了各项有关银行理财业务、同业业务的监管政策，如果能够得到延付高管薪酬政策在各年份对银行风险承担的动态边际影响，则无疑能帮助我们更好地观测到银行表内信贷与交叉性金融工具之间此消彼长的内在逻辑以及各项监管政策的效果。 为此，我们在式（4-1）中引入 2011—2015 年的时间虚拟变量 Y2011—Y2015，如式（4-4）所示

$$\text{Risk Taking}_{it} = \eta_0 + \eta_1 \text{Group}_{it} + \eta_2 \text{Y2011}_{it} + \eta_3 \text{Y2012}_{it} + \eta_4 \text{Y2013}_{it} +$$
$$\eta_5 \text{Y2014}_{it} + \eta_6 \text{Y2015}_{it} + \eta_7 \text{Y2011}_{it} \text{Group}_{it} + \eta_8 \text{Y2012}_{it} \text{Group}_{it} + \eta_9 \text{Y2013}_{it}$$
$$\text{Group}_{it} + \eta_{10} \text{Y2014}_{it} \text{Group}_{it} + \eta_{11} \text{Y2015}_{it} \text{Group}_{it} + \alpha X_{it} + \nu_i + \xi_{it} \qquad (4\text{-}4)$$

可见，2011 年时处理组（Group＝1）和对照组（Group＝0）的风险水平分别为 $\eta_0 + \eta_1 + \eta_2 + \eta_7$ 和 $\eta_0 + \eta_2$，故处理组和对照组在 2011 年的风险水平差异为 $\eta_0 + \eta_1 + \eta_2 + \eta_7 - (\eta_0 + \eta_2) = \eta_1 + \eta_7$；同理，处理组和对照组在 2012 年的风险水平差异为 $\eta_1 + \eta_8$，在 2013、2014 和 2015 年的差异则分别为 $\eta_1 + \eta_9$、$\eta_1 + \eta_{10}$ 和 $\eta_1 + \eta_{11}$。显然，它们都有一个共同系数 η_1。因此，在考察延付高管薪酬政策对银行风险水平的动态边际影响效应时，我们重点关注交互项 Y2011×Group — Y2015×Group 的系数 $\eta_7 - \eta_{11}$。

4.2.3 一阶差分模型

由于 2010 年《监管指引》的延付薪酬政策冲击并未强制要求延付实施的期限[①]，因此，这一政策冲击可能带来两种效应：一种是政策的真正实施效应，即银行实施了延付后对经理人决策行为的冲击；另一种是政策实施的预期效应，即 2010 年政策颁布后，银行高管会由于政策的颁布产生延付即将发生的预期心理进而影响其决策行为。理论上，两种效应都切实存在。如果是以第一种效应为主，那么 PSM-DID 能够很好地侦测这一效应。但第一个效应是否为主效应呢？这里还存在一个内生性的隐忧（也即内在的预期效应）：银行实施延付，并不只是因为政策冲击，可能是政策刺激下，那些风险偏好较低的银行经理人更容易（更早）实施延付。如果这种情况存在，那么 PSM-DID 可能仍然存在内生性问题。因此，我们在 Bertrand and Mullainathan（2003）的基础上[②]，建立差分 DID 方法，来解决这一潜在的内生性问题。

具体而言，我们在式（4-3）中引入一个银行采纳延付政策的概率 π_{it}，得到：

$$RISK_{it} = \lambda_0 + \lambda_1 Group_{it} + \lambda_2 Event_{it} + \lambda_3 \pi_{it} Group_{it} Event_{it} + \alpha X_{it} + \upsilon_t + \nu_i + \xi_{it}$$

$$(4\text{-}5)$$

式中，Group 表示 2010 年后所有实施延付的银行，即对于 2010 年后所有实施延

---

① 可以看到，2010 年之后并非所有银行都（同时）开始实施延付高管薪酬。

② 对于持续存在着政策效应变化的政策冲击，Bertrand and Mullainathan（2003）提出了一种动态的 DID 方法来予以识别，目前学界对政策效应动态变化的 DID 方法也仅是停留在他们的方法层面。但他们的方法无法解决本文数据中可能存在的政策刺激——风险偏好互为关联的问题。

付的银行 Group＝1，否则 Group＝0。 虚拟变量 Event 表示延付薪酬政策冲击的时间，即 2010 年（含）后 Event＝1，其他年份 Event＝0。 其他变量与式（4-3）中相同。 我们假设银行实施延付薪酬政策的概率 π_{it} 服从以下方程：

$$\pi_{it} \rightarrow 0^+ \quad \text{if} \quad t < t_{shock} \tag{4-6}$$

$$\pi_{it} = \beta_0 + \beta_1 \cdot \ln(t + 2 - t_{shock}) + \beta_3 \cdot \text{riskpreference} + \varepsilon \quad \text{if} \quad t \geq t_{shock} \tag{4-7}$$

式中，riskpreference 代表银行风险偏好，t_{shock} 指延付政策冲击的时间（即 2010 年），式（4-7）取对数是因为从历年实施延付薪酬政策的银行数量来看，政策冲击后实施延付的银行数量随时间递减。 为了消除 riskpreference 可能带来的内生性问题，我们对式（4-6）和式（4-7）取一阶差分，得到：

$$\Delta \pi_{it} \rightarrow 0 \quad \text{if} \quad t < t_{shock}$$

$$\Delta \pi_{it} = \beta_1 \cdot \Delta \ln(t + 2 - t_{shock}) \quad \text{if} \quad t \geq t_{shock} \tag{4-8}$$

因此，为了估计延付薪酬政策对银行风险承担的效应 λ_3，我们可以采用两步法：第一步，由式（4-8），我们使用 2010 年（含）后的银行样本即可计算出 $\Delta \pi_{it}$ 的估计值 $\Delta \hat{\pi}_{it}$；第二步，对式（4-5）取一阶差分，从而得到：

$$\Delta \text{RISK}_{it} = \lambda_0 + \lambda_2 \cdot \Delta \text{Event}_{it} + \lambda_3 \cdot \Delta \pi_{it} \cdot \text{Group}_{it} \cdot \text{Event}_{it} + \alpha \cdot \Delta X_{it} + \xi \tag{4-9}$$

由于是计量模型，式（4-9）中我们依然保留常数项与残差项。 我们使用 2005—2015 年所有银行[①]的数据样本，用第一步得到的估计值 $\Delta \hat{\pi}_{it}$ 替代式（4.9）中的 $\Delta \pi_{it}$，然后对式（4-9）进行 OLS 回归，即可得到系数 λ_3 的估计值，从而可以检验研究假设 **H4-1** 和 **H4-2**。

进一步地，我们利用式（4-9）对银行进行分组检验：根据资本充足率（CAR）指标的均值或中位数将全样本分为两个子样本，CAR 指标低于均值或中位数的子样本定义为高资本压力子样本，反之为低资本压力子样本，以检验不同资本压力下延付高管薪酬对银行风险水平的影响效应，从而可以检验假设 **H4-3a** 和 **H4-3b**。

[①]　包括所有已经实施和未实施延付薪酬政策的银行，但剔除 2010 年前自发实施延付薪酬政策的 9 家银行。为了更好地研究银行实施延付薪酬政策前后风险水平的变化，我们以 2010 年为界，取 2005—2015 年为研究周期。

4.2.4　时间断点回归（RD 设计）

在延付薪酬政策中，如果我们能够观察到银行风险承担在延付薪酬政策实施点前后产生突变，而其他影响因素被认定为是连续变化的，则有理由认为银行风险承担水平的突变是延付薪酬政策这一突变带来的，即延付薪酬政策有效；而如果无法观察到银行风险承担水平的突变，则认为该政策无效。

假设银行风险承担 y_i 是我们关心的结果变量，其中 $y_i(0)$ 表示银行 i 实施薪酬延付的风险承担，$y_i(1)$ 为银行 i 不实施薪酬延付的风险承担。为了研究延付薪酬政策对银行风险承担 y_i 的影响，我们引入处理变量 D_i 代表银行是否实施延付，$D_i=1$ 表示银行 i 进入实验组，即实施延付；$D_i=0$ 表示银行 i 进入控制组，即未实施延付。由于 2010 年颁布《监管指引》的明确要求银行高管薪酬实施延期支付，因此年份变量 x 是决定一家银行是否实施延付的重要决定性变量，此类变量通常被称为驱动变量（forcing variable），其作用是确定断点值（门限值），相应的间断点记为 c（$c=2010$）。

断点回归是研究个体受到既定政策影响的程度，直接做法是通过计算 $[y_i(1)-y_i(0)]$ 以得到政策的影响程度，但由于个体要么受到政策的影响，要么不受政策的影响，如果无法同时观测到 $y_i(1)$ 和 $y_i(0)$ 的值，也就无法计算 $[y_i(1)-y_i(0)]$。由于断点（$x=c$）附近的样本存在随机分组，故可以通过计算局部平均处理效应 $E[y_i(1)-y_i(0)\,|\,x=c]$ 来判断政策对个体的因果效应。

断点回归设计有两种类型：一是精确断点回归（Sharp Regression Discontinuity, SRD），其特征是处理变量 D_i 与驱动变量 x 之间的关系是确定性的，即个体被分配到处理组的概率在断点处产生一个严格的跳跃，从 0 跳跃到 1；二是模糊断点回归（Fuzzy Regression Discontinuity, FRD），其特征是处理变量 D_i 与驱动变量 x 之间的关系是随机的，即个体被分配到处理组的概率在断点处产生一个"温和的跳跃"，从 a 跳跃到 b（$0<a<b<1$），$\lim\limits_{x\uparrow c}Pr(D_i=1\,|\,x)=a<b=\lim\limits_{x\downarrow c}Pr(D_i=1\,|\,x)$。

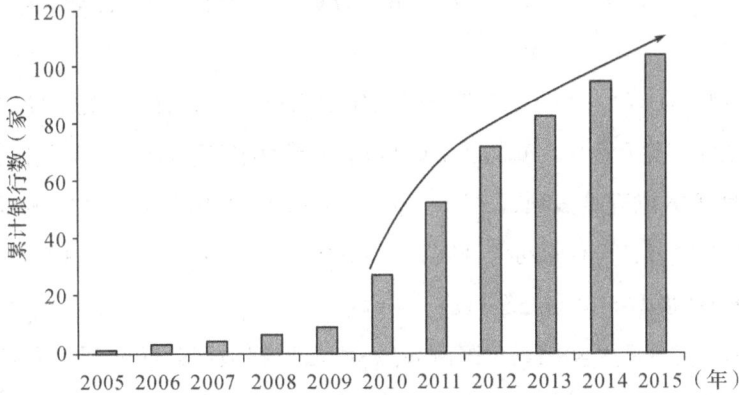

图 4-3　历年实施延付薪酬的累计银行数

在中国现行的延付薪酬制度下，并非所有银行都在 2010 年实施延付薪酬政策，因为可能还有其他因素也会影响延付薪酬政策的实施，比如有些银行会因为更先进的公司治理而更早一些实施延付薪酬，也有一些银行可能会在宣布延付薪酬后而并未即时实施到位等。所以，《监管指引》仅仅使得银行实施延付的可能性在政策规定的时间点处（2010 年）发生了一个外生的跳跃，但不一定是完全从 0 直接变动到 1 的改变。图 4-3 反映了我国银行在不同年份实施延付薪酬政策的银行数量，其中横坐标表示年份，纵坐标表示实施延付的银行数量。从图 4-3 可以清晰看到，银行实施延付薪酬的概率在 2010 年发生了明显跳跃。基于以上分析，本文主要采用 FRD 模型进行研究。

在 FRD 模型中，政策的平均因果效应是两个差值之比，即

$$\text{ATE}_{FRD} = \frac{\lim\limits_{x \downarrow c} E(y \mid x) - \lim\limits_{x \uparrow c} E(y \mid x)}{\lim\limits_{x \downarrow c} E(D \mid x) - \lim\limits_{x \uparrow c} E(D \mid x)} \tag{4-10}$$

根据（4-10）式，样本在小领域内连续的假设对 RD 估计的有效性有重要影响。定义两个区间（$c - \varepsilon$，c）与（c，$c + \varepsilon$），ε 为带宽，ε 越小，则 RD 估计的偏误越小，但样本量较少，从而可能导致估计方差偏大；反之，ε 较大时，估计方差较小，但由于存在距离断点较远的样本，可能导致估计偏误较大。目前，RD 估计可以通过参数估计和非参数估计两种方法来实现。

首先沿用 Hahn et al.（2001）的想法，我们采用参数估计法估计 FRD 模型的平均处理效应 ATE_{FRD}。建立延付薪酬政策对银行风险承担影响的方程：

$$y_i = \beta_0 + \beta_1 D_i + \beta_2 f(x-c) + \beta_3 D_i f(x-c) + \beta_4 Z_i + \zeta_i (c - \varepsilon < x < c + \varepsilon)$$

$$(4\text{-}11)$$

在模型（4-10）中，y_i 代表银行风险承担；D_i 表示银行 i 是否实施薪酬延付，取值为 1 表示延付，0 表示未延付；x 表示年份；$f(x-c)$ 表示包含（$x-c$）的线性函数或高阶多项式（Lee and Lemieux，2010）；Z_i 为影响银行风险承担的控制变量。β_1 表示延付薪酬与银行风险承担的因果关系，就是我们要估计 FRD 模型的平均处理效应 ATE_{FRD}。

由于银行 i 是否实施延付薪酬 D_i 还可能受到银行公司治理等多种因素的影响，可能与模型（4-11）省略的变量相关，且它们都包含在扰动项当中，从而会引起内生性问题，因此直接采用原始变量 D_i 进行 OLS 估计，很可能会导致估计偏误。由于 D_i 与外生的政策有关，而监管当局是强制要求所有银行的高管薪酬均实施延期支付，所以《监管指引》对银行是完全外生的。因此政策实施虚拟变量 R_i（延付薪酬政策实施即 2010 年（含）以后 $R_i=1$，政策实施前即 2010 年以前 $R_i=0$）与 D_i 高度相关但又不受选择偏差的干扰，可以被用来干净地估计银行愿意参加到处理组的效应。其实，银行没有按《监管指引》及时或延后实施延付薪酬的问题，并不是我们关心的主要问题。我们的目标是估计真正实施延付的银行，他们的风险承担是否受到影响。为了得到延付薪酬政策的无偏估计，我们可以用政策实施虚拟变量 R_i 作为处理变量 D_i 的工具变量。

因此我们采用二阶段最小二乘法（2SLS），即第一阶段寻找 D_i 的工具变量，第二阶段把工具变量代入模型（4-11）回归，以避免内生性问题。为此我们建立如下模型：

$$D_i = \alpha_0 + \alpha_1 R_i + \alpha_2 f(x-c) + \alpha_3 R_i \cdot f(x-c) + \beta_4 Z_i + \epsilon_i (c - \varepsilon < x < c + \varepsilon)$$

$$(4\text{-}12)$$

式中，$f(x-c)$ 为包含 x 的线性函数或高阶多项式。在这里，我们运用 R_i 作为工具变量，当年份大于等于 2010 年时（即大于断点）则 R_i 取值为 1；当年份小于 2010 时，R_i 取值为 0。

4.3　实证结果及分析

4.3.1　面板数据模型

4.3.1.1　描述性统计

表 4-3 报告了面板数据模型所需变量的描述性统计结果。 从贷款规模来看，Loan 的均值为 48%，中位数为 49.17%，说明样本银行资产中将近一半左右为贷款，贷款是我国银行最重要的资产业务。 从贷款结构来看，CorpL 的均值为 78.507%，最小值也达到了 61.482%，说明样本银行在选择贷款对象时更注重企业客户，这是由于现阶段我国经济增长主要由投资拉动，消费对经济增长的贡献程度偏低，企业作为投资的主体自然成为了银行贷款的主体（彭继增和吴玮，2014 ）；Credit 的均值仅为 9.806%，最小值仅 0.004%，最大值为 61.252%，说明样本银行在贷款方式的选择上更偏好担保贷款。 延付高管薪酬代理变量（IDEBT）的均值为 0.618，中位数为 1。 其他银行特征方面，Gloan 的均值为 1.743%，中位数为 0.704%，说明近年来我国银行贷款增速总体不大；Size 的均值为 11.193 百万元，规模最大的为中国工商银行，其 2015 年底的总资产规模达到 222 097 亿元，而同期规模最小的银行总资产仅为 98 亿元；CAR 的均值为 13.495%，中位数为 12.530%，这说明我国银行的资本水平总体较高，在资本最低要求（8%）的基础上普遍持有资本缓冲；ROE 的均值为 15.432%，中位数为 15.225%，远高于其他行业，这可能与银行的高杠杆率有关；List 的均值为 0.091，表明上市银行占样本量的比例较小。 如表 4-3 所示：

表 4-3 描述性统计表

变量	均值	中位数	标准差	最小值	25 分位	75 分位	最大值	观测数
Loan	48.00	49.17	11.10	14.53	40.76	56.34	79.24	806
CorpL	78.507	79.251	10.593	61.482	71.582	89.982	95.871	483
Credit	9.806	6.210	9.592	0.004	2.192	15.297	61.252	466
WMPs	13.692	3.744	22.394	0	0.934	17.392	183.174	425
IBs	17.233	15.806	12.941	0	6.986	25.076	63.686	647
RWA	59.323	59.547	11.089	3.940	52.064	66.252	98.142	704
IDEBT	0.618	1	0.487	0	0	1	1	881
Gloan	1.743	0.704	18.219	−63.660	−5.406	8.268	213.814	784
LSR	2.888	2.660	1.631	0.040	2.105	3.320	26.070	784
Size	11.193	10.899	1.811	7.185	10.045	11.907	19.583	808
Lev	6.773	6.390	3.048	−13.710	5.280	7.875	41.960	804
LDR	62.146	64.095	11.098	19.960	55.950	69.860	92.920	766
CAR	13.495	12.530	16.166	−22.720	11.140	14.030	446.990	778
ROE	15.432	15.225	12.662	−19.470	11.190	18.640	318.750	798
List	0.091	0	0.287	0	0	0	1	881
Ggdp	11.035	11	2.999	−4.9	8.9	13.1	26.1	838

注:Size 的初始变量单位为"百万元",其余涉及比率的变量单位均为"%"。

表 4-4 报告了各变量之间的相关系数。 可以看到,IDEBT 与 Loan、CorpL 和 Credit 显著负相关,与 WMPs、IBs 和 RWA 显著正相关,这初步证实了研究假设 **H4-1**、**H4-2**。 值得注意的是,Loan 和 WMPs、IBs 显著负相关,这初步证明了银行表内信贷与交叉性金融资产之间存在此消彼长的跷跷板效应。 此外,Gloan、LSR、Size、Lev、LDR、CAR、ROE、List 和 Ggdp 与被解释变量的相关系数大多非常显著,说明贷款增速、贷款损失准备、银行资产规模、杠杆率、贷存比、资本充足率、权益收益率、是否上市和经济周期等银行个体特征变量会对银行表内信贷和交叉性金融资产产生影响。

表 4-4　相关系数表

	Loan	CorpL	Credit	WMPs	IBs	RWA	IDEBT	Gloan	LSR	Size	Lev	LDR	CAR	ROE	List	Ggdp
Loan		-0.04	0.15**	-0.08*	-0.68***	0.33***	-0.27***	-0.04	-0.13**	0.01	-0.23***	0.73***	-0.40***	0.00	0.16***	0.03
CorpL	0.06		-0.22*	0.27	0.14	0.25	-0.05	0.11*	0.25***	-0.27***	0.27***	-0.22***	0.22***	-0.09	-0.27***	0.13***
Credit	0.11*	-0.20***		-0.18***	0.05	-0.17***	-0.21***	-0.11**	-0.18***	0.77***	-0.30***	0.18***	-0.14***	0.06	0.75***	-0.19***
WMPs	-0.23***	0.19	-0.02***		0.16***	0.31***	0.28***	-0.10**	0.20***	-0.17***	0.15**	0.03	-0.03	-0.26***	-0.07	-0.24***
IBs	-0.74***	0.36	-0.03	0.32***		-0.02	0.13***	-0.28***	-0.03	0.25***	0.01	0.32***	-0.03	-0.05	0.05	-0.34***
RWA	0.25***	0.61	-0.17***	0.38***	-0.06		0.19***	-0.01	0.14**	0.01	0.25***	0.39***	-0.18***	-0.21***	0.004	-0.24***
IDEBT	-0.32***	-0.11*	-0.24***	0.17***	0.19***	0.34***		0.12**	0.19***	-0.03	0.25***	-0.07	0.19***	0.13***	-0.14***	-0.28***
Gloan	0.02	0.17***	-0.10	-0.14**	-0.3***	-0.003	-0.06		-0.35***	-0.21***	0.04	-0.11*	0.01	-0.08	-0.16***	0.12**
LSR	-0.23***	0.20***	-0.15**	0.22***	0.06	0.26***	0.13***	-0.37***		-0.17***	0.31***	-0.13*	0.32***	-0.03	-0.15***	0.10*
Size	0.03	-0.28***	0.78***	-0.05	0.04	-0.13***	-0.11	-0.30***	-0.17***		-0.30***	0.21***	-0.22***	0.00	0.81***	-0.45***
Lev	-0.23***	0.18***	-0.33***	0.24***	-0.05	0.58***	0.32***	0.01	0.16***	-0.31***		-0.08	0.83***	-0.19***	-0.28***	0.02
LDR	0.59***	-0.12*	0.17***	-0.046	-0.38***	0.27***	-0.11*	0.00	-0.38***	0.23***	-0.13**		-0.25***	0.02	0.28***	-0.25***
CAR	-0.44***	0.12*	-0.18***	0.03	-0.025	-0.05	0.27***	0.01	0.26***	-0.21***	0.78***	-0.33***		-0.08	-0.20***	0.10*
ROE	-0.04	-0.30***	0.13**	-0.25***	-0.11*	-0.38***	0.14**	-0.05	0.01	0.17***	-0.35***	-0.05	-0.18***		-0.03	0.04
List	0.18***	-0.16**	0.75***	-0.07	-0.09	-0.04	-0.21***	-0.19***	-0.15*	0.80***	-0.31***	0.29***	-0.26***	0.12*		-0.26***
Ggdp	0.07	0.10	-0.19***	-0.40***	-0.17***	-0.35***	-0.28***	0.15**	0.15**	-0.44***	-0.06	-0.24***	0.07	0.04	-0.24***	

注:左下角为spearman相关系数,右上角为pearson相关系数。*、**、***分别表示0.1、0.05和0.01水平下显著。

4.3.1.2 回归结果

在进行回归估计之前，我们首先对主要解释变量及控制变量进行 VIF 检验，发现解释变量 IDEBT 对应的 VIF 值均在 1.4 以下，其余各控制变量对应的 VIF 值都在 4.7 以下，平均的 VIF 值为 2.3 左右，说明可以忽略模型设定中的多重共线性问题。

表 4-5 中报告了式（4-1）的面板数据模型检验结果。可以看到，列（1）、列（3）中 IDEBT 的系数显著为负，列（4）—（6）中 IDEBT 的系数显著为正，说明高管在实施了延付薪酬政策以后，银行贷款规模、信用贷款比例和企业贷款比例均下降，而银行理财产品、同业业务规模以及风险加权资产比例显著上升，这支持了本文的研究假设 **H4-1** 和 **H4-2**。

表 4-5　式（4-1）的面板数据模型检验结果

	Loan	CorpL	Credit	WMPs	IBs	RWA
	(1)	(2)	(3)	(4)	(5)	(6)
IDEBT	-2.218^{***}	-1.257	-1.604^{**}	2.695^{***}	1.983^{**}	4.293^{***}
	(-3.241)	(-1.418)	(-2.207)	(7.280)	(3.198)	(9.382)
Gloan	0.105^{***}	0.033	0.055^{**}	-0.136^{***}	-0.035	0.015
	(4.521)	(1.244)	(2.296)	(-7.508)	(-0.725)	(1.083)
Size	-2.237^{***}	-4.609^{***}	1.200	4.736^{***}	1.838	0.535
	(-6.056)	(-5.153)	(1.646)	(7.439)	(1.278)	(1.364)
LSR	-0.071	0.357	0.601	-0.032	1.079	0.393^{*}
	(-0.139)	(0.617)	(1.197)	(-0.061)	(0.751)	(1.933)
Lev	0.261	1.016^{**}	-0.266	-0.362	-1.930^{*}	4.885^{***}
	(0.695)	(2.269)	(-0.747)	(-1.041)	(-1.902)	(22.398)
LDR	0.398^{***}	0.036	0.089^{*}	-0.126^{**}	0.152	0.103^{***}
	(7.628)	(0.582)	(1.814)	(-2.111)	(1.012)	(2.895)
CAR	-0.543^{***}	-0.664^{***}	0.423^{**}	0.081	0.319	-2.576^{***}
	(-2.831)	(-2.822)	(2.310)	(0.430)	(0.570)	(-21.359)
ROE	-0.044	-0.040	-0.058^{*}	-0.080^{***}	-0.858^{***}	-0.033^{*}
	(-1.255)	(-1.077)	(-1.959)	(-3.158)	(-4.095)	(-1.882)
List	1.318	-6.219^{***}	-0.379	-2.706	1.142	1.420
	(0.629)	(-2.924)	$(-0.220$	(-1.167)	(0.243)	(0.935)
Ggdp	0.787^{***}	-0.371^{*}	0.042	-0.672^{***}	-2.488^{***}	-0.707^{***}

	Loan	CorpL	Credit	WMPs	IBs	RWA
	(5.343)	(−1.943)	(0.263)	(−3.774)	(−4.806)	(−5.955)
CONS	31.415***	133.184***	−16.912	−18.915*	24.508	53.627***
	(6.135)	(10.731)	(−1.562)	(−1.897)	(1.017)	(8.337)
样本量	796	472	456	398	592	657
R^2	0.559	0.364	0.158	0.2457	0.3976	0.6142
F 统计量	22.17***	18.628**	15.87***	11.33***	36.53***	99.57***
银行数	101	85	74	76	85	85

注: Panel A 和 Panel B 中括号内分别为双尾检验的 t 值和 z 值。*、**、***分别表示在 0.1、0.05 和 0.01 水平下显著。

表 4-6 中报告了式（4-2）的 GMM 检验结果。可以看到，各列中滞后项的回归系数都在 1% 的水平上显著，这验证了银行的资产配置行为具有动态连续性，从而说明我们用部分调整模型是必要且合理的。此外，动态模型中滞后项的回归系数应介于混合 OLS 和固定效应估计量之间（Roodman，2009），以列（1）为例，$Loan_{it-1}$ 的系数为 0.457，而混合 OLS 回归中该系数为 0.717，固定效应回归中为 0.216，这说明 GMM 估计的调整系数介于合理的范围内①。最后，AR（2）的 P 值和 Sargan P 值说明我们在采用 GMM 估计式（2）时，不存在二阶序列相关，同时工具变量的选择是合理的，不存在过度识别问题。因此，表 4-6 的结果从计量角度来看是合理的。从经济意义来看，列（1）—（3）中关键变量 IDEBT 的系数均为负，说明在控制其他因素的情况下，实施延付高管薪酬后银行将配置更少的贷款资产、企业贷款和信用贷款；列（4）—（6）中关键变量 IDEBT 的系数均为正，说明在控制其他因素的情况下，实施延付高管薪酬后银行将配置更多的理财业务资产、同业业务资产和风险加权资产，从而证实了假设 **H4-1** 和 **H4-2**。

---

① 其他各列的结果也都符合该项要求。限于篇幅，并未列表提供上述结果，有兴趣者可联系作者索取。

表 4-6　式(4-2)的 GMM 检验结果

	Loan	CorpL	Credit	WMPs	IBs	RWA
	(1)	(2)	(3)	(4)	(5)	(6)
Loan(−1)	0.457***					
	(16.672)					
CorpL(−1)		0.603***				
		(26.115)				
Credit(−1)			0.577***			
			(19.874)			
WMPs(−1)				0.649***		
				(28.221)		
IBs(−1)					0.312***	
					(18.601)	
RWA(−1)						0.332***
						(31.999)
IDEBT	−1.695***	−0.175**	−1.508***	2.147***	1.295**	3,954***
	(−6.270)	(−2.186)	(−8.329)	(6.932)	(3.013)	(8.932)
Gloan	0.084***	0.065***	0.020***	−0.019	−0.084***	0.052***
	(22.716)	(9.477)	(3.974)	(−1.256)	(−38.799)	(14.541)
Size	−2.058***	−2.079***	0.475***	−10.690***	6.654***	−0.357
	(−9.537)	(−12.485)	(4.183)	(−12.226)	(37.855)	(−1.045)
LSR	0.461**	1.102***	0.055	3.528***	−0.473***	1.297***
	(2.151)	(7.320)	(0.417)	(7.357)	(−3.470)	(20.567)
Lev	0.663***	−0.134	−0.785***	−0.243	−0.684***	2.732***
	(5.260)	(−1.369)	(−9.790)	(−1.089)	(−6.271)	(28.952)
LDR	0.389***	0.038**	0.087***	−0.152***	−0.298***	0.035***
	(27.230)	(2.548)	(4.379)	(−6.307)	(−19.194)	(2.714)
CAR	−0.609***	0.218***	0.166***	−0.603***	0.119***	−1.265***
	(−5.593)	(3.224)	(3.178)	(−3.103)	(2.634)	(−25.256)
ROE	0.021***	0.005**	−0.019***	0.218	−0.001***	0.006
	(4.890)	(2.053)	(−3.229)	(1.643)	(−5.323)	(0.955)

	Loan	CorpL	Credit	WMPs	IBs	RWA
List	6.712 ***	−3.160 ***	1.543 ***	8.800 ***	−5.539 ***	2.788 **
	(8.505)	(−3.705)	(3.400)	(2.672)	(−10.927)	(1.974)
Ggdp	−0.042	−0.424 ***	−0.100 ***	−2.691 ***	−0.235 ***	−0.719 ***
	(−1.125)	(−11.224)	(−3.021)	(−12.785)	(−6.777)	(−12.248)
CONS	30.696 ***	44.244 ***	−5.669 ***	167.479	−37.518	42.19
	(9.545)	(15.898)	(−2.727)	(12.15)	(−16.235)	(8.281)
样本量	796	472	456	398	592	657
AR（2）P值	0.632	0.661	0.771	0.782	0.601	0.741
Sargan P	0.982	0.985	0.999	0.991	0.952	0.999
银行数	101	85	74	76	85	85

注：Panel A 和 Panel B 中括号内分别为双尾检验的 t 值和 z 值。*、**、*** 分别表示在 0.1、0.05 和 0.01 水平下显著。

此外，表（4-5）中 IDEBT 的系数绝对值较表（4-6）中相应系数更大，这符合 Angrist and Pischke（2008）的论断，真正的因果效应会落在这两个值决定的区间里。从其他银行特征来看，Gloan 的系数说明贷款增速与贷款规模、企业贷款占比、信用贷款占比正相关，与理财业务规模和同业业务规模负相关，这在一定程度上也证明了银行表内信贷和交叉金融资产之间存在此消彼长的跷跷板效应。Size 的系数说明银行规模越大，贷款规模和企业贷款占比越低，信用贷款占比越高，这可能与近年来大银行不断推进业务转型有关，改变信贷产品的粗放型增长，进行业务创新，推出各种创新型的信贷产品，是许多大银行业务转型的共识①。List 的系数表明上市银行的贷款规模、信用贷款占比和理财业务规模占比更高，而企业贷款占比和同业业务规模占比更低。

---

① 以工行为例，工行基于居民线上线下直接消费的小额消费贷款品种"逸贷"、契合小微企业"短频急"融资需求、企业可通过网上自助实现提款和还款的循环贷款等。信贷产品近几年发展强劲，这些产品改变了以往只重视担保和抵押的传统贷款模式，使工行用更少的信贷资金获得了更高的收益。

4.3.2　PSM-DID 检验

4.3.2.1　倾向得分匹配(PSM)

根据研究设计,2010 年开始实施高管薪酬延期支付的银行共 18 家,构成了处理组;2009—2015 年始终未实施高管薪酬延付的银行共 59 家,构成了对照组。 我们通过 Logit 模型估计倾向得分,采用 Kernel 匹配法确定权重,施加了"共同支持"条件。 从 PSM 的匹配平衡检验结果看(见表 4-7),匹配后处理组和对照组在资本充足率(CAR)、不良贷款率(NPL)、贷款损失准备金率(LSR)、拨备覆盖率(PCR)、杠杆率(Lev)、权益收益率(ROE)、资产收益率(ROA)和贷存比(LDR)等 8 个方面的差异大幅下降,各匹配变量标准偏差的绝对值均在 8 以下[①]。 均值 T 检验的相伴概率值表明,匹配后处理组和对照组的可观测变量在 2010 年初不存在显著差异,可认为本文选取的可观测变量合适且匹配方法得当,Kernel 匹配估计可靠。 此时,处理组和对照组的其他银行特征基本一致,具有可比性。 如表 4-6 所示:

表 4-7　2010 年实施延付高管薪酬银行的匹配平衡检验结果

		均值		标准偏差	标准偏差减少幅度(%)	T 值检验相伴概率
		处理组	对照组			
CAR	配对前	14.550	12.400	50.7		0.029
	配对后	13.379	13.353	0.6	98.8	0.979
NPL	配对前	1.1589	2.8022	−63.5		0.060
	配对后	1.2269	1.2076	0.7	98.8	0.914
LSR	配对前	2.4167	3.0798	−50.5		0.117
	配对后	2.4691	2.4358	2.5	95.0	0.919
PCR	配对前	242.500	191.210	34.7		0.251
	配对后	227.230	230.800	−2.4	93.2	0.943

[①] 根据 Rosenbaum and Rubin(1983),当匹配变量的标准偏差值的绝对值大于 20 时可认为匹配效果不好。

		均值		标准偏差	标准偏差减	T 值检验相
		处理组	对照组		少幅度(%)	伴概率
Lev	配对前	7.4407	6.6607	34.9		0.172
	配对后	7.0431	6.8791	7.3	79.0	0.823
ROE	配对前	17.520	17.037	5.6		0.855
	配对后	17.807	18.132	−3.7	32.9	0.904
ROA	配对前	1.1775	1.0742	22.7		0.464
	配对后	1.1916	1.1889	0.6	97.4	0.985
LDR	配对前	63.256	65.192	−21.5		0.478
	配对后	64.186	64.322	−1.5	93.0	0.969

4.3.2.2　双重差分检验(DID)

式（4-3）的面板 DID 检验结果如表 4-8 所示，其中列（1）、列（2）是当因变量为 Loan 时的 DID 结果，不难看到，无论是否加入其他控制变量，交互项 Event×Group 的系数均显著为负，这说明延付高管薪酬政策的实施显著降低了银行的表内信贷规模占比。列（3）、列（4）和列（5）、列（6）分别是当因变量为 CorpL 和 Credit 时的 DID 结果，可以看到，无论是否加入其他控制变量，交互项 Event×Group 的系数均为负，这说明延付高管薪酬政策的实施显著降低了银行的企业贷款占比和信用贷款占比。列（7）、列（8）和列（9）、列（10）分别是以 WMPs 和 IBs 为因变量的结果，可以看到，交互项 Event×Group 的系数均为正，且除了第（8）列外都在统计上显著。最后，列（11）、列（12）是以 RWA 为因变量的结果，可以看到，交互项 Event×Group 的系数显著为正，说明延付高管薪酬政策显著提升了银行的总体风险水平。因此假设 **H4-1** 和 **H4-2** 得证，即延付高管薪酬政策的实施将导致银行压缩表内信贷业务，同时增加理财业务和同业业务，最终带来银行总体风险的提升。

表 4-9 报告了式（4-4）的检验结果，可以看到，当因变量为 Loan 时，历年的交互项（Y2011×Group—Y2015×Group）系数均显著为负，说明 2010 年延付高管薪酬政策实施后银行的贷款业务占比在 2011—2015 年中的各年均

显著下降。 而当因变量为 WMPs 和 IBs 时，只有 Y2014×Group 和 Y2015×Group 的系数在统计上显著，当因变量为 RWA 时，Y2013×Group、Y2014×Group 和 Y2015×Group 的系数在统计上显著。 此外，当因变量为 WMPs、IBs 和 RWA 时，边际效应明显递增，即 Y2013×Group、Y2014×Group 和 Y2015×Group 的系数大小逐年显著递增。

表 4-8 （4-3）的 DID 检验结果（2010—2015）——平均处理效应

	Loan		CorpL		Credit		WMPs		IBs		RWA	
	(1)	(2)	(3)	(4)	(5)	(6)	(7)	(8)	(9)	(10)	(11)	(12)
Event×Group	−6.603***	−6.857***	−2.771	−2.924	−7.148***	−5.722***	13.823**	9.162	7.311**	5.982*	14.139***	12.335***
	(−3.055)	(−4.165)	(−1.240)	(−1.300)	(−3.413)	(−2.699)	(2.467)	(1.623)	(2.030)	(1.756)	(4.048)	(3.891)
Event	−2.012	7.576***	−3.794**	−8.740**	−0.582	−3.677	18.431***	7.472	9.274***	−11.542**	8.024***	1.729
	(−1.360)	(2.749)	(−2.415)	(−2.408)	(−0.370)	(−0.963)	(4.760)	(0.790)	(3.689)	(−2.055)	(3.342)	(0.327)
Event	−2.012	7.576***	−3.794**	−8.740**	−0.582	−3.677	18.431***	7.472	9.274***	−11.542**	8.024***	1.729
	(−1.360)	(2.749)	(−2.415)	(−2.408)	(−0.370)	(−0.963)	(4.760)	(0.790)	(3.689)	(−2.055)	(3.342)	(0.327)
Gloan		0.106***		−0.097**		−0.038		0.035		−0.056		0.088
		(3.378)		(−2.162)		(−0.910)		(0.332)		(−0.901)		(1.451)
LSR		1.382***		0.425		2.023***		−1.716		−1.400		0.678
		(2.781)		(0.639)		(2.703)		(−1.009)		(−1.403)		(0.712)
Size		−14.616***		−0.011		−1.140		9.352		22.963***		1.373
		(−6.280)		(−0.004)		(−0.380)		(1.164)		(4.846)		(0.308)
Lev		0.022		1.285*		−0.794		−1.109		1.335		5.448***
		(0.046)		(1.952)		(−1.269)		(−0.684)		(1.379)		(5.844)
LDR		0.569***		0.113		0.110		0.074		−0.159		−0.254**
		(8.975)		(1.300)		(1.183)		(0.383)		(−1.390)		(−2.093)

续 表

	Loan		CorpL		Credit		WMPs		IBs		RWA	
	(1)	(2)	(3)	(4)	(5)	(6)	(7)	(8)	(9)	(10)	(11)	(12)
CAR		0.239		−0.786**		0.854**		−1.653*		−0.712		−3.355***
		(0.915)		(−2.132)		(2.331)		(−1.901)		(−1.340)		(−6.461)
ROE		0.183		0.169		0.203		−1.539***		−0.103		−0.476**
		(1.563)		(1.016)		(1.262)		(−3.819)		(−0.427)		(−2.096)
List		−11.58***		−2.983***		0.985***		10.613		15.148**		2.443
		(−3.233)		(−3.981)		(3.913)		(0.918)		(2.268)		(0.378)
Ggdp		−0.592*		−1.161**		0.490		0.448		0.045		0.260
		(−1.915)		(−2.420)		(0.779)		(0.449)		(0.075)		(0.464)
时间虚拟变量	是	是	是	是	是	是	是	是	是	是	是	是
CONS	50.78***	165.56***	87.690***	90.310***	15.248***	40.231	2.114	−53.807	16.650***	−230***	57.893***	63.155
	(56.252)	(5.389)	(152.727)	(2.996)	(21.449)	(0.802)	(0.885)	(−0.543)	(10.589)	(−3.896)	(38.942)	(1.125)
样本量	311	310	258	257	209	208	311	310	289	289	307	307
R^2	0.077	0.433	0.0727	0.1378	0.1714	0.2391	0.200	0.269	0.187	0.339	0.240	0.417
F值	3.49***	12.32***	2.69**	2.25***	5.62***	3.46***	10.53***	5.93***	8.93***	7.67***	13.12***	11.41***
银行数	53	53	46	46	40	40	53	53	50	50	52	52

注：括号中的值为双尾检验的 t 值。*、**、***分别表示在 0.1、0.05 和 0.01 水平下显著。Group 变量由于具有时间不变性，进行面板 DID 回归时被自动删除。

表 4-9 的结果有着比表 4-8 更为丰富的含义：第一，我国延付高管薪酬政策主要关注表内信贷资产风险，因此表 4-9 中列（1）、列（2）中各交互项系数均显著为负，列（3）、列（4）中各交互项 Y2015×Group 显著为负，列（5）、列（6）中各交互项 Y2012×Group — Y2015×Group 的系数显著为负，说明 2010年延付高管薪酬政策实施后，银行压缩了受到严格监管的表内信贷资产（包括贷款规模和贷款结构两个维度），延付高管薪酬政策起到了明显效果。 第二，如前文的分析，银行压缩的表内信贷资产可能通过资管（理财）计划转移至表外，因此列（7）、列（8）中各交互项系数预期应显著为正，但我们看到，Y2011×Group — Y2013×Group 的系数在统计上并不显著。 我们认为这可能与我国 2013年以前没有完备的关于银行理财产品信息披露制度有关。 事实上，全国银行业理财信息登记系统直到 2013 年才正式上线运行，虽然银监会要求各银行补录2011 年 1 月 1 日以后的理财产品历史数据，但仍可能存在不报、漏报、错报、迟报等问题。 列（11）、列（12）中 Y2011×Group 和 Y2012×Group 的系数为正但并不显著。 这可能初步印证了我们的逻辑推断，即银行高管通过将表内信贷转移到表外（主要是理财业务）进行风险"隐匿"，此时的 RWA 没有显著提升只是因为"隐匿"风险没有被"识别"，或者说没有被纳入"监管"。 第三，随着银行理财业务的爆发式增长（见图 4-1），2013 年起银行理财业务监管政策收紧，8 号文要求银行将其相关非标资产在 2013 年底前完成风险加权资产计量和资本计提，因此，从表 4-9 列（11）、列（12）中我们看到，Y2013×Group 的系数高达 9.795 和 8.834，并且在统计上显著，这就进一步印证了我们前面的逻辑，即银行高管通过跷跷板效应进行风险"隐匿"，但在强监管下，银行大量通过理财产品形式投资的非标资产回归到了（资本）监管之下。 值得注意的是，在 8 号文的强监管下，为了减轻非标资产回表的资本占用压力，银行以机构间"互买""过桥"等方式，将超额非标从理财账户向自营账户转移，其资产则反映在同业资产及其他类投资项下，其主要目的是通过引入过桥方和担保方将风险权重系数降至 25%[①]。 于是，银

[①] 2013 年同业业务规模迅速膨胀，14 家上市银行的同业杠杆率从 2013 年初的不到 8 倍，跃升至 2013 年年中的 16 倍。（《非标资产深度研究》，格上理财，2014）

表 4-9　式 (4-4) 的 DID 检验结果 (2010—2015) ——动态边际效应

	Loan		CorpL		Credit		WMPs		IBs		RWA	
	(1)	(2)	(3)	(4)	(5)	(6)	(7)	(8)	(9)	(10)	(11)	(12)
Y2011×	−5.193*	−4.738**	−1.464	−1.443	−2.518	−1.801	3.853	−0.346	−1.720	−3.315	4.713	4.446
Group	(−1.924)	(−2.158)	(−0.522)	(−0.517)	(−0.974)	(−0.698)	(−0.560)	(−0.051)	(−0.399)	(−0.837)	(−1.152)	(−1.214)
Y2012×	−3.182	−4.589**	−0.755	−0.383	−5.593**	−3.653	8.366	5.036	1.390	1.502	5.149	3.184
Group	(−1.175)	(−2.078)	(−0.270)	(−0.137)	(−2.166)	(−1.391)	(−1.211)	(−0.738)	(−0.322)	(−0.377)	(−1.259)	(−0.868)
Y2013×	−6.358**	−6.844***	−1.953	−2.533	−7.758***	−6.556**	4.353	0.330	3.912	4.067	9.795**	8.834**
Group	(−2.340)	(−3.051)	(−0.696)	(−0.903)	(−2.974)	(−2.484)	(−0.628)	(−0.048)	(−0.915)	(−1.018)	(−2.386)	(−2.368)
Y2014×	−6.811**	−5.882***	−2.426	−3.011	−12.578***	−11.445***	17.991**	13.644*	10.253**	9.866**	22.300***	21.148***
Group	(−2.506)	(−2.603)	(−0.846)	(−1.039)	(−4.825)	(−4.311)	(−2.595)	(−1.954)	(−2.406)	(−2.459)	(−5.433)	(−5.628)
Y2015×	−11.137***	−9.927***	−7.953***	−8.470***	−7.889***	−6.840**	35.123***	32.050***	22.438***	21.512***	26.77•***	24.607***
Group	(−4.099)	(−4.372)	(−2.733)	(−2.897)	(−2.873)	(−2.442)	(−5.067)	(−4.568)	(−5.266)	(−5.335)	(−6.442)	(−6.432)
Y2011	−0.259	0.318	−0.879	−2.252	−0.336	−1.739	1.379	3.507	−0.971	−5.768	0.523	0.704
	(−0.170)	(0.211)	(−0.537)	(−1.175)	(−0.211)	(−0.928)	(−0.354)	(−0.753)	(−0.383)	(−2.083)	(−0.222)	(−0.277)
Y2012	−0.736	0.925	−0.758	−2.829	−0.553	−3.844	4.013	2.967	0.421	−9.370	0.177	0.274
	(−0.476)	(0.470)	(−0.465)	(−1.159)	(−0.348)	(−1.530)	(−1.018)	(−0.488)	(−0.166)	(−2.606)	(−0.075)	(−0.083)

续　表

	Loan		CorpL		Credit		WMPs		IBs		RWA	
	(1)	(2)	(3)	(4)	(5)	(6)	(7)	(8)	(9)	(10)	(11)	(12)
Y2013	-0.062	2.713	-1.332	-4.411	-0.797	-2.961	5.286	0.475	1.655	-12.349	2.622	-1.640
	(-0.040)	(1.227)	(-0.814)	(-1.609)	(-0.509)	(-1.094)	(-1.328)	(-0.070)	(-0.656)	(-3.104)	(-1.103)	(-0.445)
Y2014	0.319	2.892	-2.219	-6.774**	-0.703	-4.063	6.305	-0.629	1.595	-15.269	3.864	-2.677
	(0.204)	(1.102)	(-1.329)	(-2.077)	(-0.432)	(-1.249)	(-1.584)	(-0.078)	(-0.638)	(-3.261)	(-1.626)	(-0.613)
Y2015	-0.663	5.048	-2.136	-7.539**	-0.203	-4.376	11.267	-0.208	4.166	-17.479	4.011	-1.380
	(-0.425)	(1.707)	(-1.279)	(-2.089)	(-0.125)	(-1.179)	(-2.831)	(-0.023)	(-1.666)	(-3.330)	(-1.688)	(-0.281)
Gloan		0.100***		0.103***		-0.045		0.039		-0.050		0.116**
		(3.039)		(3.308)		(-1.100)		(-0.380)		(-0.865)		(-2.105)
LSR		1.577***		0.186		0.679*		-1.791		-1.5480*		0.453
		(3.005)		(0.716)		(1.891)		(-1.105)		(-1.683)		(-0.517)
Size		-11.687***		-14.437***		-0.185		8.025		22.342***		0.196
		(-4.717)		(-6.237)		(-0.063)		(-1.048)		(-5.119)		(-0.048)
Lev		-0.249		1.488***		2.117***		-1.940		0.729		4.792***
		(-0.496)		(3.010)		(2.907)		(-1.254)		(-0.815)		(-5.669)
LDR		0.349***		0.561***		0.091		0.129		-0.114		-0.187*
		(5.875)		(8.867)		(1.005)		(-0.703)		(-1.083)		(-1.878)

145

续表

	Loan		CorpL		Credit		WMPs		IBs		RWA	
	(1)	(2)	(3)	(4)	(5)	(6)	(7)	(8)	(9)	(10)	(11)	(12)
CAR		0.085		-0.786**		0.854**		-1.387*		-0.486		-3.075***
		(0.318)		(-2.132)		(2.331)		(-1.672)		(-0.991)		(-6.628)
ROE		0.121		0.169		0.203		-1.402***		0.033		-0.275
		(0.976)		(1.016)		(1.262)		(-3.634)		(-0.146)		(-1.309)
List		-9.471**		-2.983***		0.985***		-0.502		6.186		-6.408
		(-2.594)		(-3.981)		(3.913)		(-0.045)		(-0.981)		(-1.059)
Ggdp		-0.522*		-1.161**		0.490		-0.065		-0.433		-0.178
		(-1.686)		(-2.420)		(0.779)		(-0.068)		(-0.771)		(-0.346)
时间虚拟变量	是	是	是	是	是	是	是	是	是	是	是	是
CONS	50.778***	164.040***	87.690***	90.310***	15.248***	40.231	2.151	-34.092	16.624***	-20.456***	57.907***	82.546
	(56.827)	(5.367)	(152.727)	(2.996)	(21.449)	(0.802)	(-0.944)	(-0.361)	(-11.380)	(-4.029)	(-42.278)	(-1.611)
样本量	311	310	258	257	209	208	311	310	289	289	307	307
R^2	0.1099	0.4501	0.1075	0.1775	0.2468	0.3091	0.3605	0.3103	0.4518	0.3654	0.5247	0.3605
F值	3.06***	10.25***	2.43***	2.31***	5.21***	3.73***	6.76***	10.30***	9.54***	14.11***	13.65***	6.76***
银行数	53	53	46	46	40	40	53	53	50	50	52	52

注：括号中的值为双尾检验的 t 值。*、**、***分别表示在 0.1、0.05 和 0.01 水平下显著。Group 变量由于具有时间不变性，进行面板 DID 回归时被自动删除。

行的理财仍然出现井喷式增长，2013 年底理财规模突破了 10 万亿元（见图 4-1）。 第四，为了规范银行的同业业务，2014 年监管进一步升级，127 号文和 140 号文进一步对同业业务投资非标资产进行了规范，包括对银行同业业务上限进行了明确限制，一些旧的同业投融资模式难以为继，但很快，利用分业监管的漏洞，市场进行了各种利用混业资管多层嵌套的"金融创新"，2014 年、2015 年银行理财业务规模仍屡创新高便是一个有力例证（见图 4-1）。 与图 4-1 数据相符，表 4-9 中列（7）—（10）中 Y2014×Group 和 Y2015×Group 系数均显著为正，且系数显著增大（比如列（8）中 Y2014×Group 的系数为 13.644，Y2015×Group 系数大幅提高到了 32.050）。 这说明尽管各监管部门密集出台了各项严厉的监管措施，银行的理财业务、同业业务仍在不断大幅增加。 列（11）、列（12）中 Y2014×Group 和 Y2015×Group 系数也显著为正，且系数显著增大。 因此，这进一步印证了我们前面的逻辑，即在各项严厉的监管措施下，原有隐匿的部分"存量"风险业务受到监管回表，然而，与此同时，在分业监管制度下银行利用各种混业资管多层嵌套的"金融创新"承担了大量"增量"风险，从而进一步证实了研究假设 **H4-1** 和 **H4-2**。

综上，我们可以梳理出一个清晰的关于延付高管薪酬、跷跷板效应与银行风险承担的发展脉络：当银行受到的表内信贷监管加强（如实施延付薪酬政策）时，在逐利动机驱使下，银行将表内信贷通过资管（理财）计划等转移至表外；随着理财产品的监管加强，银行进一步通过同业业务规避监管；而当监管当局对同业业务实施封堵时，银行又进一步利用"一行三会"分业监管制度下的监管空白，通过混业资管多层嵌套进行"金融创新"。 结果是，银行的理财业务和同业业务套利在日益严格的监管下不降反升，银行的总体风险承担水平也是愈管愈高。

上述 PSM-DID 检验以 2010 年《监管指引》的出台作为延付高管薪酬政策的起始点，考察期为 2009—2015 年，为了检验该结果的稳健性，我们进一步考虑处理组和对照组考察期间的变化：（1）将考察期缩短为 2009—2014 年，此时，将 2015 年实施延付薪酬的 9 家银行划入对照组（其中廊坊银行、凤城农商行缺 2009 年数据），因此对照组共 59＋7＝66 家银行；（2）将考察期间缩短为 2009—2013 年，此时，2014 年、2015 年实施延付薪酬的银行共 12

＋9＝21家银行划入对照组（其中华融湘江银行、宁波通商银行、江苏海安农商行、江苏新沂农商行、江苏盱眙农商行、新余农商行、曲靖市商业银行、廊坊银行、凤城农商行等9家银行缺2009年数据），因此对照组共59＋12＝71家银行。然后我们重新进行上述PSM-DID检验，发现结果并无本质改变（限于篇幅，结果没有报告）。

4.3.3 一阶差分模型

4.3.3.1 全样本检验结果

我们首先根据式（4-8）估计银行历年实施延付薪酬政策的概率 $\Delta \hat{\pi}_{it}$（如图4-4所示）。不难看到，图4-4的形状与图4-1中2010—2015的趋势非常相似，这说明式（4-8）能较好地估计我国银行延付薪酬政策的实施过程。

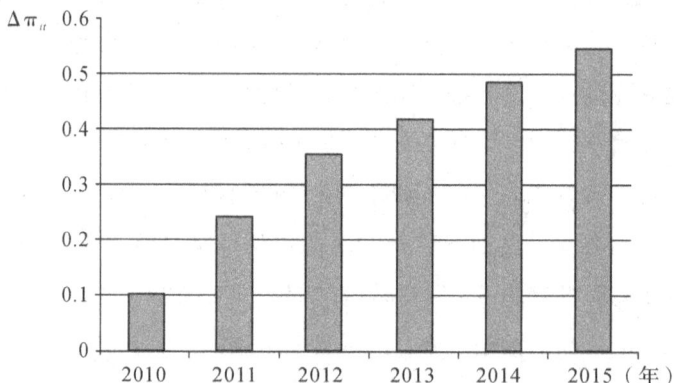

图4-4 历年银行实施延付薪酬政策的概率估计

表4-10　式(4-9)的一阶差分检验结果(2005—2015)——全样本

	ΔLoan		ΔCorpL		ΔCredit		ΔWMPs		ΔIBs		ΔRWA	
	(1)	(2)	(3)	(4)	(5)	(6)	(7)	(8)	(9)	(10)	(11)	(12)
Event×Δπ̂	-7.120**	-11.038***	-2.871	-2.763*	-3.986***	-4.874***	22.927**	18.069	2.008	3.506	20.009***	7.545*
Group×Δπ̂	(-2.048)	(-4.716)	(-1.581)	(-1.793)	(-4.982)	(-3.761)	(-2.481)	(-1.511)	(-0.363)	(-0.663)	(-3.848)	(-1.715)
ΔEvent	-3.402***	-0.479	-3.794**	-8.740**	-0.298	2.984	-4.017***	-2.350***	1.469*	-0.323	-1.718**	0.359
	(-5.784)	(-1.070)	(-4.514)	(-6.408)	(-0.471)	(-0.871)	(-6.792)	(-2.611)	(1.708)	(-0.347)	(-2.449)	(-0.512)
ΔGloan		0.113***		-0.129**		-0.019		-0.046		-0.090***		0.062***
		-8.393		(2.398)		(-0.814)		(-1.405)		(-3.897)		-3.436
ΔLSR		-0.188		0.482		1.973***		0.011		-0.749		-0.424
		(-0.910)		(0.983)		(2.974)		(-0.017)		(-1.579)		(-1.406)
ΔSize		-4.434		-0.019		-1.294		-4.369***		0.826		-3.184
		(-1.575)		(-0.046)		(-0.591)		(-3.252)		(-0.266)		(-1.447)
ΔLev		0.490***		1.387*		-0.983		0.142		0.468*		3.222***
		-3.087		(2.104)		(-1.261)		(-0.111)		(-1.664)		(-8.379)
ΔLDR		0.292***		0.209		0.193		0.126**		-0.072		0.072
		-8.295		(1.498)		(1.284)		(-2.204)		(-1.210)		(-1.066)

续　表

	ΔLoan		ΔCorpL		ΔCredit		ΔWMPs		ΔIBs		ΔRWA	
	(1)	(2)	(3)	(4)	(5)	(6)	(7)	(8)	(9)	(10)	(11)	(12)
ΔCAR		-0.269***		-0.872**		0.983**		-0.429		0.238*		-1.760***
		(-3.426)		(-3.683)		(3.853)		(-0.964)		(-1.791)		(-9.426)
ΔROE		-0.002		0.198		0.199		-0.005		-0.005***		0.004
		(-1.176)		(1.019)		(1.217)		(-1.021)		(-2.686)		(-0.644)
ΔList		-2.037***		-2.928***		1.083***		2.308		0.571		0.617
		(-2.7443)		(-4.938)		(4.091)		(-0.542)		(-0.412)		(-0.668)
ΔGgdp		0.108*		-1.876**		0.490		-0.547**		0.154		-0.194
		(-1.884)		(-3.931)		(0.998)		(-2.433)		(-1.015)		(-1.594)
CONS	-0.492**	0.626	1.982***	2.974***	2.941***	1.786***	2.795***	3.690***	2.21***	2.228***	0.486	1.373**
	(-2.4027)	(-1.043)	(12.721)	(4.982)	(13.972)	(6.923)	(4.091)	(-5.245)	(-7.058)	(-3.036)	(-1.378)	(-2.481)
样本量	1323	1104	687	679	571	568	511	492	959	888	1119	1030
R^2	0.042	0.578	0.089	0.353	0.061	0.348	0.0103	0.105	0.0042	0.1045	0.0126	0.3143
F值	19.71***	47.35***	2.84**	2.36***	5.83***	4.72***	22.23***	4.61***	1.71	4.27***	8.59***	21.34***

注：括号中的值为双尾检验的t值。*、**、***分别表示在0.1、0.05和0.01水平下显著。

4.3.3.2 分组检验结果

为检验 **H4-3a** 和 **H4-3b**，我们进一步进行分组检验，根据资本充足率（CAR）指标的均值及中位数将全样本分为两部分，CAR 指标低于均值或中位数时定义为高资本压力子样本，反之定义为低资本压力子样本，然后利用各子样本对式（4-9）进行一阶差分检验。

表 4-10 报告了因变量为 Loan 时式（4-9）的一阶差分分组检验结果，可以看到，当银行面临高资本压力时，交互项 Event×Group×$\Delta \hat{\pi}$ 的系数均显著为负，其绝对值均大于表 4-10 中全样本的检验结果；而当银行面临低资本压力时，交互项 Event×Group×$\Delta \hat{\pi}$ 的系数只在列（2）、列（4）中显著为负，其绝对值显著低于表 4-10 中全样本的检验结果。这说明，延付高管薪酬政策在面临资本压力时，对银行信贷规模的约束作用更大。

表 4-11　式(4-9)的一阶差分分组检验结果(2005—2015)——因变量为 ΔLoan

ΔLoan	高资本压力			
	根据均值分组		根据中位数分组	
	(1)	(2)	(3)	(4)
Event×Group ×$\Delta \hat{\pi}$	−9.9431*	−13.1153***	−9.8143*	−11.0617***
	(−1.6609)	(−3.3299)	(−1.8231)	(−3.0616)
ΔEvent	−2.4303**	−0.7204	−2.4618***	−0.9714
	(−2.3823)	(−1.0325)	(−2.7337)	(−1.5487)
控制变量	否	是	否	是
CONS	−0.428	0.4206	−0.4127	0.4841
	(−1.3437)	(1.0491)	(−1.4041)	(1.1293)
样本量	524	427	628	523
R^2	0.0245	0.5670	0.0269	0.5661
F 值	7.57***	29.17***	9.37***	33.90***
ΔLoan	低资本压力			
	根据均值分组		根据中位数分组	
	(1)	(2)	(3)	(4)

续　表

ΔLoan	高资本压力			
	根据均值分组		根据中位数分组	
	(1)	(2)	(3)	(4)
Event×Group	−5.4562	−6.2563**	−5.2299	−7.0359**
×Δπ̂	(−1.2779)	(−2.3338)	(−1.1245)	(−2.3819)
Event	−3.9645***	0.2773	−4.1293***	0.4159
	(−5.4219)	(0.6289)	(−5.1404)	(0.8433)
控制变量	否	是	否	是
CONS	−0.5546**	2.3610***	−0.5735**	2.2247***
	(−2.0999)	(6.1335)	(−2.0165)	(5.2546)
样本量	799	677	695	581
R²	0.0564	0.6652	0.0592	0.6634
F 值	14.83***	32.63***	13.42***	27.38***

注:括号中的值为双尾检验的 t 值。＊、＊＊、＊＊＊分别表示在 0.1、0.05 和 0.01 水平下显著。

表 4-12 报告了因变量为 CorpL 时式（4-9）的一阶差分分组检验结果，可以看到，当银行面临低资本压力时，交互项 Event×Group×Δπ̂的系数均不显著；而当银行面临高资本压力时，交互项 Event×Group×Δπ̂的系数在列（2）、列（4）中显著为负，其绝对值显著高于表 4-10 中全样本的检验结果。这说明，延付高管薪酬政策在面临资本压力时，对银行企业贷款占比的约束作用更大。

表 4-12　式(4-9)的一阶差分分组检验结果(2005—2015)——因变量为 ΔCorpL

ΔCorpL	高资本压力			
	根据均值分组		根据中位数分组	
	(1)	(2)	(3)	(4)
Event×Group	−3.478	−3.982**	−3.872	−4.982*
×Δπ̂	(−1.398)	(−2.934)	(−1.581)	(−2.793)
ΔEvent	−2.984***	−1.984**	−3.091***	−2.186***
	(−4.006)	(−3.492)	(−4.982)	(−3.813)
控制变量	否	是	否	是
CONS	2.981***	2.986***	2.013***	2.561***
	(4.982)	(3.982)	(4.484)	(4.387)
样本量	291	287	317	315

ΔCorpL	高资本压力			
	根据均值分组		根据中位数分组	
	(1)	(2)	(3)	(4)
R²	0.019	0.098	0.0309	0.0763
F 值	8.99***	7.82***	10.73***	7.93***
ΔCorpL	低资本压力			
	根据均值分组		根据中位数分组	
	(1)	(2)	(3)	(4)
Event×Group	−1.802	−0.049	−2.983	−0.582
×Δπ̂	(−0.593)	(−0.391)	(−0.391)	(−0.016)
ΔEvent	−2.038***	−1.492	−3.923***	−1.283
	(−5.482)	(−0.878)	(−4.928)	(−0.938)
控制变量	否	是	否	是
CONS	3.762***	4.821***	3.982***	4.928***
	(3.294)	(4.302)	(3.019)	(4.123)
样本量	396	392	370	364
R2	0.013	0.201	0.012	0.025
F 值	5.93***	4.24***	12.93***	5.93***

注:括号中的值为双尾检验的 t 值。 *、＊＊、＊＊＊分别表示在 0.1、0.05 和 0.01 水平下显著。

表 4-13 报告了因变量为 Credit 时式（4-9）的一阶差分分组检验结果，当银行面临高资本压力时，交互项 Event×Group×Δπ̂ 的系数均显著为负，其绝对值均大于表 4-10 中全样本的检验结果；而当银行面临低资本压力时，交互项 Event×Group×Δπ̂ 的系数均显著为负，其绝对值显著低于表 4-10 中全样本的检验结果。 这说明，延付高管薪酬政策在面临资本压力时，对银行信用贷款占比的约束作用更大。

表 4-13　式(4-9)的一阶差分分组检验结果(2005—2015)——因变量为 ΔCredit

ΔCredit	高资本压力			
	根据均值分组		根据中位数分组	
	(1)	(2)	(3)	(4)
Event×Group	−4.761***	−5.125***	−4.592***	−5.923***
×Δπ̂	(−5.012)	(−3.982)	(−5.032)	(−3.984)

ΔCredit	高资本压力			
	根据均值分组		根据中位数分组	
	(1)	(2)	(3)	(4)
ΔEvent	1.361	0.982	0.287	0.591
	(0.387)	(0.449)	(0.119)	(0.318)
控制变量	否	是	否	是
CONS	1.983***	2.193***	2.974***	2.876***
	4.872	4.521	6.019	4.613
样本量	318	317	398	397
R^2	0.013	0.169	0.013	0.1401
F值	0.193	6.98***	0.46	8.35***
ΔCredit	低资本压力			
	根据均值分组		根据中位数分组	
	(1)	(2)	(3)	(4)
Event×Group ×Δπ̂	−3.312***	−3.984***	−3.591***	−4.012***
	(−5.123)	(−3.962)	(−4.932)	(−4.184)
ΔEvent	1.361***	1.982**	1.287*	1.591*
	(4.387)	(2.449)	(1.719)	(1.818)
控制变量	否	是	否	是
CONS	2.873***	−3.291***	1.666***	1.503**
	(−3.941)	(−4.293)	(3.952)	(2.652)
样本量	253	251	173	171
R^2	0.017	0.171	0.011	0.158
F值	1.86	4.81***	3.21*	4.12***

注:括号中的值为双尾检验的t值。*、**、***分别表示在0.1、0.05和0.01水平下显著。

综上,表4-11、表4-12和表4-13的结果表明,对于资本压力较大的银行,控制其他因素时,延付高管薪酬政策导致银行压缩表内信贷业务,包含企业贷款规模和信贷结构两个维度。

表4-14　式(4-9)的一阶差分分组检验结果(2005—2015)——因变量为ΔWMPs

ΔWMPs	高资本压力			
	根据均值分组		根据中位数分组	
	(1)	(2)	(3)	(4)
Event×Group ×Δπ̂	52.0942***	52.7451***	44.4205***	43.1593***
	(4.0735)	(3.8793)	(4.2532)	(3.8668)

ΔWMPs	高资本压力			
	根据均值分组		根据中位数分组	
	(1)	(2)	(3)	(4)
ΔEvent	−4.2958***	−3.9453***	−4.1968***	−3.5691***
	(−4.0096)	(−3.3818)	(−4.5209)	(−3.3465)
控制变量	否	是	否	是
CONS	1.5566***	2.2054***	1.6715***	2.4637***
	(4.0908)	(3.7555)	(4.5774)	(4.2339)
样本量	492	412	596	508
R²	0.0494	0.0729	0.0403	0.0561
F 值	9.26***	7.79***	10.90***	6.62***
ΔWMPs	低资本压力			
	根据均值分组		根据中位数分组	
	(1)	(2)	(3)	(4)
Event×Group ×Δ$\hat{\pi}$	5.8020	0.0333	4.2613	−0.3057
	(0.4152)	(0.0019)	(0.2696)	(−0.0155)
ΔEvent	−4.0012***	−1.3565	−4.1785***	−1.4188
	(−5.4563)	(−0.9184)	(−5.0441)	(−0.8956)
控制变量	否	是	否	是
CONS	3.7915***	5.7620***	3.9983***	5.9166***
	(3.2010)	(3.3032)	(2.9582)	(3.0227)
样本量	786	676	682	580
R²	0.0035	0.0191	0.0035	0.0206
F 值	14.93***	3.39***	13.00***	2.79***

注:括号中的值为双尾检验的 t 值。*、**、***分别表示在 0.1、0.05 和 0.01 水平下显著。

表 4-14 报告了因变量为 WMPs 时式(4-9)的一阶差分分组检验结果,当银行面临高资本压力时,交互项 Event×Group×Δ$\hat{\pi}$ 的系数均显著为正,高达 52.745,远高于表 4-10 中的 22.927,这说明在银行面临较大资本压力时,延付薪酬的实施使得银行有强烈的动力增加理财产品业务,其原因正如我们前面所提,在当前的监管制度下,理财产品受到的资本监管不足,能帮助银行很好的规避资本监管的压力。 而当银行面临低资本压力时,交互项 Event×Group×Δ$\hat{\pi}$ 的系数均不显著。 这说明,在银行面临资本压力时,延付高管

薪酬政策对银行从事理财业务的驱动作用相当之大。

表 4-15   式(4-9)的一阶差分分组检验结果(2005—2015)——因变量为 ΔIBs

ΔIBs	高资本压力			
	根据均值分组		根据中位数分组	
	(1)	(2)	(3)	(4)
Event×Group	8.2313	6.7552	5.9336	4.8543
×Δ$\hat{\pi}$	(0.8024)	(0.7788)	(0.6614)	(0.6153)
ΔEvent	0.4540	0.6172	0.1618	0.4047
	(0.2962)	(0.4154)	(0.1167)	(0.2999)
控制变量	否	是	否	是
CONS	2.4784***	2.6236***	2.8348***	2.6811***
	4.9679	4.4187	5.978	4.5519
样本量	333	306	420	389
R²	0.0030	0.1471	0.0014	0.1312
F 值	0.5901	7.82***	0.28	9.25***
ΔIBs	低资本压力			
	根据均值分组		根据中位数分组	
	(1)	(2)	(3)	(4)
Event×Group	−0.2688	−0.9616	1.0128	−0.0287
×Δ$\hat{\pi}$	(−0.0406)	(−0.1504)	(0.1442)	(−0.0041)
ΔEvent	1.9870*	−1.2876	2.3990**	−1.1832
	(1.8958)	(−1.1772)	(2.1664)	(−1.0181)
控制变量	否	是	否	是
CONS	2.0593***	−0.5537	1.6658***	−0.5028
	(5.0982)	(−0.8094)	(3.9769)	(−0.6515)
样本量	626	582	539	499
R²	0.0071	0.1709	0.0109	0.1685
F 值	1.81	3.78***	2.41*	3.36***

注:括号中的值为双尾检验的 t 值。*、**、***分别表示在 0.1、0.05 和 0.01 水平下显著。

表 4-15 报告了因变量为 IBs 时式(4-9)的一阶差分分组检验结果,不难看到,无论是否面临资本压力,交互项 Event × Group × Δ$\hat{\pi}$ 的系数均不显

著，但在高资本压力时，交互项 Event × Group × $\Delta\hat{\pi}$ 的系数均为正，且数值高于表 4-10 中相关系数，这在一定程度上说明，在银行面临资本压力时，延付高管薪酬政策对银行从事同业业务的驱动作用更大。

表 4-16　式(4-9)的一阶差分分组检验结果(2005—2015)——因变量为 ΔRWA

ΔRWA	高资本压力			
	根据均值分组		根据中位数分组	
	(1)	(2)	(3)	(4)
Event×Group ×$\Delta\hat{\pi}$	44.0012***	14.3083**	39.2076***	13.3008**
	(4.8135)	(2.0127)	(4.9572)	(2.1151)
ΔEvent	−1.7079	0.6151	−2.3815**	−0.4470
	(−1.5328)	(0.5232)	(−2.4655)	(−0.4090)
控制变量	否	是	否	是
CONS	−0.2970	0.3658	0.0075	0.6933
	(−0.4880)	(0.5563)	(0.0136)	(1.0687)
样本量	441	397	539	490
R2	0.0343	0.3242	0.0317	0.3082
F 值	11.62***	17.39***	12.87***	20.25***
ΔRWA	低资本压力			
	根据均值分组		根据中位数分组	
	(1)	(2)	(3)	(4)
Event×Group ×$\Delta\hat{\pi}$	6.4208	−0.0224	4.6675	−1.8720
	(1.0554)	(−0.0044)	(0.7056)	(−0.3424)
ΔEvent	−1.8458**	0.1639	−1.4557	0.7108
	(−2.0670)	(0.2046)	(−1.4542)	(0.8217)
控制变量	否	是	否	是
CONS	1.1440***	2.8752***	1.0461**	2.5689***
	(2.8555)	(4.9792)	(2.4572)	(4.1607)
样本量	678	633	580	540
R^2	0.0065	0.3742	0.0041	0.3968
F 值	2.25	16.74***	1.12	14.11***

注：括号中的值为双尾检验的 t 值。*、* *、* * * 分别表示在 0.1、0.05 和 0.01 水平下显著。

表 4-16 报告了因变量为 RWA 时式（4-9）的一阶差分分组检验结果，当

银行面临高资本压力时,交互项 Event × Group × $\Delta \hat{\pi}$ 的系数均显著为正,高达 44.0012,远高于表 4-10 中的 20.009,这说明在银行面临较大资本压力时,延付薪酬的实施使得银行的风险加权资产水平大幅提升,其原因正如我们前面所提,由于风险只是被隐匿而并非实际减少,如果风险隐匿失败,则可能体现为总体风险承担的提升。 考虑到 2013 年起我国密集出台了各项有关银行理财业务、同业业务的监管政策,原有的"存量"隐匿风险可能被识别、重新纳入监管,从而体现为总体风险承担的提升。 而当银行面临低资本压力时,交互项 Event × Group × $\Delta \hat{\pi}$ 的系数均不显著,这进一步说明,在银行不面临资本压力时,银行通过降低表内信贷、增加交叉性金融工具以降低资本压力的动机越弱,因此延付高管薪酬政策对银行表内信贷与交叉性金融创新(如资管计划和同业业务等)之间的跷跷板效应的影响更弱。

综上,表 4-10—表 4-16 的结果支持了研究假设 **H4-3a** 和 **H4-3b**。

4.3.4 时间断点回归(RD 设计)

在进行 FRD 时,我们首先绘制了各因变量在政策发布年份 2010 年前后的变化趋势(见图 4-5)。 很明显,2010 年以后,LOAN 和 Credit 呈下降趋势。 相比之下,2010 年之后,WMPs、IBs 和 RWA 呈上升趋势。 这些证据表明,时间不连续点位于 2010 年。

即使薪酬延期的时机部分由银行控制,延期政策的触发作用也十分鲜明。 也就是说,银行高管的薪酬递延主要是在政策出台后,说明递延的时机并不是完全由银行来决定的。 然后用 2SLS 法估计回归模型。 工具变量包括政策实施虚拟变量 R 和交互项 $R \times X$,其中 R 是一个虚拟变量,在 2010 年之后等于 1,否则为 0,X 等于(年份 -2010)。 FRD 结果如表 4-16 所示。 与 DID 以及一阶差分模型检验结果一致,高管延付薪酬与 WMPs、IBs 和 RWA 之间的关系显著为正,而与(无担保)贷款之间的关系显著为负。 本文的假设 **H4-1** 和 **H4-2** 得证,即延付高管薪酬政策的实施将导致银行压缩表内信贷业务、同时增加理财业务和同业业务,最终带来银行总体风险的提升。

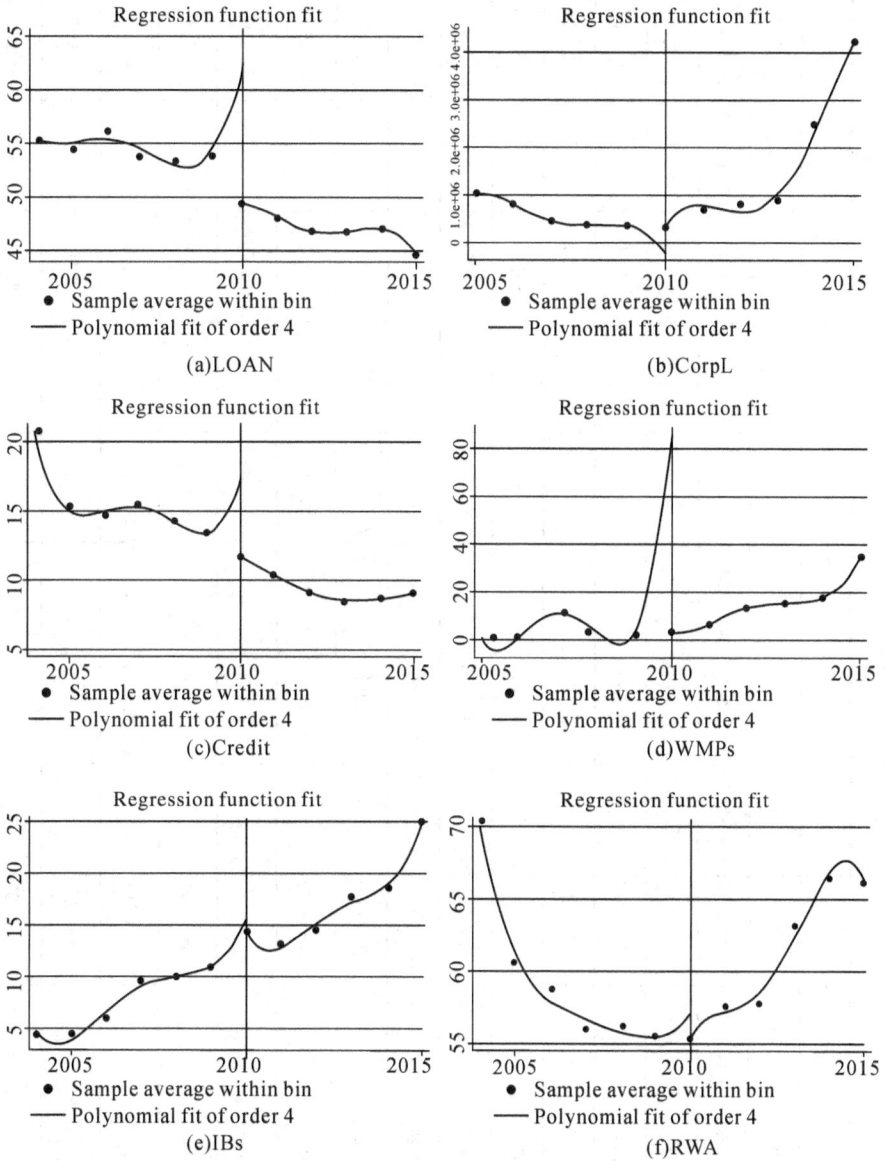

图 4-5　2010 年前后中国银行业风险承担的变化

表 4-17　FRD 回归结果(2SLS)

	Loan		CorpL		Credit		WMPs		IBs		RWA	
	(1)	(2)	(3)	(4)	(5)	(6)	(7)	(8)	(9)	(10)	(11)	(12)
D	-15.711***	-12.492***	4.33e+06***	1.44E+06	-9.423***	-11.291***	32.712***	32.279***	20.639***	15.935***	14.878***	10.977***
	(-12.5)	(-10.2)	(2.769)	(1.336)	(-5.192)	(-6.046)	(9.306)	(8.65)	(11.988)	(8.045)	(8.921)	(6.587)
Gloan		0.044**		-6112.151		0.016		0.005		-0.008		-0.004
		(2.2)		(-0.273)		(0.428)		(0.129)		(-0.261)		(-0.157)
LSR		0.451**		1.59E+05		-0.507		-0.3		-1.257***		-0.088
		(2.165)		(0.762)		(-1.282)		(-0.612)		(-4.817)		(-0.316)
Size		-0.829***		1.24e+06*		2.358***		-1.281**		2.011***		-0.497**
		(-4.322)		(1.81)		(6.398)		(-2.152)		(4.711)		(-2.158)
Lev		0.686***		5.59E+05*		-0.890***		0.444		-0.762***		4.486***
		(4.49)		(1.919)		(-2.951)		(0.735)		(-2.763)		(13.237)
LDR		0.644***		-7.30e+04**		-0.046		0.075		-0.379***		0.198***
		(21.03)		(-2.281)		(-0.998)		(1.093)		(-8.866)		(5.85)
CAR		-0.473***		-2.72e+05*		0.549***		-0.459		0.501***		-2.697***
		(-4.994)		(-1.712)		(3.326)		(-1.393)		(2.954)		(-12.452)

续　表

	Loan		CorpL		Credit		WMPs		IBs		RWA	
	(1)	(2)	(3)	(4)	(5)	(6)	(7)	(8)	(9)	(10)	(11)	(12)
ROE		0.003		2335.011*		−0.006***		−0.006		−0.011*		0.021
		(0.538)		(1.753)		(−2.839)		(−1.294)		(−1.76)		(1.246)
List		1.126	−1.76E+05	−4.99E+04	14.083***	4.440***	−1.489***	0.516	8.930***	−3.984**	55.954***	1.720**
		(1.158)	(−0.627)	(−0.027)	(16.984)	(3.267)	(−3.406)	(0.191)	(16.206)	(−2.387)	(93.938)	(2.087)
Ggdp		0.056		−6.86E+04		−0.231		−0.558**		−0.443***		−0.095
		(0.632)		(−0.437)		(−1.384)		(−2.429)		(−2.959)		(−0.558)
CONS	53.650***	20.409***		−9.53E+06		−7.702		18.016*		19.301***		54.336***
	(141.573)	(5.745)		(−1.034)		(−1.143)		(1.935)		(2.916)		(11.866)
样本量	1487	1272	712	687	757	715	1442	1225	1117	1049	1277	1190
R^2	—	0.517	—	0.0898	—	0.1990	—	—	—	0.1641	—	0.4299
Wald值	3156.25***	1142.14***	7.67**	16.97*	26.96***	432.63***	86.59***	131.40***	143.7***	395.78***	79.59***	807.28***

注：括号中的值为双尾检验的 t 值。*、**、***分别表示在 0.1、0.05 和 0.01 水平下显著。

4.4　进一步研究

在上述基本回归的基础上，我们还进一步进行了以下检验：

4.4.1　高管延付薪酬水平的影响

上述研究中，我们检验了延付高管薪酬政策的实施对银行风险的事前选择——资产配置决策的影响，下面我们进一步检验高管薪酬激励中债权代理成本和股权代理成本的权衡作用对银行资产配置决策的影响。为衡量高管薪酬激励中债权代理成本和股权代理成本的权衡作用，Sundaram and Yermack（2007）、Wei and Yermack（2011）、Cassell et al.（2012）与 Tung and Wang（2012）等文献均在 Edmans and Liu（2011）的理论框架下，用 CEO inside debt/CEO inside equity 来衡量 CEO 薪酬中受债权激励和受股权激励部分的相对强度，其中 CEO inside debt 等于 CEO 养老金的精算现值加上其他延付薪酬，CEO inside equity 等于 CEO 拥有的股权和期权的现值。我国由于历史积淀等种种原因，商业银行并未普遍施行股权激励[①]，现金才是我国银行高管薪酬最主要（甚至唯一）的形式。在现行股份制企业的治理模式下，现金薪酬作为股东（董事会）激励高管的最主要手段，直接影响高管与股东利益的一致性——为了激励高管为股东利益最大化的目标而努力工作，我国银行普遍建立起了"基本薪酬＋绩效薪酬"的薪酬机制（陈学彬，2005；杨大光等，2009；等），其中绩效薪酬与经营业绩完全挂钩。根据高管薪酬的最优契约论，高管薪酬与公司业绩敏感度越高，高管与股东的利益越一致，从而越

[①]　我国仅部分城商行和农商行有高管持股现象，主要来自于银行股份制改造过程中的内部认购。从本文的研究样本来看，仅 31 家银行 CEO 持有本行股份，且 CEO 持股占比普遍偏低，均值仅为 0.098％，最大值也仅为 0.3％（杭州银行）。目前，我国尚未有银行实施股票期权激励。

能减轻股权的代理成本。① 因此，基于我国银行当前薪酬制度特征的考虑，我们对 Sundaram 和 Yermack（2007）等已有文献的做法进行修订，构建延付高管薪酬水平指标 IDEBT_L＝CEO deferred comp/CEO incentive，其中 CEO deferred comp 为财务年度末 CEO 延付薪酬结余之和②，CEO incentive 为财务年度末 CEO 已支付现金薪酬加上 CEO 持有的股份总数×当年股票收盘价（非上市银行则乘以当年每股净资产）。 因此，与 IDEBT 相比，IDEBT_L 指标进一步衡量了高管薪酬中受债权激励和受股权激励大小的权衡，该指标值越大，表明高管与债权人利益的一致性越强，反之则意味着高管与股东利益一致性越强。

关于 CEO deferred comp 的衡量和计算，有两点需要说明：（1）根据《监管指引》的要求，高管薪酬中延期支付的部分是"绩效薪酬"，但有些银行并未详细披露高管薪酬中基本年薪和绩效年薪的构成和比例。 根据 2004 年国资委制定的央企高管薪酬体系以及 2009 年人力资源和社会保障部会同中央组织部、监察部、财政部、审计署、国资委等单位联合下发的《关于进一步规范中央企业负责人薪酬管理的指导意见》，高管薪酬由"基本年薪＋绩效年薪＋中长期激励"3 部分构成，其中绩效年薪与年度经营业绩完全挂钩，以业绩为起算点，绩效年薪平均为基薪的 1.5 倍，最低为 0，最高 3 倍封顶，而对股权激励等中长期激励的配套改革政策还在试行中，仅作了可审慎探索的原则性规定。 因此，本文采用折中的方法，对于公布了高管现金薪酬但没有详细公布基本薪酬和绩效薪酬比例的银行，统一按照 1∶2 的比例计算基薪和绩效薪酬的比例③。 （2）关于高管绩效薪酬延付的比例和期限，有些银行做了详细披露，其中大部分银行都在《监管指引》的框架下，对董事长、CEO（行长）

---

① 虽然高管权力论认为代表股东利益的董事会和股东之间本身也存在代理问题，即存在"监督监督者"问题。不过本文的目的是从债权代理成本视角探讨延付高管薪酬制度，因此我们不考虑董事会与股东内部可能存在的代理问题。

② 根据 Jensen and Meckling（1976）的定义，内部债务包括养老金和延期支付的薪酬，然而，目前我国并未普遍实施激励性的养老金制度，并且也没有详细披露其相关信息，因此我们仅计算延付薪酬。

③ 我们也按 1∶1.5 的比例重新计算基本薪酬和绩效薪酬的比例并进行稳健性检验，发现结果并无实质差异。

和监事长等主要高管的绩效薪酬实行"50％当期兑现，50％延期在 3 年等分兑现"的延期支付方案，少数银行虽然做了些许不同的规定，但与上述方案并无本质区别。 还有部分银行则只在年报中笼统地提及高管薪酬"实行延期支付"，并未具体说明延付的比例和期限。 为了尽可能不损失有效样本，本文采用折中的办法，对于没有明确说明延付比例和期限的银行，根据《监管指引》的规定统一按照"高管绩效薪酬 50％延期在 3 年等分兑现"对各财务年度末 CEO 的"延付薪酬结余"进行测算。①

根据上述方案进行计算后，我们发现，在已经实施延付高管薪酬的银行（IDEBT＝1 时）中，IDEBT_L 的均值为 0.519，最小值为 0.040，最大值为2.000。 考虑到银行的资产配置行为存在明显的动态连续性，我们仅报告了利用上述样本对式（4-2）进行检验的结果，如表 4-18 所示。 可以看到，列（1）和列（3）中 IDEBT_L 的系数显著为负，说明高管延付薪酬水平与银行贷款规模、信用贷款占比负相关，这符合本文的研究假设。 然而，列（2）中IDEBT_L 的系数显著为正，与研究假设的预期相反。 对此我们的解释如下，由于我国银行贷款中企业贷款占很大比重（见表 4-3），为了保证其薪酬考核不受影响，高管可能对原有企业贷款进行展期、追加担保等（这可能是成本更低的做法，毕竟，与企业议价的成本要比与众多个人议价的成本更低），其结果就可能表现为银行账面上企业贷款占比的提升，信用贷款占比下降。 这可能也是延付薪酬对企业贷款占比的影响表现出一定滞后性的原因之一（见表4-9）。 当然，这一解释是否站得住脚，还需要相应数据作进一步的检验。列（4）—列（6）中 IDEBT_L 的系数显著为正，说明高管延付薪酬水平与银行理财业务、同业业务占比以及加权风险资产占比显著正相关，这符合本文的研究假设。 表 4-18 的结果进一步支持了本文的研究假设 **H4-1** 和 **H4-2**，即高管的延付薪酬水平越高时，银行越可能降低其贷款规模和信用贷款占比，同时提高其理财业务和同业业务的规模，最终导致银行的风险加权资产水平增加。

---

① 有些银行虽然没有详细披露高管薪酬的延付比例和期限,但披露了高管"扣除延期支付的薪酬",与按照我们的测算方案计算的结果相比,差距在可接受的范围之内。比如南京银行 2009 年年报公布,扣除延付薪酬后的 CEO(夏平)薪酬为 132 万元,而按照我们的测算方案算出来的值为 131 万元。

表 4-18　延付高管薪酬水平对银行资产配置行为的影响

	Loan	CorpL	Credit	WMPs	IBs	RWA
	(1)	(2)	(3)	(4)	(5)	(6)
Loan(−1)	0.219***					
	(3.871)					
CorpL(−1)		0.598***				
		(17.374)				
Credit(−1)			0.598***			
			(8.912)			
WMPs(−1)				0.591***		
				(17.283)		
IBs(−1)					0.481***	
					(9.384)	
RWA(−1)						0.482***
						(17.374)
IDEBT_L	−1.391**	0.983***	−1.984***	1.293**	2.935***	3.128***
	(−2.092)	(5.309)	(−4.982)	(2.932)	(4.491)	(5.928)
其他控制变量	是	是	是	是	是	是
CONS	28.931***	3.928***	−17.283***	−3.681***	−1.735***	−1.891***
	(7.924)	(5.928)	(−5.492)	(−4.982)	(−8.273)	(−6.099)
样本量	796	472	456	398	592	657
AR(2) P	0.537	0.498	0.485	0.638	0.695	0.692
Sargan P	0.927	0.912	0.897	0.894	0.936	0.891
Sargan P	0.927	0.912	0.897	0.894	0.936	0.891
银行数	101	85	74	76	85	85

注:括号内为双尾检验 z 值。其他同表 4-6。

当然,我们也承认 IDEBT_L 指标本身还存在以下不足:(1)如前所述,部分银行对其高管人员的具体薪酬结构和延付方案等信息均无详细披露,导致我们在计算 IDEBT_L 指标时的可靠性大打折扣;(2)我国银行并未普遍实施股权激励,本文使用"已支付现金薪酬+高管持股"近似的度量高管受股权激励的大小,但这也会降低 IDEBT_L 指标的有效性;(3)《监管指引》只对延付比例和期限做了最低要求,高管延付薪酬水平本身可能也存在内生性问题,即风险偏好可能反过来影响银行选择最低的高管薪酬延付比例和期限。所有这些问题都可能导致我们无法准确地衡量高管薪酬中债权代理成本和股权代理成本的权衡作用及其对银行风险偏好的影响效应,但它无疑具有一定的描述意义。关于这一影响效应的检验,还有待于更高质量数据样本的进一步检验。表 4-18 中其他控制变量与表 4-6 相同,考虑到篇幅,不再一一报告。

4.4.2 政府控股的影响

在讨论新兴市场的银行体系时,政治联系是一个重要问题(Porta and Shleifer,2002;Iannotta et at.,2013;Carvalho,2014)。中国大多数银行都与政府(即国有银行)有着密切的联系,这显著地提高了它们的业绩,并成功度过了 1998 年东南亚金融危机和 2007—2009 年金融危机。在最近的金融危机之后,政治地位高的银行比其同行管理的风险要小。然而,银行的政治等级如何影响延付高管薪酬政策的效应仍是研究空白。

一方面,政府控股银行(无论是中央政府控股银行还是地方政府控股银行)的高管往往由政府任命,具有行政级别,可以在政府官员/企业高管之间变换,这就使得政府控股银行的高管在关注银行经营业绩的同时也关注自己的政治前途。如前所述,我国《监管指引》将资本充足率(即资本监管)放在首位,辅之以不良贷款率、拨备覆盖率、杠杆率等风险指标,即重点约束的是我国银行的传统存贷款业务风险。因此,面临这种监管当局"强制"执行的短期延付薪酬制度的考核压力,政府控股银行的高管更有动力完成相关考核指标,以为自身晋升获得更多机会。此外,高度政府控制的银行普遍高度重视金融稳定,鼓励其高管更多地关注风险控制,而不是提高业绩,从而加强延付高管薪酬政策的效应(Edman and Liu,2011)。

另一方面,长期以来,政府控股银行(尤其是地方政府控股银行)或多或少承担政治目标，具体表现为给政府指定的行业或企业（如政府融资平台、房地产企业或本地利税大户等）提供信贷资金支持等，信贷规模既可以满足政府目标，同时又可以为银行管理者自身获得晋升机会。 如前所述，2010 年信贷政策突然刹车，通过信贷额度配给、资本金约束、贷存比的流动性约束等对信贷采取总量控制方式管理，地方融资平台、房地产行业和产能过剩行业被打入另册，成为银监会限制银行贷款投向领域。 因此，正规信贷系统监管的加强可能刺激金融创新，利用交叉性金融工具将表内信贷绕道转移至表外：（1）为应对竞争、追求利润，银行有动机增加贷款规模，这意味着银行需要突破资本充足率、信贷额度、贷存比等指标的限制；（2）为防止不良贷款率显著上升，商业银行需要继续对受到信贷政策限制的行业或领域（如地方融资平台、房地产行业等）的已开展项目提供后续资金，以避免后者资金链断裂造成大规模坏账，这意味着银行需要突破央行与银监会对信贷投放领域的限制（刘煜辉，2013；张明，2013）。 显然，承担了政治目标的政府控股银行（尤其是地方政府控股银行）在政策收紧前将大量信贷投向了地方融资平台等，在 2010 年信贷政策收紧后，它们显然成为了最有动力将表内信贷转移至表外的银行。综上所述，我们提出假设：

H4-4：控制其他因素时，对于高度政府控制的银行（尤其是地方政府控股银行），延付高管薪酬政策导致银行压缩表内信贷业务、同时增加理财业务和同业业务的影响效应可能更强。

国内商业银行按最终控制人性质可划分为中央政府控股银行、地方政府控股银行和民营控股银行：当最终控制人是财政部、汇金公司和国务院直属的金融控股集团等时认定为中央政府控制，当最终控制人是地方财政、地方国资委、政府投资公司及地方国企等时认定为地方政府控制，当最终控制人是外资、民营企业等时认定为民营控制，三者之间的治理结构存在明显差异（潘敏和张依茹，2013）。 表 4-19 报告了对于政府控股子样本，式（4-9）的一阶差分分组检验结果，其中 Panel A 为政府控股银行子样本，包含了中央政府控股银行和地方政府控股银行，Panel B 为民营控股银行子样本，Panel C 和 Panel D 为政府控股银行子样本的进一步细分，Panel C 为中央政府控股银行子样本，Panel D 为地方政府控股银行子样本。

表 4-19 式(4-9)的一阶差分检验结果(2005—2015)——政府控股子样本

政府控股银行

Panel A	ΔLoan		ΔCorpL		ΔCredit		ΔWMPs		ΔIBs		ΔRWA	
Event× Group	-6.98*	-13.14***	0.13	0.04	-6.22**	-4.93	21.41*	13.67	3.92	6.95	24.19***	8.16
	(-1.75)	(-4.93)	(0.89)	(0.33)	(-1.99)	(-1.5)	(1.89)	(0.87)	(0.6)	(1.15)	(4.1)	(1.64)
ΔEvent	-3.68***	-0.33	-0.05***	0.04	0.46	0.72	-4.13***	-2.05*	1.37	-0.67	-1.86**	0.66
	(-5.14)	(-0.7)	(-3.37)	(1.38)	(0.89)	(1.08)	(-5.6)	(-1.87)	(1.36)	(-0.64)	(-2.25)	(0.86)
控制变量	否	是	否	是	否	是	否	是	否	是	否	是
常数项	-0.40*	0.57	0	-0.02**	0.1	0.04	2.93***	3.77***	2.13***	1.84**	0.16	0.85*
	(-1.71)	(1.07)	(0.02)	(-2.09)	(0.39)	(0.16)	(3.36)	(4.48)	(5.51)	(2.21)	(0.39)	(1.72)
CONS	1017	852	472	472	455	455	974	838	732	685	869	802
R²	0.048	0.574	0.009	0.046	0.007	0.109	0.005	0.018	0.004	0.136	0.018	0.320
F值	16.34***	50.01***	2.17	2.71***	6.97***	10.09***	15.75***	4.63***	1.46	3.41***	8.78***	21.31***

政府控股银行

Panel B	ΔLoan		ΔCorpL		ΔCredit		ΔWMPs		ΔIBs		ΔRWA	
Event× Group	-7.03	-5.35	0.76	0.05	-0.5	2.17	28.63	32.88	-4.77	-0.78	7.81	3.95
	(-0.98)	(-1.23)	(0.7)	(0.05)	(-0.09)	(0.37)	(1.59)	(1.47)	(-0.42)	(-0.07)	(0.64)	(0.42)

续 表

政府控股银行

Panel B	ΔLoan		ΔCorpL		ΔCredit		ΔWMPs		ΔIBs		ΔRWA	
ΔEvent	-2.52**	0.74	-0.12**	-0.09	-1.39	-0.59	-3.46***	-1.02	1.57	1.7	-1.82	0.98
	(-2.53)	(0.96)	(-2.54)	(-1.02)	(-0.9)	(-0.34)	(-3.8)	(-0.64)	(0.9)	(0.83)	(-1.26)	(0.66)
控制变量	否	是	否	是	否	是	否	是	否	是	否	是
常数项	-0.80*	2.50***	0.05	0.03	0.08	1.30*	2.40**	5.22**	2.43***	3.70***	1.43*	5.27***
	(-1.95)	(4.65)	(1.31)	(0.48)	(0.23)	(1.85)	(2.49)	(2.48)	(4.47)	(3.95)	(1.85)	(5.27)
样本量	306	252	113	113	97	97	304	250	227	203	250	228
R²	0.023	0.708	0.016	0.109	0.013	0.169	0.014	0.058	0.007	0.067	0.005	0.561
F 值	3.56***	53.71****	0.45	0.74	3.22**	0.95	8.29***	2.26**	0.59	1.30	1.08	21.78****

政府控股银行

Panel C	ΔLoan		ΔCorpL		ΔCredit		ΔWMPs		ΔIBs		ΔRWA	
Event×Group	-2.00	-8.11	-0.06	-0.07	-19.88***	-17.31**	7.1	4.43	-10.42	-12.97	18.42*	9.16
	(-0.19)	(-1.38)	(-0.8)	(-1.35)	(-3.45)	(-2.53)	(0.52)	(0.26)	(-0.86)	(-1.13)	(1.71)	(0.9)
ΔEvent	-2.42	2.14**	-0.03	0.02**	1.49*	1.59	-1.88	0	-0.64	-2.28	0.87	1.48
	(-1.18)	(2.23)	(-1.18)	(2.22)	(1.95)	(1.58)	(-1.54)	(0)	(-0.45)	(-1.25)	(0.75)	(1.16)
控制变量	否	是	否	是	否	是	否	是	否	是	否	是
CONS	0.07	1.41**	0	0	1.21***	0.08	2.24**	-1.33	1.56*	-0.19	0.22	0.9
	(0.09)	(2.09)	(-0.72)	(-0.89)	(3.12)	(0.13)	(2.53)	(-0.63)	(1.92)	(-0.15)	(0.33)	(1.02)

续 表

Panel C	ΔLoan		ΔCorpL		ΔCredit		ΔWMPs		ΔIBs		ΔRWA	
	政府控股银行											
样本量	143	135	109	109	106	106	136	130	125	120	135	133
R²	0.017	0.725	0.052	0.764	0.123	0.222	0.005	0.127	0.010	0.174	0.030	0.488
F值	0.70	43.10***	0.76	120***	6.46***	9.38***	1.24	1.83*	0.61	5.99***	3.66**	39.12****

Panel D	ΔLoan		ΔCorpL		ΔCredit		ΔWMPs		ΔIBs		ΔRWA	
	政府控股银行											
Event×Group	−10.19**	−12.55***	0.18	0.02	−1.92	−0.14	17.35	11.43	6.79	11.73*	17.53***	5.36
	(−2.3)	(−4.26)	(0.97)	(0.19)	(−0.52)	(−0.04)	(1.1)	(0.53)	(0.9)	(1.7)	(2.59)	(0.94)
ΔEvent	−3.25***	−0.23	−0.06***	0.05	0.22	0.56	−4.72***	−2.53*	1.56	−0.35	−2.10**	0.43
	(−4.02)	(−0.44)	(−3.28)	(1.26)	(0.35)	(0.69)	(−5.3)	(−1.85)	(1.33)	(−0.3)	(−2.19)	(0.48)
控制变量	否	是	否	是	否	是	否	是	否	是	否	是
CONS	−0.46*	0.2	0	−0.02*	−0.28	−0.31	3.87***	4.79***	2.32***	2.01**	0.82*	1.17**
	(−1.77)	(0.39)	(0.16)	(−1.71)	(−0.89)	(−0.92)	(2.96)	(3.75)	(5.22)	(2.51)	(1.78)	(2.2)
样本量	706	634	346	346	366	366	699	631	593	554	638	602
R²	0.053	0.565	0.007	0.132	0.001	0.049	0.005	0.022	0.006	0.175	0.0134	0.354
F值	11.88***	56.16***	7.06***	2.76***	0.18	6.70***	14.06***	3.64***	1.76	5.51***	4.55***	21.33*** *

注:括号中的值为双尾检验的 t 值。*,**,***分别表示在 0.1,0.05 和 0.01 水平下显著。

从表 4-19 中 Panel A 和 Panel B 的比较可以看到，在延付高管薪酬政策的实施下，政府控股银行的跷跷板效应更加显著，民营控股银行的跷跷板效应几乎不存在，这初步证实了本文的研究假设 **H4-4**，即：一方面，政府控股银行的高管由于受政府任命，考虑到职业晋升，其更有动力进行银行的风险管理（至少从延付薪酬政策的相关考核指标来看）；另一方面，政府控股银行普遍高度重视金融稳定，鼓励其高管更多地关注风险控制。因此，对基于风险控制的延付高管薪酬政策反应可能更加积极。

从表 4-19 中 Panel C 和 Panel D 的比较可以看到，延付高管薪酬政策对地方政府控股银行的降低贷款规模、提高理财产品和同业业务的跷跷板效应更加显著，这进一步证实了本文的研究假设 **H4-4**，即地方政府控股银行是受 2010 年信贷收紧政策影响最大的群体，因为其所处的环境，地方政府控股银行的信贷大量投向了 2010 年信贷收紧的行业和企业，因此也就最有动力将表内信贷通过交叉性金融工具绕道到表外，以规避监管当局的监管。对于中央政府控股银行而言，其信用贷款规模占比下降非常显著，而其他变量并不显著。为了探明为何出现这种情形，我们进一步对中央政府控股银行、地方政府控股银行和民营控股银行的相关指标进行分组统计分析，结果发现，2010 年中央政府控股银行的信用贷款占比非常高，其均值和中位数分别为 23.454 和 26.648，而地方政府控股银行和民营控股银行的信用贷款占比的均值（中位数）分别为 10.745（6.605）和 7.543（1.054），对各组均值（中位数）分别进行 T 检验（Mann-Whitney 检验），结果发现，中央政府控股银行组与地方政府控股银行/民营控股银行在信用贷款占比上存在显著差异。因此，对于中央政府控股银行为何在延付高管薪酬后显著降低了信用贷款占比，也就显而易见了。Panel C 的检验结果也说明，延付高管薪酬政策对银行风险有显著的抑制作用，但由于不同于地方政府控股银行所处的环境，因此不存在表内信贷和交叉性金融工具之间的跷跷板效应。

4.4.3　高管年龄的影响

银行的风险偏好除了受到公司治理、高管激励和文化政治背景等多种因素的影响以外，还受到高管个人特征包括年龄、性别和性格等方面的影响。

其中，年龄具有可观测性。孔子在《论语·为政》中自我评价道："吾十有五而至于学。三十而立，四十而不惑，五十而知天命，六十而耳顺，七十而从心所欲，不逾矩。"这表明人生处于不同年龄阶段，心理、生理等都具有不同表现。不同年龄的人因其所处的家庭和时代环境不同，对银行资产配置/投资决策的风险态度也必然有所不同。然而，高管年龄如何影响延付高管薪酬政策的效应仍是研究空白。

一方面，行为金融理论认为，年龄变化所带来的个人心理和生理行为的变化将会影响公司投资融资行为。当 CEO 处于年轻气盛阶段时，更容易表现出过度自信心理（Kovalchik et al.，2005；Forbes，2005）和冒险求进精神，在对待风险较高的投资决策时所表现出的态度往往更加积极。如 Malmendier and Tate（2008）和 Hirshleifer et al.（2012）实证结果表明过度自信的 CEO 更可能从事并购活动和投资高风险项目，Li et al.（2018）的实证结果发现，年轻的 CEO 在投资时更偏好进入新的领域和退出现有投资领域以实现企业增长。随着年龄增长，人的精力会下降（Roberts and Rosenberg，2006），越来越偏好安静的生活（Bertrand and Mullainathan，2003）。杨志海等（2014）以中国创业板上市公司为样本，实证研究发现公司实际控制人年龄处于 45 岁以下时，年龄变量与并购发生概率呈正向关系，而当年龄处于 45 岁以上时，两者之间关系反转。

另一方面，职业晋升理论则认为，相比年长的管理者，年轻的 CEO 尚未建立起行业内的声誉和社会上的地位，出于对自身职业生涯的考虑，他们往往更倾向于选择风险规避，采取更加稳定和保守的投资策略。此外，根据人力资本理论（Schultz，1979），随着年龄增长，CEO 的知识技能积累越多，经验阅历越丰富，社会地位越高，因此，年长的 CEO 在面对风险性投资决策时往往更加风险偏好，更有意愿也更有能力去承受高收益同时可能带来的高风险。

因此，高管年龄如何影响延付高管薪酬政策对银行风险的事前选择的效应，是一个实证问题。具体到本文的研究，我们根据样本中 CEO 年龄的中位数（49 岁）将样本分组，当高管年龄高于 49 岁时，为高龄子样本组；当高管年龄小于等于 49 岁时，为低龄子样本组。

表 4-20　式 (4-9) 的一阶差分检验结果 (2005—2015) ——高管年龄子样本

Panel A　CEO 高龄组 (高于中位数 49)

Panel A	ΔLoan		ΔCorpL		ΔCredit		ΔWMPs		ΔIBs		ΔRWA	
Event×Group	-1.38	-14.70***	-0.02	-0.17	-11.83**	-11.41*	29.29***	30.70***	-21.64	-21.93	17.06**	0.41
	(-0.21)	(-3.29)	(-0.07)	(-0.36)	(-2.08)	(-1.88)	(3.43)	(3.12)	(-1.59)	(-1.64)	(2.05)	(0.06)
ΔEvent	-3.70***	-0.58	-0.07*	0.06	0.05	0.11	-4.46***	-3.69**	0.61	-0.51	-1.61	-0.23
	(-2.98)	(-0.79)	(-1.91)	(0.68)	(0.07)	(0.1)	(-4.44)	(-2.42)	(0.33)	(-0.26)	(-1.27)	(-0.22)
控制变量	否	是	否	是	否	是	否	是	否	是	否	是
常数项	-0.91*	0.33	0.04	-0.03	0.45	0.57	2.06***	2.83***	3.69***	4.06***	0.49	1.11*
	(-1.77)	(0.71)	(1.19)	(-0.69)	(0.89)	(1.03)	(2.99)	(2.84)	(3.46)	(2.99)	(0.73)	(1.84)
样本量	332	273	174	174	187	187	315	268	237	217	274	257
R^2	0.040	0.583	0.003	0.172	0.029	0.049	0.022	0.061	0.014	0.130	0.015	0.459
F 值	4.79***	21.88***	2.25*	0.69	2.20	13.03***	10.12***	4.85***	1.27	1.43	2.37*	18.20***

Panel B　CEO 低龄组 (小于等于中位数 49)

Panel B	ΔLoan		ΔCorpL		ΔCredit		ΔWMPs		ΔIBs		ΔRWA	
Event×Group	-10.72*	-16.87***	0	-0.09	-11.97**	-6.32	10.63**	2.47	-24.88***	-20.65**	29.24***	20.10*
	(-1.91)	(-4.37)	(-0.01)	(-0.69)	(-2.3)	(-1.23)	(2.17)	(0.32)	(-2.61)	(-2.24)	(2.66)	(1.83)

Panel B		ΔLoan		ΔCorpL.		ΔCredit		ΔWMPs		ΔIBs		ΔRWA	
		CEO高龄组(高于中位数49)											
ΔEvent		−4.06***	0.64	−0.08***	−0.01	−0.17	0.29	−3.68***	−0.23	3.92**	0.83	−1.59	1.64
		(−3.23)	(1.15)	(−2.8)	(−0.63)	(−0.26)	(0.29)	(−4.41)	(−0.13)	(2.58)	(0.57)	(−1.44)	(1.37)
控制变量		否	是	否	是	否	是	否	是	否	是	否	是
CONS		−0.11	3.42***	0.01	0	0.98*	1.46*	2.97***	6.23***	4.36***	0.27	−0.85	2.02*
		(−0.24)	(7.61)	(0.33)	(0.26)	(1.97)	(1.93)	(3.89)	(3.93)	(5.65)	(0.22)	(−0.86)	(1.97)
样本量		410	346	160	160	187	187	399	341	319	290	351	318
R^2		0.067	0.731	0.012	0.057	0.023	0.147	0.007	0.134	0.034	0.231	0.026	0.401
F值		8.14***	39.63***	4.11**	19.71***	2.85*	13.18***	9.99***	1.94**	5.50***	3.78***	3.96***	18.21***

注：括号中的值为双尾检验的 t 值。*、**、*** 分别表示在 0.1、0.05 和 0.01 水平下显著。

表 4-20 报告了对于高管年龄子样本，式（4-9）的一阶差分分组检验结果，其中 Panel A 为 CEO 高龄银行子样本，Panel B 为 CEO 低龄银行子样本。 从 Panel A 可以看到，在延付高管薪酬政策的实施下，年长的 CEO 更偏好将表内银行贷款转移至理财业务，同时显著降低其信用贷款占比，但其总体风险水平（RWA）并未明显提升。 Panel B 则表明，在延付高管薪酬政策的实施下，年轻的 CEO 同时显著降低了其表内信贷业务和同业业务，理财产品则没有显著提升，但其总体风险水平（RWA）却明显提升。 这一实证结果很有意思：年长的 CEO 更有经验，更了解如何与监管当局博弈，在大幅提升了其理财业务水平的同时，却不提高其总体风险水平，从而在一定程度上支持了人力资本假说；而年轻的 CEO，在延付高管薪酬实施后，在总体风险水平提高的同时，显著降低了其信贷水平和同业业务，本文认为这可能是由于年轻的 CEO 考虑到其职业晋升，在延付高管薪酬的压力下大幅压缩监管当局重点管控的领域，这在一定程度上支持了职业晋升理论。

4.5　本章小结

本章主要从银行风险的事前选择——资产配置视角，研究我国银行高管薪酬延期支付的政策效应。 这一研究的传统思路是通过比较高管薪酬延期支付前后我国银行资产配置风险的变化情况，从而可以大致判断高管薪酬延期支付对于后者的影响。然而，这一研究思路存在两个困难：（1）高管薪酬延期支付可能存在自我选择效应（内生性），即银行的风险偏好可能反过来决定高管薪酬是否延期支付。 在 2010 年银监会《监管指引》出台以前，就有银行主动选择高管薪酬延期支付，而在《监管指引》出台以后，也并非所有银行都（同时）开始实施高管薪酬延付方案，从而说明了高管薪酬延期支付可能存在一定的自选择效应。 为了处理高管薪酬延期支付与银行风险管理的内生性问题，本章采用 Rosenbaum and Rubin（1983）提出的倾向评分匹配方法（Propensity Score Matching，PSM），从资本充足率、贷款损失准备金率等多个配对指标对高管薪酬延期支付的自选择效应进行控制。 （2）银行的风险承担可能受外部经济环境、企业行为等银行外部因素的影响，这些外部影响因素可能是不可观测的。 在传统思路的做法下，如果我们发现高管薪酬延期支付之后银行风险显著下降，我们难以断定这一结果究竟是来自于高管薪酬的延期支付，还是受到了宏观经济或银行其他行为的影响。为了有效识别高管薪酬延期支付对银行风险管理影响的净效应，本章采用双重差分法（Difference In Difference，DID）来处理这些宏微观层面因素对银行风险偏好的影响。

此外，由于 2010 年《监管指引》的延付薪酬政策冲击并未强制要求延付实施的期限，因此，这一政策冲击可能带来两种效应：一种是政策的真正实施效应，即银行实施了延付后对经理人决策行为的冲击；另一种是政策实施的预期效应，即 2010 年政策颁布后，银行高管会由于政策的颁布产生延付即将发生的预期心理进而影响其决策行为。理论上，两种效应都切实存在。如果是以第一种效应为主，那么 PSM-DID 能够很好地侦测这一效应。但第一个效应是否为主效应呢？这里还存在一个内生性的隐忧（也即内在的预期效应）：银行实施延付，并不只是因为政策冲击，可能是在政策刺激下，那些风险偏好较低的银行经理人更容易（更早）实施延付。如果这种情况存在，那么 PSM-DID 可能仍然存在内生性问题。因此，我们在 Bertrand and Mullainathan（2003）的基础上，进一步建立差分（DID）方法，来解决这一潜在的内生性问题。最后，我们还采用断点回归模型进行了相关检验。

无论是通过面板数据模型，还是通过 PSM-DID 模型、一阶差分模型和断点回归，本章的检验结果均显示，控制其他因素时，延付高管薪酬政策将导致银行压缩表内信贷业务、同时增加理财业务和同业业务，最终带来银行总体风险的提升。我们还通过构建延付高管薪酬水平的相关指标，结果也发现，高管的延付薪酬水平越高时，银行越可能降低其贷款规模和信用贷款占比，同时提高其理财业务和同业业务的规模，最终导致银行的风险加权资产水平增加。

我们还进行了一系列的分组检验，结果发现：（1）资本压力。对于资本压力较大的银行，控制其他因素时，延付高管薪酬政策导致银行压缩表内信贷业务、同时增加理财业务和同业业务的影响效应更强；反之则相反。（2）政府控股。对于高度政府控制的银行（尤其是地方政府控股银行），延付高管薪酬政策导致银行压缩表内信贷业务、同时增加理财业务和同业业务的影响效应更强。（3）高管年龄。延付高管薪酬政策对银行风险事前选择的效应显著受到了高管年龄的影响，高管受年龄的影响，在银行的资产配置上会出现不同的偏好，延付高管薪酬政策的效应也有明显不同。

5

递延高管薪酬与银行风险的事后表现^①

从已有关于银行风险管理的研究来看，国内外理论研究主要侧重于资产配置角度（即风险的事前选择），而很少同时考虑风险的事中控制和事后表现，这与银行风险管理的实际决策过程有一定差距；实证研究则恰好相反，对风险的衡量侧重于总体的风险状况，如国外文献中要么以市场为基础采用 β 值（利用 CAPM 公式获得）或普通股票收益波动率，要么以财务指标为基础采用 Z 指标或杠杆率，关注财务稳健性即离破产的距离，国内文献则简单地采用不良贷款率或总资产收益率等。这些指标都是风险事后的综合反映，不能衡量风险的事前选择和事中控制，而且总体性指标包含的影响因素太多。在上一章中，我们已经从银行风险的事前选择——资产配置决策视角探讨了递延高管薪酬的政策效应，接下来，我们将从银行风险的事后表现视角研究递延高管薪酬的政策效应，具体而言，主要从银行盈余管理、股利分配两个维度进行。

---

① 本章部分内容分别发表于《经济学家》2014 年第 12 期和《中国工业经济》2016 年第 11 期。

5.1 递延高管薪酬与银行盈余管理

盈余管理是指银行高管为降低来自当局的监管约束或来自市场参与者的市场约束，有目的地控制对外盈余信息披露的行为：当银行实际损失超过预期损失时，可有意计提较少的贷款损失准备（Loan Loss Provision，LLP），以避免报告盈余的迅速降低，反之则相反，最终达到平滑盈余（收益）的目的。因此，从某种程度上来说，盈余管理动机是银行风险承担水平的事后表现：银行风险承担水平越高，在财务上可能表现为更大的收益波动性（Beaver et al.，1970；Gebhardtet al.，2001），进而银行进行盈余管理的动机越强；而如果延付高管薪酬能有效约束银行风险承担，则可能表现为银行收益波动性的缓解，进一步地，银行进行盈余管理的动机减弱。

5.1.1 理论分析及研究假设

5.1.1.1 银行中股东-债权人利益冲突与高管延付薪酬（内部债务）

股东-债权人之间的利益冲突源于双方不同的支付结构。债权人获得企业现金流的固定收益，股东承担有限责任，却获得企业现金流的剩余收益。因此，债权人希望企业的违约风险更低，而股东谋求其价值最大化——有时候甚至以债权人利益为代价。Jensen and Meckling（1976）和 Galai and Masulis（1976）提出，有限责任的股东能够通过选择风险项目而从债权人身上攫取价值。这种股东和债权人之间的利益冲突被称为资产替代。Myers（1977）则提出，由于投资收益的一部分归于债权人，杠杆企业的股东有放弃净现值为正的项目的激励，这种冲突被称为投资不足。因此，企业资本结构中的债务被认为是无效率的源泉，通常被称为债务的代理成本。

由于高杠杆率以及政府存款保险的存在，股东-债权人的利益冲突在银行业尤为严重。首先，与非银行企业相比，银行有非常高的债务-权益比，银行股东因此有着更强的风险转移激励（Keeley and Furlong，1990；Bebchuk and

Spamann，2010；John et al.，2010）。 其次，为防止银行破产引发系统性风险，各国都不同程度地建立了诸如存款保险制度、以中央银行作为贷款人的"最后贷款人"制度和对资不抵债银行的救助制度等金融安全网，这更会诱导股东对风险项目的偏好（Dewatripont and Tirole，1994；Hovakimian and Kane，2000；Freixas and Rochet，2008；Dam and Koetter，2012）。

正如 Tirole（2006，P.56）在其经典的《公司金融》教科书中提到"经济学家常常断言……管理层应当着眼于股东财富最大化"，银行股东受利益驱使，倾向于选择相对于社会合意水平或帕累托最优水平而言风险更高的投资，并因而通过高额奖金（现金）或股权激励等增大薪酬凸性的高管薪酬激励方案，设计诱使高管更激进且易于冒险（Ross，2004；Cheng et al.，2010）。 因此，John and John（1993）提出，高管薪酬契约的设计不应只考虑股东-高管的代理问题，还应考虑股东-债权人之间的代理问题。 特别地，他们提出高管薪酬基于股东财富的敏感性应随着企业杠杆比例的提升而下降，目的是减轻高管的风险转移激励——进一步减轻债务的代理成本。 John et al.（2000）提出，对银行而言，高管与股东利益的一致性越强，薪酬-绩效敏感度越高，高管的风险转移激励就越强。 他们建议在制定存款保险费率时将高管基于股权激励的薪酬因素考虑进去，并指出对高管基于股权激励的薪酬进行监管比仅仅通过资本监管来阻止银行风险承担更加有效。

Jensen and Meckling（1976）和 Edmans and Liu（2011）则提出，在高管薪酬契约中设置类似债务的薪酬能有效减轻股东-债权人的利益冲突，如养老金和延期支付的薪酬，并称之为"内部债务"[①]。 最近的实证研究文献支持了他们的论断，这些研究发现相对于其获得的来自股权激励的薪酬，高管持有相当数量的内部债务更能够抑制股东的道德风险行为，从而保护债权人利益。最早开始进行类似研究的文献中，Sundaram and Yermack（2007）发现 CEO 持有越多的内部债务，越会以降低违约风险的方式经营企业。 Gerakos（2007）证明了 CEO 养老金与企业信用评级之间的正相关关系，意味着信用

---

① 其重要特征是，它在高管职业生涯中延期支付，且具有未受保护的特性——如果企业宣布破产，则所有金额的求偿权都次于债权人。

评级机构相信 CEO 获得越多养老金的企业其违约风险水平更低。 Chava et al. (2010)、Chen et al. (2010)和 Anantharaman et al. (2013)检验了 CEO 内部债务对企业债务契约的影响,发现内部债务比率与更低的债务融资成本以及更少的限制性条款相关,这意味着债权人将内部债务视为薪酬中能减轻高管风险承担激励的部分。 Wei and Yermack (2011)发现 2007 年高管延付薪酬信息披露之后,债券价格有着正向反应,而股票价格有着负向反应。 Tung and Wang (2011)利用 82 家银行 CEO 的样本数据研究发现,CEO 内部债务水平与银行个体风险以及对高风险证券的投资水平负相关。 Belkhir and Boubaker (2013)发现高管内部债务水平与银行利用利率衍生品进行风险对冲的程度正相关。 Bennett et al. (2015)发现 CEO 激励与债权人利益越一致,银行的违约风险越低。

5.1.1.2 银行风险承担的度量:收益波动性与盈余管理动机视角

银行风险承担可以从多个方面进行度量。 纵观现有研究,衡量银行风险的方法主要可以分为 3 类:(1)破产风险法,此法侧重于衡量银行可能存在的破产风险,主要指标有 Z 分值、收益波动性、预期违约概率等,如 Gebhardt et al. (2001)、Laeven and Levine (2009)、Houston et al. (2010)、Altunbas et al. (2014)等的研究;(2)市场法,此法侧重于投资者关注的收益-风险角度,沿用资本资产定价模型并考虑银行特有的利率风险,将市场中的总风险、系统性风险和非系统性风险作为银行风险的代理变量,如 Anderson and Fraser (2007)、Chen et al. (2006)、Pathan (2009)等的研究;(3)资本充足法,此法从资本充足率公式出发,将该公式的分子或分母部分单独列出作为银行风险的代理变量,主要指标有资本资产比率、加权风险资产比率及不良贷款率等,如 Shrieves and Dahl (1992)、Jacques and Nigro (1997)、De Nicolò et al. (2011)、Delise and Kouretas (2011)等的研究。

从高管延付薪酬(内部债务)对银行风险承担的影响机理来看,内部债务主要是通过增强高管-债权人利益的一致性,来抑制或降低高管/股东以债权人利益为代价的过度冒险行为,而其中的关键就在于内部债务具有的"未受保护"的重要特性——如果企业宣布破产，高管对其内部债务的求偿权次于企业债权人。因此，现有关于高管内部债务的实证研究主要基于破产风险法来衡量银行风险承担，并发现内部债务水平与银行破产风险负相关，如 Sundaram and Yermack（2007）、Gerakos（2007）、Tung and Wang（2012）、Belkhir and Boubaker（2013）和 Bennett et al.（2015）等的研究。也有一些文献基于市场法，从债权人的收益-风险视角衡量银行风险承担，发现高管内部债务水平越高，债权人要求的风险溢价越低，如 Chava et al.（2010）、Chen et al.（2010）、Anantharaman et al.（2013）和 Wei and Yermack（2011）等的研究。

然而，鲜少有文献从收益波动性及盈余管理动机视角来衡量银行风险承担。Gebhardt et al.（2001）研究中的证据表明，收入的波动性和可预期性是解释隐含风险溢价截面差异的关键变量①，而银行一贯有更高的隐含风险溢价。在评估企业价值时，报告盈余的波动性也被视为企业风险的根源。另外，Barth et al.（1995）也指出，收益波动性能捕捉企业现金流的主要风险，收益波动性越高的企业被认为风险越高。因此，如果银行的风险承担水平越高，则财务上可能表现为更大的收益波动性。而在以会计盈余为基础的薪酬激励机制下，收益波动性更高的银行经理将有更强的动机来平滑收益。其基本逻辑是：有效的高管薪酬激励应建立在业绩基础之上，以激励高管无论外部环境好坏都为提高银行业绩做出努力；然而正由于高管薪酬激励以会计盈余为基础，从而可能产生高管操纵盈余的动机。如 Cornett et al.（2009）以美国银行持股公司为研究对象，发现 CEO 的薪酬-绩效敏感度与银行盈余管理行为之间正相关，Cheng et al.（2011）发现银行业中高管股权激励与盈余管理之间的正相关关系。因此，盈余管理动机在某种程度上可以视为银行风险承担水平的事后表现：银行风险承担水平越高，在财务上可能表现为更大的收益波动性，进而高管进行盈余管理的动机越强。

银行 LLP 非常适合于研究银行财务报告行为中的操控行为，因为银行在

---

①　Gebhardt et al.（2001）将隐含风险溢价定义为隐含资本成本与名义无风险利率之差。

LLP 上有着相当的自由裁量权，从而使得银行在利用 LLP 进行盈余平滑上有着较大的弹性[①]。 Laeven and Majnoni（2003）、Bikker and Metzemakers（2005）、Bouvatier and Lepetit（2008）、段军山等（2011）、梁琪等（2012）、陈雯靓和吴溪（2014）等均发现，银行 LLP 与报告盈余之间显著正相关，即银行存在明显利用 LLP 进行盈余管理的动机：当银行实际盈余水平较低时，有意低估信贷组合预期损失以计提较少的 LLP，从而提高报告盈余的水平；相反，当银行的实际盈余水平较高时，有意高估信贷组合预期损失以计提较多的 LLP，从而降低报告盈余的水平，最终达到平滑盈余的目的[②]。

5.1.1.3　研究假设

根据前面的理论分析，我们推断，延付高管薪酬能减轻股东-债权人的利益冲突，诱使高管选择更低的风险投资或经营策略，这一更低的风险承担水平将导致更低的收益波动性。 因此，本文提出假设：

H5-1：控制其他因素时，延付高管薪酬将导致银行更低的收益波动性。

在 **H5-1** 的基础上，我们进一步推断，银行的收益波动性越低，则高管进行盈余平滑的动机越弱。 换句话说，延付高管薪酬可能减轻银行通过 LLP 进行盈余管理的动机。 因此，本文提出假设：

H5-2：控制其他因素时，延付高管薪酬能降低银行通过 LLP 进行盈余管理的动机。

---

① 早期研究已经发现，银行高管对 LLP 进行自由裁量管理的动机除了盈余管理动机以外，还有信号传递动机和资本管理动机等。其中信号传递动机是基于：(1)银行拥有关于其信贷资产及风险的私有信息，外部人只能通过银行对 LLP 的提取状况来判断银行未来盈余及风险变化的信息；(2)LLP 被投资者视为银行财务实力的信号，即 LLP 水平越高，银行未来抵御风险冲击的能力越强。因此，当银行有动机向外界传递积极信号时，可能计提更多的 LLP。LLP 的资本管理动机则是基于：当前的资本充足率监管要求规定"当一般准备不超过风险加权资产的 1.25% 时，按规定可计入银行的附属资本(二级资本)"。这意味着，当一般准备不超过给定限额时，每多计提 1 单位的一般准备将减少"1-税率"单位的一级资本，增加 1 单位的附属资本，从而总资本增加"1×税率"个单位。因此，当银行的资本充足率水平较低(压力较大)时，可能计提更多的 LLP。

② LLP 中的专项准备和特种准备作为一项成本支出在税前抵扣，可以影响银行的当期报告盈余，其会计处理为：借记"营业费用——贷款损失准备"，贷记"贷款损失准备——专项(特种)准备"。

5.1.2 研究设计

本文以 2010 年《监管指引》的出台作为延付高管薪酬政策的起始点，考察期为 2009—2015 年，使用依托于"准自然实验"的 PSM-DID 法对延付高管薪酬的政策效应进行评估。相对于国外已有内部债务的实证文献主要采用的代理变量法，这一方法的优点在于较好地避免了延付高管薪酬政策作为解释变量所存在的内生性问题，或者确切地说是控制了因变量和解释变量之间的相互影响效应，同时剔除了其他因素的干扰而有效识别了延付高管薪酬对银行风险承担的净影响效应。

PSM-DID 分析分为两步，首先是倾向得分匹配（PSM），然后是双重差分估计（DID）。

5.1.2.1 倾向得分匹配(PSM)

与第 4 章相同，PSM 处理时，选择两类银行作为分析对象：其一为"2009 年未实施延付高管薪酬，但从 2010 年开始实施延付高管薪酬的银行"，称为处理组；其二为"2009—2015 年始终未实施延付高管薪酬的银行"，称为对照组。本文采用 Rosenbaum and Rubin（1983）提出的 PSM 法，从资本充足率（CAR）、不良贷款率（NPL）、贷款损失准备金率（LSR）、拨备覆盖率（PCR）、杠杆率（Lev）、权益收益率（ROE）、资产收益率（ROA）和贷存比（LDR）等 8 个可观测变量（相关定义详见表 5-1）对处理组和对照组进行匹配，可观测变量的数值时期均为滞后一期即 2009 年。

PSM 思想源于匹配估计量，其基本思路是在对照组中找到某个银行 j，使得 j 与处理组中银行 i 的可观测变量尽可能相似（匹配），即 $x_i = x_j$。基于可忽略性假设，则银行 i 和银行 j 实施延付高管薪酬的概率接近。不过，直接配对的方法有局限性：配对变量数目太多意味着要在高纬度空间进行匹配，可能遇到数据稀疏的问题，即很难找到与 x_i 相近的 x_j 与之匹配；配对变量数目太少又可能产生不合适的对照组银行。PSM 法根据多维配对指标进行概率 p 的计算并将处理组和对照组银行间 p 值的相近度对两者进行配对，概率 p 是一维变量，且取值介于［0，1］之间，从而可以较好地解决上述问题。 这样，经 PSM 后的处理组和对照组在 2010 年初具有（基本）一致的银行特征，具有可比性，便可以通过 DID 比较两者在 2010—2015 年的差异以检验延付高管薪酬政策的净影响效应。

5.1.2.2 双重差分法（DID）

与第 4 章相同，为进行 DID 检验，我们设置分组虚拟变量 Group，对经 PSM 处理后获得的处理组定义 Group＝1，对照组则定义 Group＝0；同时，设置时间虚拟变量 Event，2010 年时 Event＝0，其他年份（2011—2015 年）时 Event＝1。 基于 DID 法的回归模型设定如下：

$$\text{Earnings Volatility}_{it} = \delta_0 + \delta_1 \text{Group}_{it} + \delta_2 \text{Event}_{it} + \delta_3 \text{Group}_{it} \text{Event}_{it} + \alpha X_{it} + c_t + c_i + \varepsilon_{it} \tag{5-1}$$

式中，$\text{Earnings Volatility}_{it}$ 衡量银行 i 在第 t 期的收益波动性，包含以下 4 个维度：（1）信贷业务是银行的核心业务，净息差（Net Interest Margin，NIM）是衡量银行信贷业务收入的关键指标[①]。 我国自 1998 年启动人民币贷款利率市场化改革以来，2002—2004 年贷款利率上浮幅度历经 30％、50％、70％直至完全放开，意味着商业银行可根据贷款对象和具体业务的风险状况自主定价。 银行对风险的偏好越强，则可能选择更多更高风险的信贷项目，从而导致其净息差波动率更大。 因此我们首先用 VNIM（净息差波动率）来衡量银行在核心业务上的收益波动性。 （2）除了信贷业务以外，银行在其他业务上也可能是有风险的，比如它们可能在投资方面非常进取，从而导致总体经营收益的波动性更大。 因此我们用税和贷款损失准备前利润（Earnings Before Tax and Provision，EBTP）的波动率 VEBTP 来衡量银行总体经营收入的波动性。 （3）我们还用净收益（Return On Asset，ROA）的波动率 VROA 来衡量银行净收益的波动性。 （4）最后，借鉴 Laeven and Levine（2009）、Houston et al.（2010）等已有文献的做法，我们用 ZSCORE 来衡

---

① 净息差等于"利息净收入/平均生息资产"，该指标值愈高，反映银行获利能力愈强。需要说明的是，我国部分银行并未详细披露生息资产相关数据，故本文用"利息净收入/平均总资产"来衡量 NIM。

量银行的总体财务稳健性，ZSCORE 值越高，意味着银行离破产的距离越远、经营越稳定。X 是一组随时间变化的可观测的影响银行收益波动性的控制变量，遵循先前学者的一般做法，X 包括贷款增速（Gloan）、贷款损失准备金率（LSR）、银行规模（Size）、杠杆率（Lev）、贷存比（LDR）、资本充足率（CAR）[①]、权益收益率（ROE）[②]、是否上市（List）、经济周期（Ggdp）等变量。c_t 是年度固定效应。c_i 是非观测效应，控制随时间不变的不可观测因素。ε_{it} 是随机误差项，代表因银行因时而变且影响因变量的非观测扰动因素。相关变量定义详见表 5-1。

从式（5-1）不难看出，对于对照组银行（Group＝0），延付高管薪酬实施年份前后的收益波动性分别是 δ_0 和 $\delta_0 + \delta_2$，因此，不受延付高管薪酬政策影响的银行在延付薪酬实施年份前后的收益波动性差异为 $\text{diff}_0 = \delta_2$，这一差异可视为排除了延付高管薪酬政策影响时银行收益波动性存在的时间趋势差异。对于处理组银行（Group＝1），延付高管薪酬前后的收益波动性分别是 $\delta_0 + \delta_1$ 和 $\delta_0 + \delta_1 + \delta_2 + \delta_3$，差异为 $\text{diff}_1 = \delta_2 + \delta_3$，这一差异不仅包含了延付高管薪酬政策的影响 δ_3，还包含了上述时间趋势差异 δ_2。因此，延付高管薪酬对收益波动性的净影响效应为 $\text{diff} = \text{diff}_1 - \text{diff}_0 = \delta_2 + \delta_3 - \delta_2 = \delta_3$。如果从原始方程看，$\delta_3$ 即 DID 估计量，为延付高管薪酬的政策效应，是本文关心的系数。如果延付高管薪酬降低了银行的收益波动性，则 δ_3 的系数应该显著为负（因变量为 ZSCORE 时 δ_3 的系数则应为正）。注意，如果我们利用混合截面数据进行 OLS，而如果非观测效应 c_i 与解释变量是相关的，那么回归结果将是有偏且不一致的。使用面板数据通过组内差分可以消掉非观测效应 c_i，从而得到一致估计。因此，我们采用面板双重差分模型来估计式（5-1）。

为了检验 **H5-2**，我们在 Kanagaretnam et al.（2004）、许友传和杨继光（2010）等已有研究的基础上引入虚拟变量 Group、Event 及其与 EBTP 的交

---

①　由于监管当局对于银行资本有着最低的监管要求,因而,银行风险资产的扩张能力往往受到资本充足率水平的制约,资本充足率实际上反映存量资本对银行风险扩张的支撑能力。

②　权益收益率衡量了资本的内生增长对风险资产扩张的支撑能力。

互项，构建基于 DID 方法的回归模型：

$$LLP_{it} = \gamma_0 + \gamma_1 EBTP_{it} + \gamma_2 Event_{it} + \gamma_3 Group_{it} + \gamma_4 Event_{it} EBTP_{it} +$$
$$\gamma_5 Group_{it} EBTP_{it} + \gamma_6 Group_{it} Event_{it} + \gamma_7 Group_{it} Event_{it} EBTP_{it} + \lambda Z_{it} + \upsilon_t + \upsilon_i +$$
$$\xi_{it} \qquad\qquad\qquad (5\text{-}2)$$

式中，LLP_{it} 衡量银行 i 在 t 时计提的贷款损失准备，这是一个预提概念，即银行根据上一期的贷款情况来预测未来的损失程度，并计提相应的损失准备。 因此，借鉴许友传和杨继光（2010）的做法，我们用银行 i 在 t 期计提的贷款损失准备除以第 $t-1$ 期的贷款余额来计算 LLP_{it}，以反映这一预提概念，同时降低可能引致的潜在"内生性"问题。 与已有文献的普遍做法一致，我们用 EBTP 来测度银行的盈余状况，如果银行存在通过 LLP 进行盈余管理的行为，则系数 γ_1 预期为正。 Z 是除了盈余管理动机外，影响 LLP 的资本管理动机、信号传递动机以及其他因素的一组随时间变化的可观测变量，借鉴 Kanagaretnam et al.（2004）、许友传（2011）等文献的一般做法，Z 包括资本管理动机（RP1 和 RP2）、信号管理动机（SIGN）、贷款冲销净额（LCO）、不良贷款率（NPL）、不良贷款增速（GNPL）、贷款规模（LOAN）、贷款增速（Gloan）和经济周期（Ggdp）等变量。 υ_t 是年度固定效应。 υ_i 是非观测效应，控制随时间不变的不可观测因素。 ξ_{it} 是随机误差项，代表因银行、因时而变且影响 LLP 的非观测扰动因素。 相关变量定义详见表 5-1。

从式（5-2）可以看到，对于对照组银行（Group＝0），延付高管薪酬实施年份前后银行通过 LLP 进行盈余管理的动机分别是 γ_1 和 $\gamma_1 + \gamma_4$，可见，不受延付高管薪酬政策影响的银行在延付高管薪酬实施年份前后的盈余管理动机差异为 $diff_0 = \gamma_4$，这一差异可视为排除了延付高管薪酬政策时银行盈余管理动机存在的时间趋势差异。 对于处理组银行（Group＝1），延付高管薪酬实施前后银行通过 LLP 进行的盈余管理动机分别是 $\gamma_1 + \gamma_5$ 和 $\gamma_1 + \gamma_4 + \gamma_5 + \gamma_7$，差异为 $diff_1 = \gamma_4 + \gamma_7$，这一差异不仅包含了延付高管薪酬政策的影响 γ_7，还包含了上述时间趋势差异 γ_4。 因此，延付高管薪酬政策对银行盈余管理动机的净影响效应为 $diff = diff_1 - diff_0 = \gamma_4 + \gamma_7 - \gamma_4 = \gamma_7$。 本文关心的是系数 γ_7，如果延付高管薪酬降低了银行通过 LLP 进行盈余管理的动机,则 γ_7 应该显著为负。 与式(5-1)相同,我们使用面板数据差分模型来估计式(5-2),通过组内差分消掉非观测效应 v_i 以得到一致估计。

表 5-1 变量定义表

名 称	符 号	定 义
净息差波动率	$VNIM_{it}$	等于 NIM_{it}、NIM_{it-1} 和 NIM_{it-2} 的标准差
收入波动率	$VEBTP_{it}$	等于 $EBTP_{it}$、$EBTP_{it-1}$ 和 $EBTP_{it-2}$ 的标准差
净收益波动率	$VROA_{it}$	等于 ROA_{it}、ROA_{it-1} 和 ROA_{it-2} 的标准差
Z 分值	$ZSCORE_{it}$	等于 $\ln[(ROA_{it}+CAR_{it})/VROA_{it}]$,其中 ROA_{it} 是银行资产收益率,CAR_{it} 是银行资本充足率,$VROA_{it}$ 是 ROA_{it}、ROA_{it-1} 和 ROA_{it-2} 的标准差
贷款增速	$Gloan_{it}$	$(LOAN_{it} - LOAN_{it-1}) / LOAN_{it-1}$
贷款损失准备金率	LSR_{it}	银行 i 在第 t 期的贷款损失准备余额/总贷款余额
银行规模	$Size_{it}$	银行 i 在第 t 期总资产余额的自然对数
杆杠率	Lev_{it}	银行 i 在第 t 期的净资产/总资产余额
贷存比	LDR_{it}	银行 i 在第 t 期的贷款余额/存款余额
资本充足率	CAR_{it}	银行 i 在第 t 期的总监管资本/风险加权资产余额
权益收益率	ROE_{it}	银行 i 在第 t 期的净利润/平均净资产
是否上市	$List_{it}$	虚拟变量,银行上市后取 1,否则取 0
经济周期	$Ggdp_{it}$	国有及股份制银行使用全国 GDP 增长率,城市及农村商业银行使用其所经营地区的 GDP 增长率
贷款损失准备计提	LLP_{it}	银行 i 在第 t 期计提的贷款损失准备/第 $t-1$ 期的总贷款余额
税和贷款损失准备前利润	$EBTP_{it}$	银行 i 在第 t 期的税和贷款损失准备前利润/第 t 期的总资产余额
资本管理动机	$RP1_{it}$ $RP2_{it}$	资本充足率低于(或等于)8%时,RP1=1,否则为 0; 资本充足率高于 8%低于(或等于)10%时,RP2=1,否则为 0
信号管理动机	$sign_{it}$	$(EBTP_{it+1}-EBTP_{it}) / 0.5(TA_{it+1}+TA_{it})$,TA 为银行总资产规模
贷款冲销净额	LCO_{it}	银行 i 在第 t 期的贷款净冲销额/第 $t-1$ 期的总贷款余额
不良贷款率	NPL_{it}	银行 i 在第 t 期的不良贷款余额/总贷款余额
不良贷款增速	$GNPL_{it}$	(银行 i 在第 t 期的不良贷款余额-第 $t-1$ 期的不良贷款余额)/第 $t-1$ 期的不良贷款余额

名　称	符　号	定　义
贷款规模	$Loan_{it}$	银行 i 在第 t 期的贷款净值/总资产余额
资产增速	GTA_{it}	$(TA_{it} - TA_{it-1}) / TA_{it-1}$
盈利能力	ROA_{it}	银行 i 在第 t 期的净利润/平均总资产
核心资本充足率	$CCAR_{it}$	银行 i 在第 t 期的核心资本/风险加权资产余额
核心资本压力	$RPCC1_{it}$ $RPCC2_{it}$	核心资本充足率低于(或等于)4%时,RPCC1=1,否则为 0; 核心资本充足率高于 4%低于(或等于)7%时,RPCC2=1, 否则为 0
风险加权资产比率	RWA_{it}	银行 i 在第 t 期的风险加权资产余额/总资产余额

注:本文中所有涉及比例计算的变量单位均为"%"。

5.1.3　实证结果及分析

5.1.3.1　倾向得分匹配(PSM)处理

根据研究设计,2010 年开始实施高管薪酬延期支付的银行共 18 家,构成了处理组;2009—2015 年始终未实施高管薪酬延付的银行共 59 家,构成了对照组。我们通过 Logit 模型估计倾向得分,采用 Kernel 匹配法确定权重,施加了"共同支持"条件。从 PSM 的匹配平衡检验结果(见表 5-2)看,匹配后处理组和对照组在资本充足率(CAR)、不良贷款率(NPL)、贷款损失准备金率(LSR)、拨备覆盖率(PCR)、杠杆率(Lev)、权益收益率(ROE)、资产收益率(ROA)和贷存比(LDR)等 8 个方面的差异大幅下降,各匹配变量标准偏差的绝对值均在 8 以下[①]。均值 T 检验的相伴概率值表明,匹配后处理组和对照组的可观测变量在 2010 年初不存在显著差异,可认为本文选取的可观测变量合适且匹配方法得当,Kernel 匹配估计可靠。此时,处理组和对照组的其他银行特征基本一致,具有可比性。

―――――――――

① 根据 Rosenbaum and Rubin(1983),当匹配变量的标准偏差值的绝对值大于 20 时可认为匹配效果不好。

表 5-2　2010 年实施延付高管薪酬银行的匹配平衡检验结果

		均值		标准偏差	标准偏差减少幅度(%)	T值检验相伴概率
		处理组	对照组			
CAR	配对前	14.550	12.400	50.7		0.029
	配对后	13.379	13.353	0.6	98.8	0.979
NPL	配对前	1.1589	2.8022	−63.5		0.060
	配对后	1.2269	1.2076	0.7	98.8	0.914
LSR	配对前	2.4167	3.0798	−50.5		0.117
	配对后	2.4691	2.4358	2.5	95.0	0.919
PCR	配对前	242.500	191.210	34.7		0.251
	配对后	227.230	230.800	−2.4	93.2	0.943
Lev	配对前	7.4407	6.6607	34.9		0.172
	配对后	7.0431	6.8791	7.3	79.0	0.823
ROE	配对前	17.520	17.037	5.6		0.855
	配对后	17.807	18.132	−3.7	32.9	0.904
ROA	配对前	1.1775	1.0742	22.7		0.464
	配对后	1.1916	1.1889	0.6	97.4	0.985
LDR	配对前	63.256	65.192	−21.5		0.478
	配对后	64.186	64.322	−1.5	93.0	0.969

　　下面，我们分别绘制了经 PSM 处理后的处理组和对照组其 VNIM、VEBTP、VROA 和 ZSCORE 的均值变动趋势，如图 5-1—图 5-4 所示。 其中，图 5-1 为 VNIM 的均值变动趋势，可以看到，处理组和对照组的 VNIM 有基本相同的趋势，且在 2010—2012 年处理组的 VNIM 显著低于对照组，2014 年后处理组的 VNIM 显著下降，进一步拉开了与对照组之间的差距。 图 5-2 为 VEBTP 的均值变动趋势，可以看到，2010 年以后，处理组和对照组的 VEBTP 均显著下降，但处理组的 VEBTP 水平更低，这说明延付高管薪酬政策对 VEBTP 有显著影响；2013 年以后，对照组的 VEBTP 自 2014 年起有轻微抬头，而处理组则呈现出更大的上下波动幅度。 图 5-3 为 VROA 的均值变动趋势，可以看到，2013 年以前，处理组的 VROA 显著低于对照组，然而 2013 年以后，处理组的 VROA 反而高于对照组了。 图 5-4 为 ZSCORE 的均值变动趋势，可以看到，处理组和对照组在 2010—2015 年有基本相同的趋势，且与 VROA 的情况下相似，2011—2013 年处理组的 ZSCORE 提高更快，

但 2014—2015 年处理组的 ZSCORE 反而大幅低于对照组。 总之，图 5-2—图 5-5 表明，处理组和对照组的 VNIM、VEBTP、VROA 和 ZSCORE 均值具有基本相同的递减或递增趋势。 如果我们直接估算 2010 年（延付高管薪酬政策实施）以后的 VNIM、VEBTP、VROA 和 ZSCORE 变化，则会简单地认为延付高管薪酬降低（提高）了银行收益波动性，产生这一错误认识的原因是忽视了样本期内对照组的收益波动性也呈现了相同趋势这一客观事实，因此我们进一步用 DID 策略来识别延付高管薪酬的净影响效应是合理且必要的。

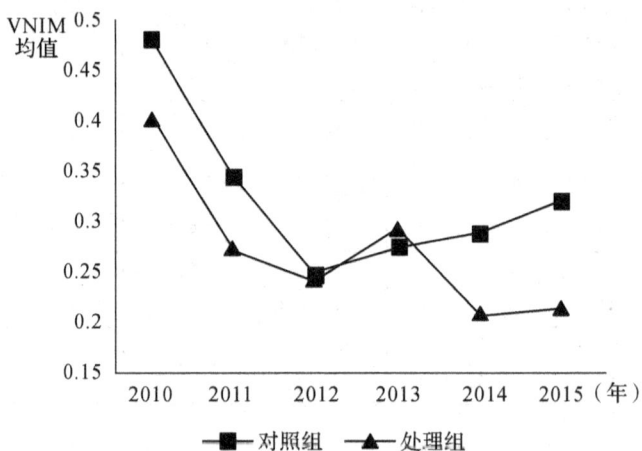

图 5-1　VNIM 均值变动趋势

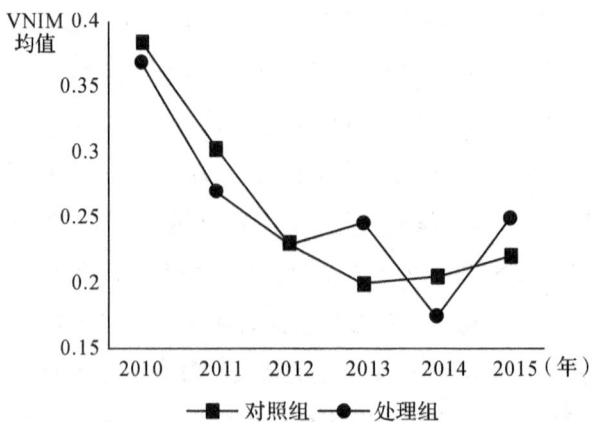

图 5-2　VEBTP 均值变动趋势

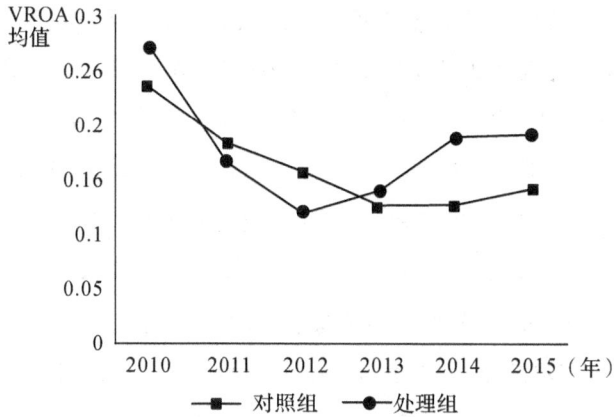

图 5-3　VROA 均值差异趋势

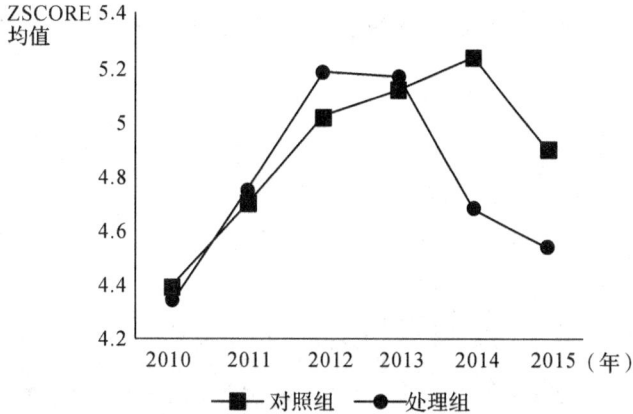

图 5-4　ZSCORE 均值变动趋势

　　图 5-5—图 5-8 进一步对处理组和对照组的 VNIM、VEBTP、VROA 和 ZSCORE 组间作差（处理组均值－对照组组均值），观察其差值的变化趋势。 从图 5-5 可以看到，2010 年以前，处理组的 VNIM 水平更高，在实施延付薪酬政策之后，处理组的 VNIM 水平低于对照组，这说明延付薪酬政策对 VNIM 起到了即时效应，且效果一直持续存在。 从图 5-6 可以看到，2010 年以前，处理组的 VEBTP 水平远高于对照组，但实施延付薪酬政策后，处理组的 VEBTP 水平迅速低于对照组，不过在 2012 年、2013 年反而又高于处理组了。 图 5-7 的情况与图 5-6 很相似，2010 年以前，处理组的 VROA 水平远高于对照组，但实施延付薪酬政策后，处理组的 VROA 水平迅速低于对照组，

191

不过从 2013 年起开始反而高于处理组了。 与图 5-6、图 5-7 相似，图 5-8 反映了 2010 年以前，处理组的 ZSCORE 水平低于对照组，在延付薪酬政策实施后，处理组的的 ZSCORE 水平优于对照组，不过 2013 年后这一情况出现了反转。 总之，图 5-5 反映了延付薪酬政策仅对银行 VNIM 的影响具有持久性。而从图 5-6—图 5-8 来看，对于其他收益波动性的指标，高管延付薪酬政策实施后的 2—3 年内，银行的收益波动性（风险水平）显著降低，这说明延付薪酬政策对银行收益波动性的影响可能具有即时性。 值得注意的是，在 2013 年以后，这些变量衡量的收益波动性出现了处理组高于对照组的情况，尤其是在图 5-8 中，2014—2015 年间处理组的 ZSCORE 的均值远远低于对照组，这表明实施了延付薪酬政策的银行，在延付政策实施后的 3 年左右，其收益波动性反而大幅提升。 那么，我们不禁要问，为何会出现这种情况？ 这有待于后面的研究。

VNIM：treated-untreated

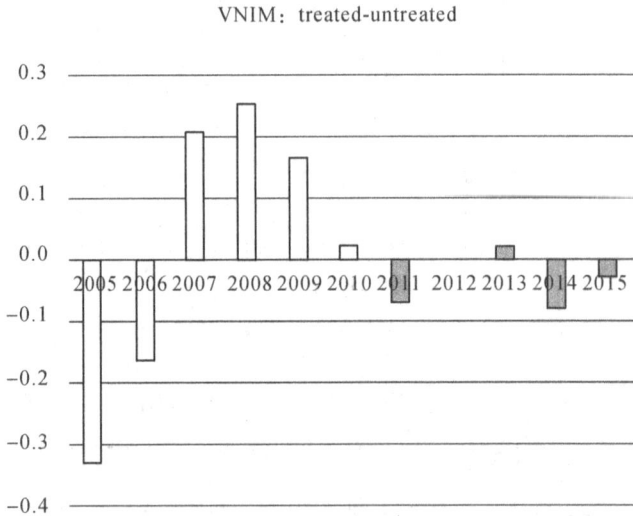

图 5-5　VNIM 均值差异趋势图

VEBTP：treated-untreated

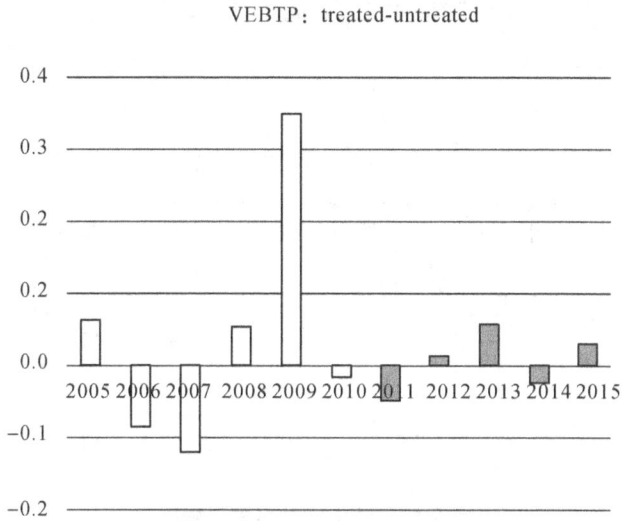

图 5-6　VEBTP 均值差异趋势

VROA：treated-untreated

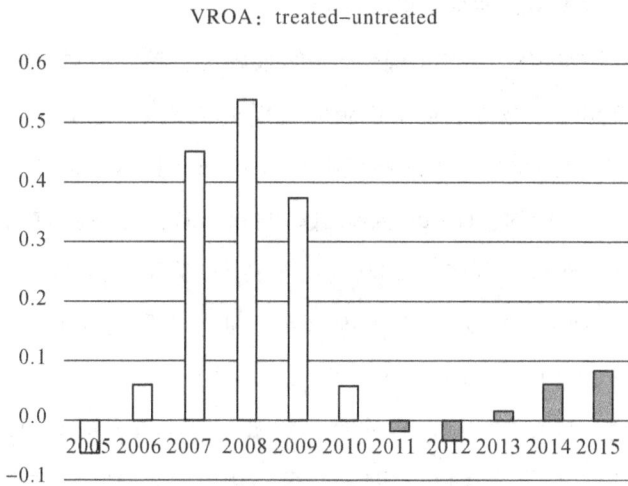

图 5-7　VROA 均值差异趋势图

ZSCORE: treated-untreated

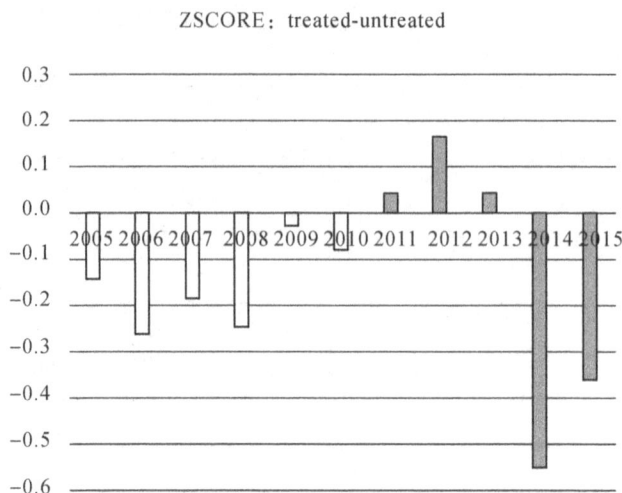

图 5-8   ZSCORE 均值差异趋势

5.1.3.2   双重差分检验(DID)

(1)平均处理效应。 在 PSM 处理的基础上,我们对式(5-1)进行 DID 检验。 我们采用固定效应法估计面板双重差分模型①,即通过一阶差分法消除变量的时间变化因素,由于政策虚拟变量 Group 具有时间不变性,因此在做 DID 固定效应分析时,Group 会被自动删除,但这并不影响估计的结果及其有效性(Angrist and Pischke,2008)。 表 5-3 列示了式(5-1)的面板 DID 检验结果,其中列(1)、列(3)、列(5)、列(7)是没有加入其他控制变量的估计结果,列(2)、列(4)、列(6)、列(8)是加入了其他控制变量的结果。 不难看到,无论是否加入其他控制变量,交互项 Event × Group 的系数均显著为负(因变量为 ZSCORE 时则显著为正),这说明延付高管薪酬政策显著降低了银行的收益波动性,从而证实了之前的假设 **H5-1**。 从其他控制变量来看,LSR 与 VNIM、VEBTP 显著正相关,说明银行提取的贷款损失准备金率水平越高时,银行的净息差收益和 EBTP 的波动越大,这符合我们的直觉。 CAR 与 ZSCORE 显著正相关,这说明资本充足率水平越高,银行的财

---

①   所有面板固定效应回归结果的 F 检验的 P 值均为 0.0000,拒绝了个体间无差异的假设。

务稳健性越强。各列中 Size 的系数只有当因变量为 VROA 时显著，说明银行的规模与其净收益波动性之间显著正相关（见表 5-3）。

表 5-3　延付高管薪酬对银行收益波动性影响的平均处理效应 (2010—2015)

	VNIM		VEBTP		VROA		ZSCORE	
	(1)	(2)	(3)	(4)	(5)	(6)	(7)	(8)
Event× Group	−0.2910***	−0.3069***	−0.1508**	−0.1494**	−0.1241**	−0.1416**	0.5054	0.6147*
	(−3.9415)	(−4.1103)	(−2.2547)	(−2.2141)	(−2.0503)	(−2.3446)	(1.5780)	(1.9202)
Event	−0.0855*	−0.1689	−0.0639	−0.1038	−0.0081	0.0288	−0.0725	−0.1643
	(−1.7055)	(−1.3509)	(−1.3974)	(−0.9174)	(−0.2000)	(0.2900)	(−0.3361)	(−0.3125)
Gloan		−0.0007		0.0000		−0.0008		0.0075
		(−0.4730)		(−0.0003)		(−0.6626)		(1.2382)
CAR		−0.0033		0.0048		−0.0109		0.1108**
		(−0.2664)		(0.4306)		(−1.1312)		(2.1791)
Size		0.1058		−0.0266		−0.1857**		0.4124
		(1.0103)		(−0.2820)		(−2.2040)		(0.9240)
LSR		0.0389*		0.0614***		0.0271		−0.1286
		(1.7418)		(3.0213)		(1.5050)		(−1.3451)
LDR		0.0044		−0.0013		−0.0004		0.0059
		(1.5473)		(−0.4907)		(−0.1675)		(0.4861)
Ggdp		0.0064		−0.0069		−0.0167		0.0175
		(0.4572)		(−0.5366)		(−1.5005)		(0.2975)
Lev		−0.0165		0.0077		−0.0187		0.0312
		(−0.7724)		(0.4002)		(−1.0769)		(0.3394)
ROE		0.0013		0.0051		−0.0097**		0.0485**
		(0.2500)		(1.0537)		(−2.2919)		(2.1670)
List		10.8145		5.1256**		2.3492		−2.9381***
		(1.0019)		(3.5602)		(0.5912)		(−4.391)

续　表

	VNIM		VEBTP		VROA		ZSCORE	
	(1)	(2)	(3)	(4)	(5)	(6)	(7)	(8)
年度虚拟变量	是	是	是	是	是	是	是	是
CONS	0.4519***	−1.0653	0.3628***	0.4682	0.2378***	2.9272***	4.4236***	−2.8980
	(14.4924)	(−0.8158)	(12.7779)	(0.3970)	(9.4246)	(2.7907)	(33.1388)	(−0.5214)
样本量	300	299	295	294	309	303	304	303
R²	0.1613	0.1967	0.097	0.1378	0.0549	0.1333	0.0831	0.1414
F 值	7.73***	4.06***	4.24***	2.60***	2.42**	2.59***	3.70***	2.78***
银行数	53	53	52	52	53	53	53	53

注:括号中的值为双尾检验的 t 值。*、**、***分别表示在 0.1、0.05 和 0.01 水平下显著。Group 变量由于具有时间不变性,进行面板 DID 回归时被自动删除。

下面,本文进一步利用式(5-2)对 **H5-2** 进行检验,结果如表 5-4 中列(1)、列(2)所示。其中列(1)为没有加入其他控制变量的估计结果,可以看到,EBTP 的系数显著为正,这说明样本银行存在显著的通过 LLP 进行盈余管理的动机。交互项 Event×Group×EBTP 的系数为正,但不显著,说明延付高管薪酬不影响银行通过 LLP 进行盈余管理的动机。列(2)为加入了其他控制变量的回归结果,可以看到,交互项 Event×Group×EBTP 的系数依然不显著。因此,列(1)、列(2)的结果并未支持 **H5-2**,即延付高管薪酬后银行通过 LLP 进行盈余管理的动机并未明显减弱。最后,从表 5-4 中其他控制变量来看,除了 Gloan 的系数显著为正,说明银行的贷款增速越大,当年可能会提取更多的贷款损失准备;RP2 和 sign 均不显著,说明样本银行的 LLP 管理并不存在显著的资本管理动机和信号管理动机;此外,LCO、NPL、GNPL、Loan 和 Ggdp 等变量对银行 LLP 计提的影响也不明显。

以上结果表明,如果仅比较平均处理效应而不考虑动态边际影响,延付高管薪酬政策对银行风险承担影响的净效应就是:延付高管薪酬降低了银行的收益波动性,但并不影响银行通过 LLP 进行盈余管理的动机。这显然与本文的研究假设并不完全相符。而且,平均处理效应不能回答关于延付高管薪酬

影响银行收益波动性和盈余管理动机的时间变动趋势的疑问。此外，图 5-8
为何出现"ZSCORE 的组间均值差在 2013 年以前为正，而 2014 年以后处理
组的 Z 分值却反而低于对照组，即延付薪酬政策反而使得银行的 ZSCORE 恶
化"的奇怪现象？由于不能识别延付高管薪酬对银行收益波动性和盈余管理
动机影响效应的动态变化，以上种种疑问并不能通过式（5-1）和式（5-2）的
一系列估计得到答案，后面将通过估计动态边际影响，弥补上述缺陷。

表 5-4　延付高管薪酬对银行盈余管理动机影响的 DID 检验（2010—2015）

变量	平均处理效应			动态边际影响效应
	（1）	（2）	（3）	（4）
EBTP	0.5045×(1.9049)	0.3638(0.9314)	0.3671(1.5181)	0.2264(0.6294)
Event	0.6713(1.6327)	0.1095(0.1681)		
Event×EBTP	−0.0427(−0.2119)	0.1936(0.7003)		
Group×EBTP	0.6610(1.3713)	0.4398(0.8072)	0.6850(1.5784)	0.4311(0.8649)
Event×Group	−0.5337(−0.5725)	−0.1703(−0.1601)		
Event×Group×EBTP	0.6353(1.3559)	0.4269(0.8044)		
Y2011	−0.7967***(−5.4219)	−0.7818***(−2.9564)	0.2467(0.5664)	−0.1114(−0.1896)
Y2012	−0.7206***(−4.9123)	−0.7879***(−3.8368)	0.3222(0.6483)	−0.3414(−0.5189)
Y2013	−0.6985***(−4.8599)	−0.7345***(−3.9054)	−0.1529(−0.2997)	−0.5595(−0.8302)
Y2014	−0.4190***(−2.8595)	−0.5116***(−2.9989)	−0.0125(−0.0197)	−0.4765(−0.5848)
Y2015	(omitted)	(omitted)	0.3906(0.6595)	0.1183(0.1486)
Y2011×EBTP			−0.1534(−0.7454)	0.0031(0.0111)
Y2012×EBTP			−0.1218(−0.5174)	0.1648(0.5528)
Y2013×EBTP			0.0790(0.3201)	0.2697(0.8846)
Y2014×EBTP			0.0683(0.2296)	0.2949(0.8240)
Y2015×EBTP			−0.0484(−0.1570)	0.1004(0.2807)
Y2011×Group			−0.7305(−0.7494)	−0.5556(−0.5185)
Y2012×Group			0.8513(0.6654)	1.2641(0.9067)
Y2013×Group			−4.3669***(−3.6026)	−4.2059***(−3.1140)

变量	平均处理效应			动态边际影响效应
	（1）	（2）	（3）	（4）
Y2014×Group			−3.3344 **(−2.4482)	−1.9048(−1.1869)
Y2015×Group			2.9964 **(2.0998)	3.5001 *(1.9175)
Y2011×Group×EBTP			0.5837(1.2265)	0.5045(0.9634)
Y2012×Group×EBTP			−0.262(−0.4280)	−0.4442(−0.6693)
Y2013×Group×EBTP			2.3641 ***(3.9565)	2.2784 ***(3.4190)
Y2014×Group×EBTP			2.0191 ***(3.1292)	1.2710(1.6496)
Y2015×Group×EBTP			−0.6429(−0.8876)	−0.8641(−0.9431)
RP2		−0.5419(−0.4255)		0.1118(0.0975)
sign		−0.0249(−0.1042)		0.0263(0.1213)
LOC		−0.0606(−0.4896)		−0.0736(−0.6555)
NPL		0.1379(1.5392)		0.0890(1.0983)
GNPL		0.0001(0.9083)		0.0001(0.5424)
Loan		−0.0298 *(−1.8317)		−0.0213(−1.4268)
Gloan		0.0122 * *(2.0103)		0.0090(1.5870)
Ggdp		0.0216(0.4194)		0.0299(0.6336)
CONS	−0.55(−1.2899)	1.0666(0.9634)	−0.3096(−0.8033)	0.7908(0.7919)
样本量	300	263	300	263
R^2	0.3311	0.3300	0.4996	0.5010
F值	11.78 ***	5.36 ***	10.25 ***	6.16 ***
银行数	52	49	52	49

注：括号中的值为双尾检验的 t 值。*、* *、* * * 分别表示在 0.1、0.05 和 0.01 水平下显著。Group 变量由于具有时间不变性，进行面板 DID 回归时被自动删除。

（2）动态边际影响效应。 为了进一步检验延付高管薪酬对银行收益波动性的动态边际影响，我们在式（5-1）中引入时间虚拟变量，如式（5-3）所示：

$$Earnings\ Volatility_{it} = \alpha_0 + \alpha_1 Group_{it} + \alpha_2 Y2011_{it} + \alpha_3 Y2012_{it} + \alpha_4 Y2013_{it}$$

$+\alpha_5 Y2014_{it}+\alpha_6 Y2015_{it}+\alpha_7 Y2011_{it}\,Group_{it}+\alpha_8 Y2012_{it}\,Group_{it}+\alpha_9 Y2013_{it}$
$Group_{it}+\alpha_{10} Y2014_{it}\,Group_{it}+\alpha_{11} Y2015_{it}\,Group_{it}+\beta X_{it}+c_i+\varepsilon_{it}$ (5-3)

式中，Y2011—Y2015 分别为对应于 2011—2015 年的时间虚拟变量。可见，2011 年时处理组（Group＝1）和对照组（Group＝0）的收益波动性分别为 $\alpha_0+\alpha_1+\alpha_2+\alpha_7$ 和 $\alpha_0+\alpha_2$，故处理组和对照组在 2011 年的收益波动性差异为 $\alpha_0+\alpha_1+\alpha_2+\alpha_7-(\alpha_0+\alpha_2)=\alpha_1+\alpha_7$；同理，处理组和对照组在 2012 年的收益波动性差异为 $\alpha_1+\alpha_8$，在 2013 年、2014 年和 2015 年的差异则分别为 $\alpha_1+\alpha_9$、$\alpha_1+\alpha_{10}$ 和 $\alpha_1+\alpha_{11}$。显然，它们都有一个共同系数 α_1。因此，在考察延付高管薪酬政策对银行收益波动性的动态边际影响效应时，我们重点关注交互项 Y2011 × Group—Y2015 × Group 的系数 $\alpha_7-\alpha_{11}$。

表 5-5 列示了式（5-3）的回归结果。可以看到，当因变量为 VNIM 时，Y2011 × Group—Y2015 × Group 系数均显著为负，说明 2010 年延付高管薪酬后银行的净息差波动率在 2011—2015 年间均显著下降，且其边际效应大小表现较为稳定，基本持平。当因变量为 VEBTP 时，交互项均为负，但只有 Y2012 × Group、Y2014 × Group 和 Y2015 × Group 显著，说明延付高管薪酬政策对银行总体经营收入波动性的影响效果在政策实施后的第 2 年（2012 年）开始显现，其边际效应大小呈递增态势。当因变量为 VROA 时，交互项 Y2012 × Group 和 Y2013 × Group 系数显著为负，而后面的年份则并不显著。同样，当因变量为 ZSCORE 时，Y2011 × Group—Y2014 × Group 系数均为正，但只有交互项 Y2012 × Group 和 Y2013 × Group 的系数显著。因此，表 5-5 的结果说明，延付高管薪酬政策对 VNIM 的影响效应具有持久性，而对以 VROA 和 ZSCORE 指标衡量的银行收益波动性的影响具有即时性，即在政策实施后的 2—3 年内能够显著降低银行的收益波动性（事后风险表现）。表 5-5 的结果证实了图 5-6—图 5-9 所示的情形，即延付高管薪酬对 VNIM 的影响具有持久性，而对 VROA 和 ZSCORE 的影响具有即时性。

关于上述动态边际效应产生分化的原因，我们认为需要结合前面第 4 章的内容。第 4 章中，我们发现了关于延付高管薪酬与银行风险承担的跷跷板效应：当银行受到的表内信贷监管加强（如实施延付薪酬政策）时，在逐利动机驱使下，银行将表内信贷通过资管（理财）计划等转移至表外；随着理财产品的监管加强，银行进一步通过同业业务规避监管；而当监管当局对同业业务实施封堵时，银行又进一步利用"一行三会"分业监管制度下的监管空白，通过混业资管多层嵌套进行"金融创新"。结果是，银行的理财业务和同业业务套利在日益严格的监管下不降反升，银行的总体风险承担水平也是越管越高。

因此，结合第4章得到的结论——实施延付高管薪酬政策的银行有着更显著的跷跷板效应，我们可以对表5-5的结果进行相应解释：延付薪酬政策使得银行的表内信贷通过跷跷板效应转移到表外交叉性金融工具，即银行持续降将表内信贷通过资管（理财）计划等转移至表外，因此主要反映在银行贷款利息收入的净息差波动率（VNIM）持续下降；与此同时，由于我国银行的经营性收益（EBTP）主要构成部分是息差，因此 VEBTP 也基本呈现了持续下降的趋势。然而，表5-5的结果显示，包含了其他收入要素的综合性收益的波动性（VROA）和 ZSCORE 受延付薪酬政策的影响则仅在2013年前显著，我们认为原因主要是由于监管当局在2013年起加强了对理财产品、同业业务的监管[①]，因此2013年前银行有较大的空间通过资金腾挪来调节其财务表现，以表现出更低的收益波动性。而2013年后，监管当局的强监管导致表外交叉性金融工具的风险暴露，银行失去了收益调节的空间，因此综合性收益的波动性（VROA）加剧。同时，在其他条件相同时，2013年的强监管很可能导致银行的资本充足率恶化（尤其是跷跷板效应越强的银行，在强监管下需要回表的表内业务越多，资本充足率的恶化也就越严重），而资本充足率是计算 ZSCORE 的一个重要指标（另一个指标便是 VROA）。两个因素相互叠加，我们可以推断处理组的 ZSCORE 在2014年、2015年可能大幅低于对照组。至此，图5-9中处理组的 ZSCORE 在2014年、2015年大幅低于对照组的原因便得到了合理解释，即银行的跷跷板效应受到监管，导致银行资本充足率和 VROA 恶化，进而使得 ZSCORE 急剧恶化。

---

① 如银监会8号文明确规定"……对于本通知印发之前已投资的达不到上述要求的非标资产，银行应比照自营贷款，按照《商业银行资本管理办法（试行）》要求，于2013年底前完成风险加权资产计量和资本计提……"

表 5-5　延付高管薪酬对银行收益波动性的动态边际影响效应（2010—2015）

	VNIM		VEBTP		VROA		ZSCORE	
	（1）	（2）	（3）	（4）	（5）	（6）	（7）	（8）
Y2011× Group	−0.2931***	−0.3041***	−0.0517	−0.0418	−0.0942	−0.1091	0.3109	0.4042
	（−3.1401）	（−3.2253）	（−0.6120）	（−0.4932）	（−1.2294）	（−1.4337）	（0.7902）	（1.0335）
Y2012× Group	−0.2990***	−0.3153***	−0.1697**	−0.1593*	−0.2164***	−0.2166***	1.1796***	1.2171***
	（−3.2030）	（−3.3234）	（−2.0058）	（−1.8692）	（−2.8237）	（−2.8240）	（2.9888）	（3.0873）
Y2013× Group	−0.1451	−0.1766*	−0.1033	−0.1047	−0.1915**	−0.2196***	1.1728***	1.3501***
	（−1.5496）	（−1.8594）	（−1.2192）	（−1.2279）	（−2.4923）	（−2.8563）	（2.9629）	（3.4159）
Y2014× Group	−0.3634***	−0.3749***	−0.2683***	−0.2770***	−0.0694	−0.0957	0.0946	0.2596
	（−3.8696）	（−3.9262）	（−3.1568）	（−3.2302）	（−0.9010）	（−1.2376）	（0.2384）	（0.6531）
Y2015× Group	−0.3598***	−0.3695***	−0.1667*	−0.1799**	−0.0452	−0.0608	−0.3035	−0.228
	（−3.7394）	（−3.7831）	（−1.9149）	（−2.0526）	（−0.5798）	（−0.7682）	（−0.7453）	（−0.5603）
Y2011	−0.0744	−0.0905	−0.0400	−0.0609	−0.0253	0.0245	0.1565	−0.1217
	（−1.4343）	（−1.4302）	（−0.8460）	（−1.0724）	（−0.6070）	（0.4878）	（0.7301）	（−0.4723）
Y2012	−0.1162**	−0.1478*	−0.0667	−0.0991	−0.0347	0.0114	0.2683	−0.0507
	（−2.2380）	（−1.8017）	（−1.4020）	（−1.3356）	（−0.8322）	（0.1730）	（1.2388）	（−0.1498）
Y2013	−0.0978*	−0.1449	−0.0763	−0.1022	−0.0363	0.0202	0.2694	−0.0167
	（−1.8667）	（−1.5604）	（−1.5984）	（−1.2203）	（−0.8617）	（0.2706）	（1.2319）	（−0.0435）
Y2014	−0.0897*	−0.1564	−0.0765	−0.1158	−0.0392	0.0196	0.3315	0.0139
	（−1.6953）	（−1.4071）	（−1.5856）	（−1.1587）	（−0.9212）	（0.2209）	（1.5021）	（0.0306）
Y2015	−0.065	−0.1617	−0.0585	−0.0976	−0.0327	0.0230	0.1695	−0.0751
	（−1.2228）	（−1.2881）	（−1.2065）	（−0.8638）	（−0.7613）	（0.2314）	（0.7611）	（−0.1469）
Gloan		−0.0007		0.0000		−0.0006		0.0060
		（−0.4577）		（−0.0063）		（−0.4923）		（1.0280）
CAR		−0.0041		0.0029		−0.0099		0.1014**
		（−0.3323）		（0.2596）		（−1.0370）		（2.0594）

	VNIM		VEBTP		VROA		ZSCORE	
	(1)	(2)	(3)	(4)	(5)	(6)	(7)	(8)
Size		0.1220		−0.0196		−0.2039**		0.5843
		(1.1647)		(−0.2094)		(−2.4272)		(1.3528)
LSR		0.0379*		0.0629***		0.0264		−0.1212
		(1.6979)		(3.1137)		(1.4648)		(−1.3102)
LDR		0.0036		−0.0017		0.0003		−0.0008
		(1.2757)		(−0.6540)		(0.1412)		(−0.0653)
Ggdp		(omitted)		−0.0046		−0.0170		0.0223
				(−0.3606)		(−1.5296)		(0.3919)
Lev		−0.0114		0.0134		−0.0233		0.0777
		(−0.5290)		(0.6969)		(−1.3359)		(0.8664)
ROE		0.0008		0.0041		−0.0091**		0.0439**
		(0.1514)		(0.8554)		(−2.1623)		(2.0258)
CONS	0.4518***	−1.2281	0.3625***	0.384	0.2381***	3.1067***	4.4213***	−4.6337
	(14.5859)	(−0.9417)	(12.8623)	(0.3281)	(9.5112)	(2.9725)	(34.3193)	(−0.8624)
样本量	300	299	295	294	209	303	304	303
R2	0.1863	0.2165	0.1256	0.1699	0.0845	0.1588	0.1600	0.2156
F值	5.43***	3.50***	3.35***	2.55***	2.27**	2.43***	4.59***	3.54***
银行数	53	53	52	52	53	53	53	53

注:括号中的值为双尾检验的 t 值。＊、＊＊、＊＊＊分别表示在 0.1、0.05 和 0.01 水平下显著。Group 变量由于具有时间不变性,进行面板 DID 回归时被自动删除。

表5-5中控制变量的系数与表5-3基本相同,考虑到篇幅,这里不一一赘述。

为进一步检验延付高管薪酬对银行盈余管理动机的动态边际效应,我们在式(5-2)中引入时间虚拟变量,如:

$$LLP_{it} = \mu_0 + \mu_1 EBTP_{it} + \mu_2 Y2011_{it} + \mu_3 Y2012_{it} + \mu_4 Y2013_{it} + \mu_5 Y2014_{it} +$$

$$\mu_6 Y2015_{it} + \mu_7 Y2011_{it} \cdot EBTP_{it} + \mu_8 Y2012_{it} \cdot EBTP_{it} + \mu_9 Y2013_{it} \cdot EBTP_{it} +$$

$$\mu_{10} Y2014_{it} \cdot EBTP_{it} + \mu_{11} Y2015_{it} \cdot EBTP_{it} + \mu_{12} Group_{it} + \mu_{13} Group_{it} \cdot EBTP_{it}$$

$$+ \mu_{14} Y2011_{it} \cdot Group_{it} + \mu_{15} Y2012_{it} \cdot Group_{it} + \mu_{16} Y2013_{it} \cdot Group_{it} + \mu_{17}$$
$$Y2014_{it} \cdot Group_{it} + \mu_{18} Y2015_{it} \cdot Group_{it} + \mu_{19} Y2011_{it} \cdot Group_{it} \cdot EBTP_{it} + \mu_{20}$$
$$Y2012_{it} \cdot Group_{it} \cdot EBTP_{it} + \mu_{21} Y2013_{it} \cdot Group_{it} \cdot EBTP_{it} + \mu_{22} Y2014_{it} \cdot$$
$$Group_{it} \cdot EBTP_{it} + \mu_{23} Y2015_{it} \cdot Group_{it} \cdot EBTP_{it} + \lambda Z_{it} + \upsilon_i + \xi_{it} \qquad (5\text{-}4)$$

可以看到，2011 年时处理组（Group＝1）和对照组（Group＝0）通过 LLP 进行盈余管理的动机分别为 $\mu_1 + \mu_7 + \mu_{13} + \mu_{19}$ 和 $\mu_1 + \mu_7$，因此处理组和对照组在 2011 年的盈余管理动机大小差异为 $\mu_{13} + \mu_{19}$；同理，处理组和对照组在 2012 年通过 LLP 进行盈余管理动机的大小差异为 $\mu_{13} + \mu_{20}$，在 2013 年、2014 年和 2015 年的差异分别为 $\mu_{13} + \mu_{21}$、$\mu_{13} + \mu_{22}$ 和 $\mu_{13} + \mu_{23}$。它们都有一个共同系数 μ_{13}。因此，我们在考察延付高管薪酬对银行盈余管理动机的动态影响效应时，关心的是 Y2011 × Group × EBTP—Y2015 × Group × EBTP 的系数 μ_{19}、μ_{20}、μ_{21}、μ_{22} 和 μ_{23}。

式（5-4）的回归结果如表 5-4 中列（3）和列（4）所示，可以看到，五个交互项中只有 Y2013 × Group × EBTP 的系数为正且在 1％的水平上显著，这说明银行在延付高管薪酬后的第 3 年有明显更强的盈余管理动机。结合表 5-5 的结果，我们发现 2013 年以前延付高管薪酬政策降低了银行的收益波动性，但反而增加了银行在 2013 年的盈余管理行为。这显然与本文的研究假设不相符。那么，为什么会出现这种情况呢？我们经过仔细分析后发现，《监管指引》中规定"银行高管薪酬的递延支付期限一般不少于 3 年"，"如在规定期限内高管及相关人员职责内的风险损失超常暴露，商业银行有权将相应期限内已发放的绩效薪酬全部追回，并止付所有未支付部分"。在此规定下，我国大部分银行都在《监管指引》的框架下，对高管绩效薪酬实行"50％当期兑现，50％延期在 3 年等分兑现"的延期支付方案[①]，少数银行虽然做了

---

① 如中国农业银行、中国建设银行、郑州银行、柳州银行、张家港农商行、泰隆银行、攀枝花银行、桂林银行、洛阳银行等。

些许不同的规定①，但并无本质区别。因此，在延付薪酬考核期限仅为 3 年的情况下，高管出于自身薪酬的稳健性目的，在延付高管薪酬后的第 3 年（即考核期满时）有很强的动力和能力进行盈余管理：在 EBTP 较高时过度计提 LLP，为以后年度的业绩增长留出空间，而在 EBTP 较低时减少 LLP 的计提，以确保自己在当前考核期内的延付薪酬不受影响。因此，这解释了延付高管薪酬为何在降低银行收益波动性的同时反而提高了其在 2013 年通过 LLP 进行盈余管理的动机。另一方面，如前所述，结合第 4 章的研究，2013 年起监管当局对银行理财业务和同业业务实施了强监管，导致表外交叉性金融工具的风险暴露，银行失去了盈余管理的能力和空间，因此 2014 年、2015 年银行通过 LLP 进行的盈余管理行为不再显著。这解释了延付高管薪酬政策为何未影响银行在 2014 年、2015 年的盈余管理行为。

上述 PSM-DID 检验以 2010 年《监管指引》的出台作为延付高管薪酬政策的起始点，考察期为 2009—2015 年，为了检验该结果的稳健性，我们进一步考虑处理组和对照组考察期间的变化：（1）将考察期间缩短为 2009—2014 年，此时，2015 年实施延付薪酬的 9 家银行划入对照组（其中廊坊银行、凤城农商行缺 2009 年数据），因此对照组共 59＋7＝66 家银行；（2）将考察期缩短为 2009—2013 年，此时，2014 年、2015 年实施延付薪酬的银行共 12＋9＝21 家银行划入对照组（其中华融湘江银行、宁波通商银行、江苏海安农商行、江苏新沂农商行、江苏盱眙农商行、新余农商行、曲靖市商业银行、廊坊银行、凤城农商行等 9 家银行缺 2009 年数据），因此对照组共 59＋12＝71 家银行。然后

---

① 如中信银行对高管薪酬中的绩效奖金实行"5113"延期支付方案，即当年仅支付高管绩效奖金的 50％，第二年和第三年分别再支付 10％，剩余的 30％在第四年支付；浦发银行规定"本公司应付职工薪酬中递延支付部分将在 3 年后发放"；徽商银行规定"对有关中高级管理人员以及对风险有重要影响岗位上的员工，其当年应发绩效薪酬的 40％部分延期支付，自绩效考核结束后次年起，分 3 年支付，每年分别支付 10％、15％、15％"；上海银行规定"应付职工薪酬中属于递延支付部分于计提后递延至第四年起支付，其余工资、奖金、津贴和补贴一般将在下一年度全部发放和使用完毕"；唐山银行规定"对高级管理人员的绩效薪酬按照当期发放 49％、延期一年发放 17％、延期两年发放 17％、延期 3 年发放 17％"；东营银行规定"高管绩效薪酬采取延期支付方式，延期支付期限为 4 年，延期支付比例为 40％、20％、20％、20％"；等等。

我们重新进行上述 PSM-DID 检验，发现结果并无本质改变。

5.2 递延高管薪酬与银行股利分配

股利分配指企业向股东分派股利，是利润分配的一部分。 现代股利政策存在两大主流理论：（1）信号传递理论，关注的是外部投资者与高管之间的信息不对称问题，认为股利政策能传递有关公司未来发展前景的信息（Ross，1977）；（2）代理成本理论，主要关注于两类代理问题，第一类是"股东-高管"代理冲突，认为支付现金股利使管理者可支配的自由现金流量减少，降低了其机会主义行为（Rozeff，1982；Easterbrook，1984；Jensen，1986）；第二类是"大股东-小股东"代理冲突，认为现金股利政策往往是大股东与中小股东利益冲突的结果，控股股东可以通过支付现金股利转移公司资源，攫取私人利益，掠夺中小股东的利益（LLSV，2000；Faccio et al.，2001）。 显然，无论是股利政策的信号传递理论还是代理成本理论，都忽视了股东/高管与债权人之间的代理冲突。

由于银行经营的特殊性，股东/高管-债权人的代理冲突尤为严重（John et al.，2010），因而在股利分配政策上可能会表现出一定的倾向性：银行向股东分配的现金越多，则留给债权人的流动性资产越少、风险越大，股利分配政策实际上构成了一种以债权人利益为代价补偿股东的风险转移行为。 换言之，股东可能通过股利分配政策对债权人利益进行掠夺。 由于内部债务提高了高管-债权人的利益一致性，因此内部债务可能与企业现金股利分配负相关。

另一方面，CEO 内部债务使得高管与债权人利益更加一致，从而产生更加有利的债务条件，如更低的债务融资成本、更少的限制性条款等，从而使得企业因现金股利分配而带来的融资需求更容易得到满足。 因此，内部债务可能与企业现金股利分配正相关。

因此，本专题将从股利分配政策视角检验高管薪酬延期支付对银行风险管理的政策效应。

5.2.1 理论分析及研究假设

现有文献认为高管内部债务对股利政策的影响主要存在以下两种效应：风险规避效应和债务成本效应。

5.2.1.1 风险规避效应

风险规避效应假说认为，CEO 持有内部债务的公司为了降低其未来的财务困境成本，保护其内部债务的价值，会降低公司的现金股利分配。

White（2012）以企业为研究对象发现，高管内部债务水平与企业的股利支付比率负相关，目的是增加未来支付养老金时所能动用的现金。 具体而言，White（2012）发现：（1）高管养老金规模与公司股息收益率、股利支付比率负相关；（2）高管养老金规模与公司扣除了股票回购效应之后的股利负相关；（3）与不持有养老金薪酬的公司相比，持有养老金薪酬的公司报告的与公司股息收益率负相关更少。 不过，White（2012）的研究仅包括 CEO 养老金，而没有考虑其他的递延薪酬，这可能低估 CEO 内部债务的占比。Eisdorfer et al.（2015）也以企业为对象研究发现，CEO 内部债务与公司股利分配以及扣除了股票回购后的股利分配负相关；不过，当养老金受到相关基金保护时，这种负相关关系变弱。 此外，Eisdorfer et al.（2015）还进一步分析了 CEO 内部债务与股利的这种负相关关系对公司绩效（ROA、ROE、ROI）的影响，结果发现，这种负相关关系会降低企业绩效。

Srivastav et al.（2014）认为，银行现金支付①向股东转移了现金，从而给债权人留下了更高的风险和更少的流动性资产。 因此，银行现金支付构成了一种以债权人利益为代价向股东转移财富的风险转移行为。 Srivastav et al.（2014）提出，如果 CEO 内部债务能够使高管与债权人利益更加一致，则应该与更加保守的银行现金支付行为相关。 利用 2007—2011 年 103 家美国上市银行 442 个银行×年份观测值的样本数据，Srivastav et al.（2014）发现：

---

① 银行现金支付（payout）包括了"现金股利"和"股票回购"等，Srivastav et al.（2014）区分了总支付和净支付，其中"总支付"为向股东支付的总现金流，等于现金股利与股票回购之和，"净支付"则为现金股利与股票回购之和减去股票发行获得的现金。

（1）CEO内部债务与"银行现金支付是否变化"和"现金支付变化的规模"均负相关。 （2）Srivastav et al.（2014）将"不良资产救助计划（TARP）①"作为一个自然实验，他们首先通过检验发现更高的银行现金支付降低了银行退出（偿付）TARP的可能，以及提升了银行偿付TARP资金所需要的时间，这表明银行的现金支付与债权人利益有关②。 然后，Srivastav et al.（2014）通过TARP银行的现金支付政策来检验内部债务在约束TARP银行接受国家援助之后的额外风险承担的效果，结果发现TARP加强了CEO内部债务与银行支付之间的关系，即内部债务对银行现金支付的负向影响在TARP银行中更加显著，但这一结果只在总支付中存在，在净支付中不存在。 （3）进一步分别检验了"现金股利""股票回购""股票发行"3个银行现金支付渠道受CEO内部债务的影响情况。 最后，Srivastav et al.（2014）进行了一系列稳健性检验，分别借鉴Cuny et al.（2009）和Hirtle（2004）关于"股票回购"的计算方法重新计算银行现金支付变量，发现结果并无本质改变。 总之，Srivastav et al.（2014）的研究结果符合理论预期，即CEO内部债务使得高管与债权人的利益更加一致。

综上，根据高管内部债务的风险规避假说，延付高管薪酬与企业（银行）的现金股利分配负相关。 故本文提出研究假设：

H5-3a：控制其他因素时，延付高管薪酬将导致银行支付更少的现金股利。

5.2.1.2 债务成本效应

高管内部债务（延付薪酬）对债务成本效应假说认为，CEO内部债务使得高管与债权人利益更加一致，从而产生更加有利的债务条件，如更低的债务融资成本、更少的限制性条款等。 由于企业（银行）对现金股利支付增加了未来需要外部融资的可能性。 因此，具有较高CEO内部债务水平的公司可能更有可能支付股利，并支付较高水平的股息。

---

① 不良资产救助计划（Troubled Asset Relief Program, TARP）是指在2008年9月雷曼兄弟破产后推出的旨在救助金融系统的紧急措施。

② Srivastav et al.（2014）的逻辑是，更高的现金支付降低了可供银行偿付TARP资金的自由现金，这会延长银行偿付TARP的时间，可能带来债权人和纳税人的损失。

Hui and Borah（2013）利用 2006—2008 年的 1859 个公司×年观察样本，考察 CEO 内部债务对股利支付政策的影响。结果发现，CEO 内部债务与企业现金股利支付的可能性以及股利支付水平正相关。此外，Hui and Borah（2013）还发现，与内部债务水平低的公司相比，内部债务水平高的公司股利增加对公司的估值影响更为积极。总之，Hui and Borah（2013）的研究结果支持了 CEO 内部债务降低企业债务融资成本的假说。因此，内部债务水平较高的 CEO 会因为较低的财务约束而支付更多的红利。

综上，根据高管内部债务的债务成本效应假说，延付高管薪酬与企业现金股利分配正相关。故本文提出研究假设：

H5-3b：控制其他因素时，延付高管薪酬将导致银行支付更多的现金股利。

5.2.2 研究设计

这一部分我们同样采用 PSM-DID 分析。分为两步，首先是倾向得分匹配（PSM），然后是双重差分估计（DID）。其中倾向得分匹配（PSM）处理与前面相同，这里不作赘述。

为进行 DID 检验，我们设置分组虚拟变量 Group，对经 PSM 处理后获得的处理组定义 Group=1，对照组则定义 Group=0；同时，设置时间虚拟变量 Event，2010 年时 Event=0，其他年份（2011—2015 年）时 Event=1。基于 DID 法的回归模型设定如下：

$$\text{DIV}_{it} = \delta_0 + \delta_1 \text{Group}_{it} + \delta_2 \text{Event}_{it} + \delta_3 \text{Group}_{it} \cdot \text{Event}_{it} + \beta Y_{it} + c_t + c_i + \varepsilon_{it}$$

$$(5\text{-}5)$$

式中，DIV_{it} 衡量银行 i 在第 t 期的现金股利分配比率，包含以下 3 个维度：（1）DIV1=现金股利除以净利润；（2）DIV2=现金股利/税前利润；（3）DIV3=现金股利/NIM，其中 NIM 是净息差（Net Interest Margin）。Y 是一组随时间变化的可观测的影响银行现金股利分配比率的控制变量，借鉴 Fama and French（2001）、Chay and Suh（2009）、Abreu and Gulamhussen（2013）等已有文献的做法，并结合国内银行的实际情况，我们控制了银行规模（Size）、资产增速（GTA）、杠杆率（Lev）、盈利能力（ROA）、核心资本充足率（CCAR）、核心资本压力（RPCC1、RPCC2）、是否上市（List）、风险加权资产比例（RWA）等银行特征变量以及经济周期（Ggdp）等。 相关变量定义详见表 5-1。 c_t、c_i 和 ε_{it} 分别是年度固定效应、非观测效应和随机误差项。 同式（5-1），我们采用面板双重差分模型来估计式（5-5）。 我们关注的系数是 δ_3，如果 H5-3a 成立，则 δ_3 为负；如果 H5-3b 成立，则 δ_3 为正。

为了进一步检验延付高管薪酬对银行股利分配的动态边际影响，我们在式（5-5）中引入时间虚拟变量，如：

$$DIV_{it} = \alpha_0 + \alpha_1 Group_{it} + \alpha_2 Y2011_{it} + \alpha_3 Y2012_{it} + \alpha_4 Y2013_{it} + \alpha_5 Y2014_{it} + \alpha_6 Y2015_{it} + \alpha_7 Y2011_{it} Group_{it} + \alpha_8 Y2012_{it} Group_{it} + \alpha_9 Y2013_{it} Group_{it} + \alpha_{10} Y2014_{it} Group_{it} + \alpha_{11} Y2015_{it} Group_{it} + \beta Y_{it} + c_i + \varepsilon_{it}$$

（5-6）

式中，Y2011—Y2015 分别为对应于 2011—2015 年的时间虚拟变量。 可见，2011 年时处理组（Group＝1）和对照组（Group＝0）的收益波动性分别为 $\alpha_0 + \alpha_1 + \alpha_2 + \alpha_7$ 和 $\alpha_0 + \alpha_2$，故处理组和对照组在 2011 年的收益波动性差异为 $\alpha_0 + \alpha_1 + \alpha_2 + \alpha_7 - (\alpha_0 + \alpha_2) = \alpha_1 + \alpha_7$；同理，处理组和对照组在 2012 年的收益波动性差异为 $\alpha_1 + \alpha_8$，在 2013、2014 和 2015 年的差异则分别为 $\alpha_1 + \alpha_9$、$\alpha_1 + \alpha_{10}$ 和 $\alpha_1 + \alpha_{11}$。 显然，它们都有一个共同系数 α_1。 因此，在考察延付高管薪酬政策对银行收益波动性的动态边际影响效应时，我们重点关注交互项 Y2011×Group—Y2015×Group 的系数 α_7—α_{11}。

5.2.3 实证结果及分析

PSM 结果与前面的相同（表 5-2），这里不作赘述。

式（5-5）的 DID 检验结果如表 5-6 所示。 不难看到，无论是 DIV1、DIV2 还是 DIV3，交互项系数均显著为负，这证实了本文的研究假设 **H5-3a**。

表 5-6　延付高管薪酬对银行现金股利分配影响的平均处理效应(2010—2015)

	DIV1		DIV2		DIV3	
	(1)	(2)	(3)	(4)	(5)	(6)
Event× Group	−23.2302***	−17.7053**	−15.4440***	−11.0493*	−8.0335***	−5.6668**
	(−3.1892)	(−2.4005)	(−2.7643)	(−1.9639)	(−3.2139)	(−2.1944)

	DIV1		DIV2		DIV3	
	(1)	(2)	(3)	(4)	(5)	(6)
Event	1.4593	1.7568	−0.1813	−3.862	−0.5644	−0.5652
	(0.2934)	(0.1404)	(−0.0472)	(−0.4044)	(−0.3306)	(−0.129)
RWA		−0.5306		−0.3077		−0.3365 **
		(−1.1231)		(−0.8536)		(−2.0344)
Size		−7.0236		−2.6463		−1.8986
		(−0.6704)		(−0.3309)		(−0.5176)
GTA		−0.2318 **		−0.1869 ***		−0.0647 **
		(−2.5323)		(−2.6774)		(−2.0186)
Lev		1.2985		1.4211		1.2632
		(0.3264)		(0.4683)		(0.907)
ROA		4.3257		1.6946		6.8254 **
		(0.4825)		(0.2475)		(2.1745)
CCAR		2.5379		2.0562		0.02
		(1.1355)		(1.2058)		(0.0256)
RPCC2		41.0454		36.2113		10.7471
		(1.4255)		(1.6489)		(1.066)
List		10.0738		7.7085		1.5003
		(0.7367)		(0.7387)		(0.3134)
Ggdp		−0.8118		−0.5286		−0.5338
		(−0.6030)		(−0.5141)		(−1.1325)
年度虚拟变量	Yes	Yes	Yes	Yes	Yes	Yes
CONS	30.3464 ***	115.6582	22.6874 ***	48.0965	12.3921 ***	46.0151
	(9.9202)	(0.8835)	(9.6705)	(0.481)	(11.8047)	(1.0039)
样本量	267	262	266	261	267	262
R^2	0.0719	0.1752	0.066	0.1774	0.0873	0.1676
F 值	2.74 **	2.82 ***	2.48 **	2.85 ***	3.38 **	2.67 ***
银行数	49	48	49	48	49	48

注:括号中的值为双尾检验的 t 值。 * 、* * 、* * * 分别表示在 0.1、0.05 和 0.01 水平下显著。
Group 和 RPCC1 变量由于具有时间不变性,进行面板 DID 回归时被自动删除。

为了进一步验证本文的研究假设 **H5-3a** 和 **H5-3b**，我们进一步对式（5-6）进行 DID 检验，其结果如表 5-7 所示。可以看到，当因变量为 DIV1 时，Y2013×Group—Y2015×Group 系数均显著为负，说明 2010 年延付高管薪酬后银行的现金股利分配在 2013—2015 年显著下降，且 2014 年系数的绝对值最大，即现金股利分配降低的程度在 2014 年最高。当因变量为 DIV2 和 DIV3 时，Y2014×Group 和 Y2015×Group 系数均显著为负，说明 2010 年延付高管薪酬后银行的现金股利分配在 2014 年、2015 年显著下降，同样 2014 年系数的绝对值更大。因此，表 5-7 的结果说明，延付高管薪酬政策对现金股利分配的影响效应具有滞后性，即在政策实施后的 2—3 年才开始显示出效应。

关于延付高管薪酬政策对现金股利分配的效应从 2013 年起才开始显著的原因，我们认为同样需要结合前面第 4 章的内容。表 4-8 显示，延付高管薪酬政策实施后，银行压缩的表内信贷资产通过资管（理财）计划转移至表外，其目的是逃避相关监管[①]，因此，在此期间银行的资本压力不大，于是我们看到表 5-7 中 Y2011×Group—Y2012×Group 的系数并不显著。但随着银行理财业务的暴发式增长（图 4-1），2013 年起银行理财业务监管政策收紧，8 号文要求银行将其相关非标资产在 2013 年底前完成风险加权资产计量和资本计提，因此，从表 4-8 列（11）、列（12）中我们看到，Y2013×Group 的系数高达 9.795 和 8.834，并且在统计上显著。由此可以预计，RWA 的大幅提升将使得银行的资本充足率压力大幅提升，在此背景下，银行将大幅降低其现金股利分配，以缓解其受到的资本压力[②]，于是我们看到表 5-7 中 Y2013×Group—Y2014×Group 的系数显著为负。

---

① 银行表内信贷（间接融资）"伪装"成资管业务，佯装不是由自己承担投资风险的，那么就可以规避计提资本、损失准备金和信息披露等要求。但其实，这是银行自己的投资，由银行承担风险，银行对客户刚性兑付，并且分离定价（即银行给客户固定的回报，而不是像资管业那样，自己收取相对固定的管理费）。

② 众所周知，对银行而言，现金股利分配会减少银行的未分配利润，而未分配利润是银行核心资本的重要组成部分。也即，银行可以通过减少股利分配以缓解其资本监管压力。

表5-7　延付高管薪酬对银行现金股利分配影响的动态边际效应(2010—2015)

	DIV1		DIV2		DIV3	
	(1)	(2)	(3)	(4)	(5)	(6)
Y2011×	−17.3066*	−9.0699	−12.0035*	−5.5476	−5.6569*	−2.9418
Group	(−1.866)	(−0.9869)	(−1.6814)	(−0.7881)	(−1.8123)	(−0.929)
Y2012×	−11.0519	−5.2303	−6.8728	−2.1617	−2.4448	−0.4428
Group	(−1.1877)	(−0.5712)	(−0.9596)	(−0.3082)	(−0.7807)	(−0.1404)
Y2013×	−25.0521***	−18.5847**	−16.4768**	−10.8886	−6.1458*	−3.8856
Group	(−2.7011)	(−2.0079)	(−2.3081)	(−1.5359)	(−1.969)	(−1.2184)
Y2014×	−39.6259***	−34.2695***	−27.2854***	−23.0006***	−14.6080***	−12.3233***
Group	(−4.2725)	(−3.696)	(−3.8221)	(−3.2385)	(−4.68)	(−3.8573)
Y2015×	−22.9541**	−23.9438**	−14.4387**	−15.2045**	−11.3103***	−10.3939***
Group	(−2.466)	(−2.5009)	(−2.0082)	(−2.0655)	(−3.6105)	(−3.1508)
Y2011	−0.0726	−6.6818	−1.4254	−7.3171	0.031	−3.0359
	(−0.0139)	(−1.0313)	(−0.3553)	(−1.4743)	(0.0177)	(−1.36)
Y2012	−0.9809	−9.3165	−2.1974	−10.0349	−0.4448	−4.4231
	(−0.1862)	(−1.0839)	(−0.5421)	(−1.5241)	(−0.251)	(−1.4934)
Y2013	1.5853	−3.8228	−0.5194	−7.1836	0.2542	−2.5638
	(0.3041)	(−0.3896)	(−0.1295)	(−0.9557)	(0.1449)	(−0.7583)
Y2014	1.8033	−4.4541	−0.2038	−8.4216	0.3536	−2.4638
	(0.346)	(−0.3831)	(−0.0508)	(−0.9455)	(0.2016)	(−0.615)
Y2015	1.3699	−1.7439	−0.5189	−6.9072	0.5109	−0.9729
	(0.2599)	(−0.1338)	(−0.1265)	(−0.691)	(0.2879)	(−0.2167)
控制变量	NO	Yes	NO	Yes	NO	Yes
CONS	30.3602***	20.1353	22.6990***	−25.3545	12.3922***	10.6657
	(10.0745)	(0.1455)	(9.785)	(−0.2387)	(12.2187)	(0.2236)
样本量	267	262	266	261	267	262
R²	0.1163	0.2288	0.1040	0.2244	0.1642	0.2463
F值	2.74**	2.88***	2.40**	2.79***	4.09**	3.17***
银行数	49	48	49	48	49	48

注:括号中的值为双尾检验的t值。*、**、***分别表示在0.1、0.05和0.01水平下显著。Group和RPCC1变量由于具有时间不变性,进行面板DID回归时被自动删除。

　　为了得到更加可靠的结论,我们进一步检验延付高管薪酬政策对银行资本充足率以及监管资本的影响效应。

5.2.4 进一步研究

在上述基本回归的基础上,我们进一步研究了延付高管薪酬与资本充足率、监管资本和资产质量的关系,以期得到更加丰富的结论。

5.2.4.1 延付高管薪酬与资本充足率

利用前面 PSM 的结果(表 5-2),我们分别绘制了经 PSM 处理后的处理组和对照组其 CAR 和 CCAR 的均值变动趋势,如图 5-10、图 5-11 所示。 其中,图 5-10 为 CAR 的均值变动趋势,可以看到,处理组和对照组的 CAR 有基本相同的趋势,两者均在 2013 年有显著的下降,显然这与 2013 年实施的强监管有关。

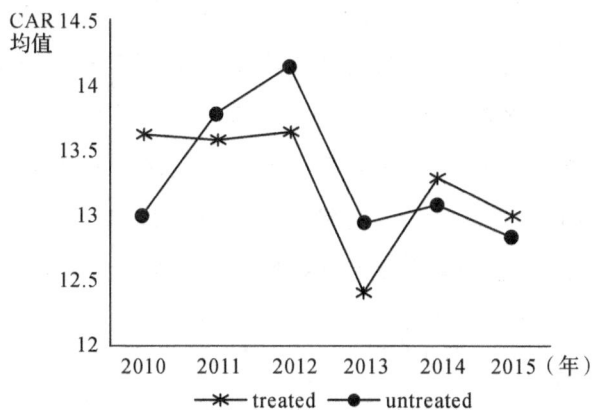

图 5-9　CAR 均值差异趋势

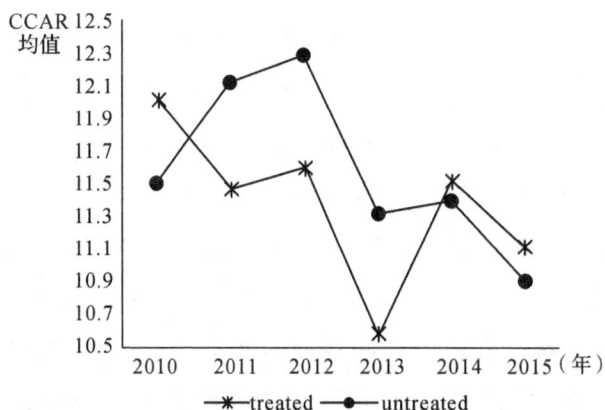

图 5-10　CCAR 均值变动趋势

在图 5-10 和 5-11 的直观感受下，为检验延付高管薪酬对资本充足率的影响，我们设定 DID 模型。 我们设置分组虚拟变量 Group，对经 PSM 处理后获得的处理组定义 Group＝1，对照组则定义 Group＝0；同时，设置时间虚拟变量 Event，2010 年时 Event＝0，其他年份（2011—2015 年）时 Event＝1。 基于 DID 法的回归模型设定如下：

$$CAR_{it} = \delta_0 + \delta_1 Group_{it} + \delta_2 Event_{it} + \delta_3 Group_{it} Event_{it} + \beta Y_{it} + c_t + c_i + \varepsilon_{it}$$

$$(5-7)$$

式中，CAR_{it} 衡量银行 i 在第 t 期的资本充足率，分别为总资本充足率（CAR＝监管资本/风险加权资产）和核心资本充足率（CCAR＝核心资本/风险加权资产）。 Y 是一组随时间变化的可观测的影响银行资本充足率的控制变量，借鉴已有文献的做法，并结合国内银行的实际情况，我们控制了风险加权资产（RWA）、贷款规模（Loan）、贷款增速（Gloan）、贷款损失准备（LSR）、银行规模（Size）、杠杆率（Lev）、贷存比（LDR）、权益收益率（ROE）、是否上市（List）及经济周期（Ggdp）等变量。 相关变量定义详见表 5.1。 c_t、c_i 和 ε_{it} 分别是年度固定效应、非观测效应和随机误差项。 同式（5.5），我们采用面板双重差分模型来估计式（5-5）。 我们关注的系数是 δ_3，预期 δ_3 为负。

为了进一步检验延付高管薪酬对银行股利分配的动态边际影响，我们在式（5-7）中引入时间虚拟变量，如：

$$CAR_{it} = \alpha_0 + \alpha_1 Group_{it} + \alpha_2 Y2011_{it} + \alpha_3 Y2012_{it} + \alpha_4 Y2013_{it} + \alpha_5 Y2014_{it} +$$
$$\alpha_6 Y2015_{it} + \alpha_7 Y2011_{it} \cdot Group_{it} + \alpha_8 Y2012_{it} \cdot Group_{it} + \alpha_9 Y2013_{it} \cdot Group_{it} +$$
$$\alpha_{10} Y2014_{it} \cdot Group_{it} + \alpha_{11} Y2015_{it} \cdot Group_{it} + \beta Y_{it} + c_i + \varepsilon_{it} \qquad (5-8)$$

式中，Y2011—Y2015 分别为对应于 2011—2015 年的时间虚拟变量。

表 5-8 列示了式（5-7）的 DID 检验结果。 不难看到，无论是资本充足率 CAR 还是核心资本充足率 CCAR，交互项系数均显著为负，这表明延付高管薪酬政策的实施反而导致银行的安全性（资本充足率）下降。 这初步证实了我们前面的推论，即延付高管薪酬政策反而导致银行面临更大的资本压力。

表 5-8 式(5-7)的 DID 检验结果(2010－2015)——平均处理效应

	CAR		CCAR	
	(1)	(2)	(3)	(4)
Event× Group	−2.7230 **(−2.4806)	−1.6524 *(−1.7899)	−2.9296 ***(−2.6559)	−1.7779 **(−1.994)
Event	0.3043(0.4866)	0.2898(0.3887)	−0.2055(−0.2682)	2.1865(1.4815)
RWA		−0.1880 ***(−5.2496)		−0.1861 ***(−5.0444)
Loan		0.0131(0.189)		−0.0104(−0.154)
Gloan		0.0207(1.1255)		0.0308 *(1.6545)
LSR		−0.0222(−0.0788)		−0.3235(−1.1871)
Size		−1.6300(−1.6451)		−3.1032 **(−2.2872)
Lev		1.8599 ***(8.6277)		1.9374 ***(9.0211)
LDR		−0.0563(−1.3082)		−0.0647(−1.5485)
ROE		−0.0426(−0.6490)		−0.0552(−0.8520)
List		0.5007(0.2646)		0.5089(0.2801)
Ggdp		−0.1846(−1.1563)		−0.1300(−0.7930)
时间虚拟变量	是	是	是	是
CONS	13.9610 ***(29.8425)	36.4766 ***(2.7603)	12.3605 ***(26.1372)	52.8871 ***(3.0946)
样本量	311	306	309	304
R^2	0.0505	0.4113	0.0518	0.4682
F 值	2.24 **	10.39 ***	2.28 **	12.98 ***
银行数	53	52	53	52

注:括号中的值为双尾检验的 t 值。*、* *、* * * 分别表示在 0.1、0.05 和 0.01 水平下显著。Group 变量由于具有时间不变性,进行面板 DID 回归时被自动删除。

表 5-9 列示了式(5-8)的 DID 检验结果。 不难看到,无论是资本充足率 CAR 还是核心资本充足率 CCAR,Y2013 × Group 和 Y2015 × Group 系数均显著为负,说明 2010 年延付高管薪酬后银行的资本充足率在 2013 年和 2015

年显著下降。结合表 4-8 的内容，这进一步证实了我们的推断，即由于 2013 年起银行理财等业务的监管政策收紧，银行大量相关非标资产在 2013 年底前完成风险加权资产计量和资本计提，导致银行面临的资本压力骤然增加。由于资本压力，银行大幅降低现金股利分配，如表 5-7 所示，各列中交互项 Y2014 × Group 的系数绝对值显著更大，这在很大程度上缓解了银行在 2014 年面临的资本压力，所以我们看到，表 5-9 列（3）、列（4）中交互项 Y2014 × Group 的系数不显著（现金股利的减少主要增加了银行核心资本）。

表 5-9　式(5-8)的 DID 检验结果(2010—2015)——动态边际效应

	CAR		CCAR	
	(1)	(2)	(3)	(4)
Y2011×Group	−1.5018(−1.0685)	−0.0405(−0.035)	−2.2043(−1.5504)	−0.769(−0.6866)
Y2012×Group	−1.9378(−1.374)	−0.8135(−0.7054)	−2.4729*(−1.7361)	−1.2048(−1.0808)
Y2013×Group	−4.1078***(−2.9033)	−2.8057**(−2.3859)	−4.4287***(−3.0991)	−2.8950**(−2.5459)
Y2014×Group	−2.4168*(−1.7082)	−1.8666(−1.5718)	−2.3538(−1.6472)	−1.6832(−1.4659)
Y2015×Group	−3.6093**(−2.551)	−3.1859***(−2.6249)	−3.2331**(−2.2624)	−2.8643**(−2.442)
Y2011	0.4512(0.5668)	0.1502(0.1883)	0.3741(0.4602)	0.1921(0.2479)
Y2012	0.6424(0.7985)	0.6712(0.6569)	0.4411(0.5396)	0.4992(0.5057)
Y2013	0.131(0.1612)	1.5355(1.3319)	0.0287(0.0348)	1.4045(1.2627)
Y2014	0.1677(0.2065)	1.6274(1.1893)	0.1025(0.1242)	1.5282(1.1581)
Y2015	0.0875(0.1077)	2.7399*(1.7758)	−0.0982(−0.1189)	2.5913*(1.7418)
Y2015	0.0875(0.1077)	2.7399*(1.7758)	−0.0982(−0.1189)	2.5913*(1.7418)
RWA		−0.1918***(−5.0046)		−0.1793***(−4.8367)

	CAR		CCAR	
	(1)	(2)	(3)	(4)
Loan	−0.0009(−0.0123)		−0.0141(−0.2092)	
Gloan		0.0265(1.366)		0.0292(1.5608)
LSR		0.0002(0.0007)		−0.2823(−1.0371)
Size		−3.0108**(−2.1435)		−3.1465**(−2.3207)
Lev		1.8202***(8.2348)		1.9337***(9.0145)
LDR		−0.0557(−1.2893)		−0.0636(−1.5246)
ROE		−0.0335(−0.4966)		−0.0619(−0.951)
List		1.7268(0.8972)		1.3475(0.7264)
Ggdp		−0.1189(−0.695)		−0.0938(−0.5679)
CONS	13.9635***(30.0116)	51.9348***(2.9341)	12.3568***(26.0938)	52.5353***(3.0741)
样本量	311	306	309	304
R²	0.0689	0.4351	0.0645	0.4810
F 值	1.83*	9.01**	1.70*	10.75***
银行数	53	52	53	52

注：括号中的值为双尾检验的 t 值。*、**、*** 分别表示在 0.1、0.05 和 0.01 水平下显著。Group 变量由于具有时间不变性，进行面板 DID 回归时被自动删除。

5.2.4.2　延付高管薪酬与银行监管资本

前面我们看到延付高管薪酬对银行资本充足率的影响，下面我们进一步检验延付高管薪酬对银行监管资本的影响。我们用 $Tier_{it}$ 衡量银行 i 在第 t 期的监管资本，分别为总监管资本（Tier＝总监管资本/总资产）、核心资本（Tier1＝核心资本/总资产）以及附属资本（Tier2＝（总监管资本−核心资本）/总资产；Tier2a＝（总监管资本−股东权益）/总资产）。

利用前面 PSM 的结果（表 5-2），我们分别绘制了经 PSM 处理后的处理组和对照组其 Tier1、Tier2、Tier2a 和 Tier 的均值变动趋势，如图 5-11—图 5-14 所示。其中，图 5-11 为 Tier1 的均值变动趋势，可以看到，处理组和对照组的 Tier1 有基本相同的趋势，且在 2010—2013 年处理组的 Tier1 显著低于对照组，2014 年后处理组的 Tier1 显著上升，超过的对照组 Tier1 的水平。图 5-12 为 Tier 的均值变动趋势，同样可以看到，处理组和对照组的 Tier 有基本相同的趋势，且在 2010—2013 年处理组的 Tier 显著低于对照组。 图 5-13、图 5-14 为 Tier2、Tier2a 的均值变动趋势，可以看到，处理组和对照组的 Tier2（Tier2a）有基本相同的趋势，且基本在各年中处理组的 Tier2（Tier2a）水平均高于对照组。 总之，图 5-11—图 5-14 表明，无论是处理组还是对照组的 Tier1、Tier2、Tier2a 和 Tier 均值具有基本相同的趋势，如果我们直接估算 2010 年（延付高管薪酬政策实施）以后的 Tier1、Tier2、Tier2a 和 Tier 的变化，则会简单地认为延付高管薪酬降低（提高）了银行监管资本，产生这一错误认识的原因是忽视了样本期内对照组的收益波动性也呈现了相同趋势这一客观事实，因此我们进一步用 DID 策略来说明延付高管薪酬的净影响效应是合理且必要的。

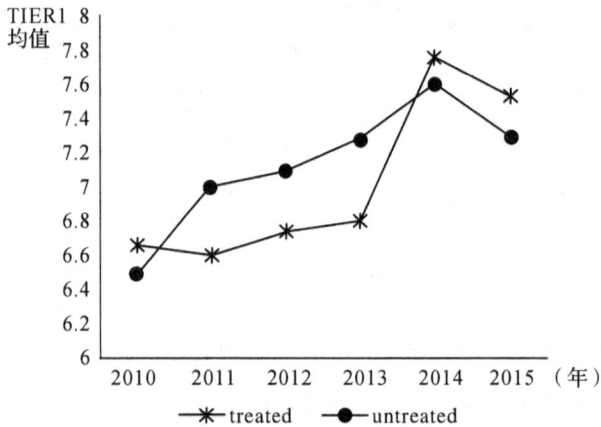

图 5-11　Tier1 均值变动趋势

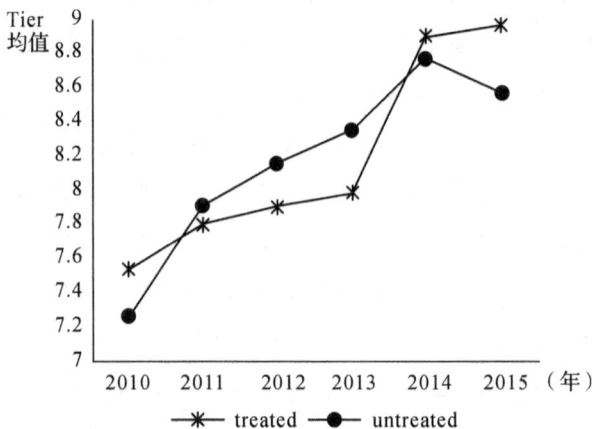

图 5-12　Tier 均值变动趋势

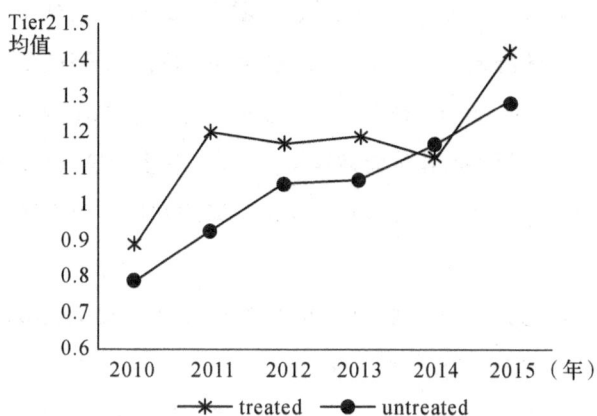

图 5-13　Tier2 均值变动趋势

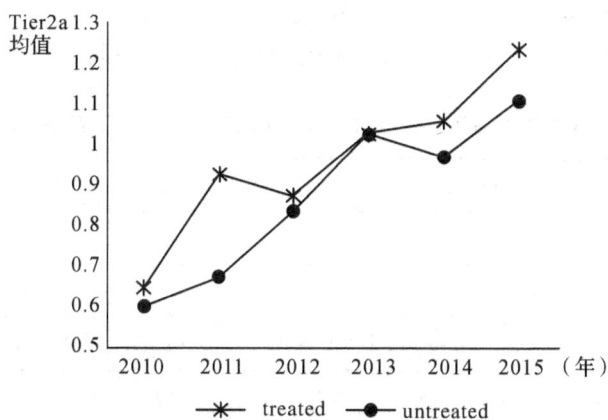

图 5-14　Tier2a 均值变动趋势

为设定检验延付高管薪酬对银行监管资本影响的 DID 模型，我们设置分组虚拟变量 Group，对经 PSM 处理后获得的处理组定义 Group＝1，对照组则定义 Group＝0；同时，设置时间虚拟变量 Event，2010 年时 Event＝0，其他年份（2011—2015 年）时 Event＝1。基于 DID 法的回归模型设定如下：

$$\text{Tier}_{it} = \eta_0 + \eta_1 \text{Group}_{it} + \eta_2 \text{Event}_{it} + \eta_3 \text{Group}_{it} \text{Event}_{it} + \gamma Z_{it} + c_t + c_i + \varepsilon_{it}$$

$$(5\text{-}9)$$

式中，Z 是一组随时间变化的可观测的影响银行监管资本的控制变量，借鉴已有文献的做法，并结合国内银行的实际情况，我们控制了资产增速（GTA）、贷款损失准备金率（LSR）、拨备覆盖率（PCR）、资本充足率

（CAR）、资本压力（RP1、RP2）、银行规模（Size）、杠杆率（Lev）、权益收益率（ROE）、是否上市（List）及经济周期（Ggdp）等变量。 相关变量定义详见表 5-1。 c_t、c_i 和 ε_{it} 分别是年度固定效应、非观测效应和随机误差项。 同式（5-5），我们采用面板双重差分模型来估计式（5-9）。 我们关注的系数是 η_3，预期 η_3 为正，即延付薪酬政策的实施提升了银行的监管资本水平。

为了进一步检验延付高管薪酬对银行监管资本的动态边际影响，我们也在式（5-9）中引入时间虚拟变量，如：

$$\text{Tier}_{it} = \alpha_0 + \alpha_1 \text{Group}_{it} + \alpha_2 \text{Y2011}_{it} + \alpha_3 \text{Y2012}_{it} + \alpha_4 \text{Y2013}_{it} + \alpha_5 \text{Y2014}_{it} +$$
$$\alpha_6 \text{Y2015}_{it} + \alpha_7 \text{Y2011}_{it} \cdot \text{Group}_{it} + \alpha_8 \text{Y2012}_{it} \cdot \text{Group}_{it} + \alpha_9 \text{Y2013}_{it} \cdot \text{Group}_{it} +$$
$$\alpha_{10} \text{Y2014}_{it} \cdot \text{Group}_{it} + \alpha_{11} \text{Y2015}_{it} \cdot \text{Group}_{it} + \beta Z_{it} + c_i + \varepsilon_{it} \qquad (5\text{-}10)$$

式中，Y2011—Y2015 分别为对应于 2011—2015 年的时间虚拟变量。

表 5-10　延付高管薪酬对银行监管资本影响的平均处理效应(2010—2015)

	Tier1		Tier2		Tier	
	(1)	(2)	(3)	(4)	(5)	(6)
Event× Group	−0.0747	0.4955	0.3654**	0.4412**	0.2744	0.9603**
	(−0.1132)	(0.9822)	(1.9904)	(2.4163)	(0.4322)	(2.0841)
Event	0.3318	−0.3847	0.1325	−0.0517	0.4805	−0.4327
	(0.8697)	(−0.9197)	(1.2363)	(−0.3406)	(1.2964)	(−1.1294)
Size		−0.3074		0.038		−0.279
		(−0.6099)		(0.2092)		(−0.6082)
GTA		0.0002		−0.0026		−0.0023
		(0.0267)		(−1.2096)		(−0.431)
Lev		1.0755***		−0.1118**		0.9808***
		(7.2655)		(−2.0776)		(7.2219)
ROE		−0.0502		0.0207		−0.0282
		(−1.3474)		(1.5369)		(−0.8309)

	Tier1		Tier2		Tier	
	(1)	(2)	(3)	(4)	(5)	(6)
LSR		−0.1414		0.2195 ***		0.0744
		(−0.9005)		(3.877)		(0.5208)
LSR		−0.0006 *		0.0000		−0.0007 **
		(−1.8539)		(−0.4076)		(−2.2752)
CAR		0.1705 **		0.1120 ***		0.2805 ***
		(2.1318)		(3.8808)		(3.851)
RP1		1.3471 *		0.1566		1.5451 **
		(1.9157)		(0.6169)		(2.4113)
RP2		0.1094		0.1628		0.2673
		(0.3514)		(1.4506)		(0.9438)
List		0.0622		−0.057		0.0201
		(0.0613)		(−0.1561)		(0.0218)
Ggdp		−0.0129		−0.0229		−0.0298
		(−0.1502)		(−0.7404)		(−0.3813)
年度虚拟变量	是	是	是	是	是	是
CONS	6.9934 ***	2.4627	0.8917 ***	−0.8007	7.8988 ***	1.6294
	(24.6068)	(0.3632)	(11.2139)	(−0.3275)	(28.7166)	(0.2641)
样本量	307	306	305	304	305	304
R²	0.0448	0.4941	0.0585	0.1815	0.0587	0.5521
F 值	1.95 *	13.62 ***	2.56 **	3.07 ***	2.57 **	17.04 ***
银行数	52	52	52	48	52	52

注:括号中的值为双尾检验的 t 值。 * 、* * 、* * * 分别表示在 0.1、0.05 和 0.01 水平下显著。
Group 变量由于具有时间不变性,进行面板 DID 回归时被自动删除。

表 5-10 列示了式(5-9)的 DID 检验结果。 不难看到,对于核心资本,交互项系数并不显著。 对于附属资本(Tier2),交互项系数显著为正,这表明延付高管薪酬政策的实施使得银行增加了附属资本的融资。 事实上,实施延

付薪酬的银行有更强的动力和能力增加其附属资本融资：一方面，从我国延付高管薪酬政策的考核要求来看，"资本充足率"要求居于首位，因此实施延付薪酬的银行有更强的动力增加附属资本以美化其资本充足率水平；另一方面，由于延付薪酬政策的债务成本效应①，银行能更容易获得债务融资（附属资本的重要组成部分），因此，实施延付薪酬的银行有更强的能力增加其附属资本融资。最后，列（5）和列（6）显示，银行总监管资本的交互项系数也显著为正，这从总体上说明，延付薪酬政策的实施会导致银行的监管资本水平提高。

表 5-11　延付高管薪酬对银行监管资本的动态边际影响效应(2010—2015)

	Tier1		Tier2		Tier	
	(1)	(2)	(3)	(4)	(5)	(6)
Y2011× Group	−0.6665	0.066	0.4723**	0.5692**	−0.1877	0.6228
	(−0.8129)	(0.1057)	(1.9918)	(2.462)	(−0.2379)	(1.0948)
Y2012× Group	−0.5942	0.2124	0.3747	0.4665**	−0.2413	0.7171
	(−0.7247)	(0.3384)	(1.5829)	(2.0093)	(−0.3063)	(1.255)
Y2013× Group	−1.3148	−0.3773	0.4397*	0.4976**	−0.8974	0.1653
	(−1.5984)	(−0.5922)	(1.8514)	(2.1096)	(−1.1354)	(0.2848)
Y2014× Group	1.3394	1.7676***	0.1132	0.1805	1.4302*	1.9914***
	(1.6283)	(2.7659)	(0.4766)	(0.7631)	(1.8094)	(3.4207)
Y2015× Group	0.926	1.0932*	0.4324*	0.5069**	1.3361*	1.6321***
	(1.112)	(1.6869)	(1.7985)	(2.1156)	(1.6698)	(2.7678)
Y2011	0.2654	−0.0853	0.0654	−0.0714	0.3244	−0.1342
	(0.5629)	(−0.1916)	(0.4749)	(−0.4314)	(0.7077)	(−0.3295)
Y2012	0.2352	−0.2668	0.1355	−0.0922	0.3925	−0.3813
	(0.4987)	(−0.4523)	(0.9887)	(−0.4231)	(0.8607)	(−0.7112)

① 根据 CEO 内部债务的债务成本效应假说，CEO 内部债务（延付薪酬）使得高管与债权人利益更加一致，从而产生更加有利的债务条件，如更低的债务融资成本、更少的限制性条款等，因此实施延付薪酬的银行更容易进行附属资本融资。

	Tier1		Tier2		Tier	
	(1)	(2)	(3)	(4)	(5)	(6)
Y2013	0.3128	0.084	0.1316	−0.0127	0.4668	0.0527
	(0.6569)	(0.1279)	(0.9515)	(−0.0522)	(1.0137)	(0.0884)
Y2014	0.4714	−0.2736	0.1317	−0.0133	0.6254	−0.3099
	(0.99)	(−0.3519)	(0.952)	(−0.0462)	(1.3583)	(−0.4388)
Y2015	0.3842	0.1825	0.2022	0.0441	0.6088	0.2204
	(0.807)	(0.2105)	(1.4616)	(0.138)	(1.3222)	(0.28)
控制变量	否	是	否	是	否	是
CONS	6.9922***	10.3333	0.8912***	0.0306	7.8967***	10.2784
	(25.4768)	(1.1786)	(11.1564)	(0.0094)	(29.7018)	(1.2908)
样本量	307	306	305	304	305	304
R^2	0.1005	0.5251	0.0701	0.1938	0.1092	0.5779
F 值	2.74***	12.27***	1.83*	2.64***	2.98***	15.06***
银行数	52	52	52	52	52	52

注:括号中的值为双尾检验的 t 值。*、＊＊、＊＊＊分别表示在 0.1、0.05 和 0.01 水平下显著。Group 变量由于具有时间不变性,进行面板 DID 回归时被自动删除。

表 5-11 列示了式(5-10)的 DID 检验结果。 从列(1)和列(2)不难看到,对于核心监管资本,交互项 Y2014×Group 和 Y2015×Group 系数显著为正,这说明实施延付薪酬的银行在 2014 和 2015 年的核心资本水平显著更高,结合表 5-7 和表 5-9 的内容,我们不难推断,跷跷板效应下,实施延付薪酬的银行将表内信贷大量转移到表外,但没想到始于 2013 年的强监管,强制银行大量相关非标资产在 2013 年底前完成风险加权资产计量和资本计提,导致银行面临的资本压力骤然增加(如表 5-9 所示),由于资本压力,银行大幅降低现金股利分配(如表 5-7 所示),因此从表 5-11 中我们看到延付薪酬银行的核心资本在 2014 年、2015 年明显提升。

列(3)、列(4)则表明,除了交互项 Y2014×Group 以外,其他所有的交互项均显著,这表明实施延付薪酬政策的银行从 2011 年起就有更高的附属资本水平，这进一步证实了我们前面的推断，即实施延付薪酬政策的银行有更强的动力和能力提升其附属资本水平。最后，列（5）和列（6）显示，对于总监管资本，交互项 Y2014×Group 和 Y2015×Group 系数显著为正，结合前面列（1）—列（4）的内容，即在 2013 年强监管带来的资本压力下，实施延付高管薪酬的银行大幅降低了其股利分配，同时增加了其附属资本融资，于是总体监管资本在 2014 年、2015 年表现为显著提升。但从表 4-8 的列（11）和列（12）可以看到，正由于 2013 年的强监管强制银行大量相关非标资产在 2013 年底前完成风险加权资产计量和资本计提，银行的风险加权资本（RWA）大幅提升，交互项 Y2014×Group 和 Y2015×Group 系数高达 21.148 和 24.607（详见表 4-8），远高于表 5-11 中列（6）所示的 1.9914 和 1.6321，也即通过降低股利分配和增加附属资本提升的总监管资本水平远远不及风险资产的提升水平，最终导致银行的资本充足率大幅下降[①]（详见表 5-9）。

综上，如果我们把银行监管资本、股利政策和资产配置与银行资本充足率等内容结合起来，就会发现它们之间实际上存在此消彼长的联系，而其核心则在于银行的监管套利动机。

5.2.4.3 递延高管薪酬与银行资产质量

下面我们进一步检验延付高管薪酬对银行资产质量的影响。

一般而言，最常用于衡量银行资产质量的指标就是不良贷款率，即银行不良贷款占总贷款余额的比重。不良贷款是指在评估银行贷款质量时，把贷款按风险基础分为正常、关注、次级、可疑和损失五类，其中后三类合称为不良贷款。不良贷款率是银行风险监管的核心指标之一[②]，也是延付高管薪酬考核的重要指标之一。然而，值得注意的是，由于每家银行的五级分类标准不完全相同，虽然银监会在 2007 年发布了《贷款风险分类指引》（银监发〔2007〕54 号），给出了一些定性考量因素和需要考虑的维度，但具体分类并

---

① 由于 RWA 和 Tier 的计算均是通过银行资产规模进行标准化，因此可以直接进行比较。

② 《商业银行风险监管核心指标（试行）》中要求不良贷款率不应高于 5%，但其实该比例并非硬性要求，因此银行往往通过各种激励机制尽量降低不良贷款率，如延付薪酬制度等。

不是完全量化的过程，而是依赖于风险监管综合诸多非量化因素综合评估的结果。因此，不良贷款率更容易受到银行（高管）监管套利行为的影响。

此外，由于资本金用来应付非预期损失（或者说发生概率较小但损失较大的情形），贷款损失准备金则是为了覆盖预期损失①，所以水平越高的贷款损失准备金应该对应着的风险较高的贷款。因此理论上，贷款损失准备金率越高意味着银行预期的贷款损失越高，所以我们还用 LSR（贷款损失准备金率＝贷款损失准备金/贷款总额）来衡量银行的资产质量。

利用前面 PSM 的结果（表 5-2），我们分别绘制了经 PSM 处理后的处理组和对照组其 NPL（不良贷款率）和 LSR（贷款损失准备金率）的均值变动趋势，如图 5-15 和图 5-16 所示。其中，图 5-15 为 NPL 的均值变动趋势，可以看到，处理组和对照组的 NPL 有基本相同的趋势，即从 2010 年起 NPL 呈下降趋势，而从 2013 年开始上升；此外，从图 5-15 还可以看到，2013 年前处理组的不良贷款率低于对照组，而在 2013 年后反而比对照组更高。图 5-17 为 LSR 的均值变动趋势，同样可以看到，处理组和对照组的 LSR 都有着明显的上升趋势，且处理组的升势更加陡峭。总之，图 5-15 和图 5-16 表明，无论是处理组还是对照组的 NPL 和 LSR，均值具有基本相同的趋势，如果我们直接估算 2010 年（延付高管薪酬政策实施）以后的 NPL 和 LSR 的变化，则会简单地认为延付高管薪酬降低（提高）了银行资产质量，产生这一错误认识的原因是忽视了样本期内对照组的收益波动性也呈现了相同趋势这一客观事实，因此我们进一步用 DID 策略来说明延付高管薪酬的净影响效应是合理且必要的。

为设定检验延付高管薪酬对银行资产质量影响的 DID 模型，我们设置分

---

① 2002 年，中国人民银行发布《银行贷款损失准备计提指引》（银发〔2002〕98 号），规定贷款损失准备包括一般准备、专项准备和特种准备。其中，一般准备按全部贷款余额的一定比例计提，用于弥补尚未识别的可能性损失的准备，一般准备的年末余额要不低于贷款余额的 1％；专项准备按照贷款的五级分类按不同比例计提，除正常类贷款不计提以外，对于关注类贷款，计提比例为 2％，对于次级类贷款，计提比例为 25％，对于可疑类贷款，计提比例为 50％，对于损失类贷款，计提比例为 100％，次级和可疑类贷款的损失准备计提比例可以上下浮动 20％；特种准备则由银行根据贷款的特殊风险情况、风险损失概率自行计提。

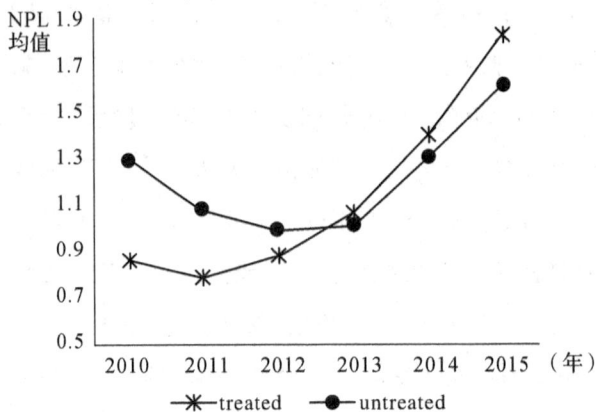

图 5-15　NPL 均值变动趋势

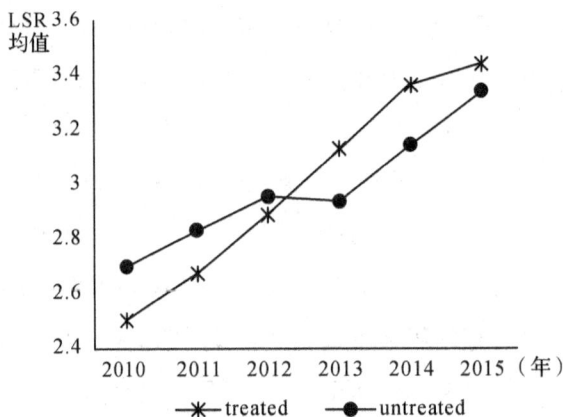

图 5-16　LSR 均值变动趋势

组虚拟变量 Group，对经 PSM 处理后获得的处理组定义 Group＝1，对照组则定义 Group＝0；同时，设置时间虚拟变量 Event，2010 年时 Event＝0，其他年份（2011—2015 年）时 Event＝1。基于 DID 法的回归模型设定如下：

$$\mathrm{AQ}_{it} = \eta_0 + \eta_1 \mathrm{Group}_{it} + \eta_2 \mathrm{Event}_{it} + \eta_3 \mathrm{Group}_{it} \cdot \mathrm{Event}_{it} + \gamma X_{it} + c_t + c_i + \varepsilon_{it}$$

$$(5\text{-}11)$$

式中，AQ_{it} 衡量银行 i 在第 t 期的资产质量，分别用不良贷款率（NPL）和贷款损失准备金率（LSR）衡量。X 是一组随时间变化的可观测的影响银行资产质量的控制变量，借鉴已有文献的做法，并结合国内银行的实际情况，我们控制了贷款规模（Loan）、贷款增速（GLoan）、银行规模（Size）、贷存比（LDR）、资本充足率（CAR）、杠杆率（Lev）、权益收益率（ROE）、是否上市（List）及经济周期（Ggdp）等变量。 相关变量定义详见表5-1。 c_t、c_i 和 ε_{it} 分别是年度固定效应、非观测效应和随机误差项。 同式（5-5），我们采用面板双重差分模型来估计式（5-11）。 我们关注的系数是 η_3。

为了进一步检验延付高管薪酬对银行监管资本的动态边际影响，我们也在式（5-11）中引入时间虚拟变量，如：

$$AQ_{it} = \alpha_0 + \alpha_1 Group_{it} + \alpha_2 Y2011_{it} + \alpha_3 Y2012_{it} + \alpha_4 Y2013_{it} + \alpha_5 Y2014_{it} +$$
$$\alpha_6 Y2015_{it} + \alpha_7 Y2011_{it} \cdot Group_{it} + \alpha_8 Y2012_{it} \cdot Group_{it} + \alpha_9 Y2013_{it} \cdot Group_{it} +$$
$$\alpha_{10} Y2014_{it} \cdot Group_{it} + \alpha_{11} Y2015_{it} \cdot Group_{it} + \beta X_{it} + c_i + \varepsilon_{it} \qquad (5\text{-}12)$$

式中，Y2011—Y2015 分别为对应于 2011—2015 年的时间虚拟变量。

表 5-12　延付高管薪酬对银行资产质量影响的平均处理效应（2010—2015）

	NPL		LSR	
	(1)	(2)	(3)	(4)
Event× Group	0.7439 ***(2.7993)	0.4968 **(2.266)	0.9607 ***(3.5975)	0.7707 ***(3.1362)
Event	0.5113 ***(2.7846)	−0.1881(−0.5119)	0.5065 ***(2.7451)	0.3613(0.8875)
Event	0.5113 ***(2.7846)	−0.1881(−0.5119)	0.5065 ***(2.7451)	0.3613(0.8875)
Loan		0.0122(0.7469)		0.0511 ***(2.8461)
GLoan		−0.0112 **(−2.4555)		0.0025(0.4818)
LSR		0.6424 ***(9.5383)		
NPL				0.3448 ***(6.3593)
Size		0.1336(0.3985)		0.1802(0.4794)
Lev		0.1514 **(2.399)		0.0256(0.363)
LDR		0.0063(0.6104)		−0.0319 ***(−2.7871)
CAR		−0.1212 ***(−3.5969)		−0.0466(−1.225)
ROE		−0.0394 **(−2.5048)		−0.0348 **(−1.991)
List		−0.1455(−0.3207)		0.9367 *(1.8472)
Ggdp		0.0238(0.616)		0.0062(0.1431)

	NPL		LSR	
	(1)	(2)	(3)	(4)
年度虚拟变量	是	是	是	是
CONS	1.0109***(8.9264)	−2.2638(−0.5405)	2.6049***(22.8904)	0.4553(0.097)
样本量	311	310	311	310
R²	0.1588	0.5060	0.1559	0.3795
F 值	7.93***	14.46***	7.75**	8.63***
银行数	53	53	53	53

注:括号中的值为双尾检验的 t 值。 *、* *、* * * 分别表示在 0.1、0.05 和 0.01 水平下显著。
Group 变量由于具有时间不变性,进行面板 DID 回归时被自动删除。

表 5-12 列示了式 (5-11) 的 DID 检验结果。 不难看到,无论是不良贷款率 (NPL) 还是贷款损失准备金率 (LSR),交互项系数均显著为正,这表明延付高管薪酬政策的实施反而使得银行的资产质量恶化。

表 5-13　延付高管薪酬对银行资产质量影响的动态边际效应 (2010—2015)

	NPL		LSR	
	(1)	(2)	(3)	(4)
Y2011× Group	0.0806(0.251)	−0.0171(−0.0677)	0.403(1.1875)	0.3865(1.254)
Y2012× Group	0.195(0.6051)	0.1158(0.4565)	0.8518**(2.5015)	0.7260**(2.3388)
Y2013× Group	0.6344*(1.9625)	0.3388(1.314)	0.9178***(2.6868)	0.7418**(2.3549)
Y2014× Group	1.0307***(3.1886)	0.6923***(2.6691)	1.2195***(3.5699)	0.9969***(3.1446)
Y2015× Group	1.8205***(5.632)	1.6586***(6.3542)	1.4395***(4.214)	1.1591***(3.6241)
Y2011	−0.097(−0.5334)	−0.0854(−0.4924)	0.0615(0.32)	0.2543(1.2117)
Y2012	−0.1423(−0.7744)	−0.2682(−1.1875)	0.1296(0.6672)	0.339(1.2442)

	NPL		LSR	
	(1)	(2)	(3)	(4)
Y2013	−0.1337(−0.7202)	−0.3661(−1.4405)	0.153(0.78)	0.2042(0.6606)
Y2014	−0.0057(−0.0306)	−0.4857(−1.6103)	0.2569(1.3099)	0.1728(0.4725)
Y2015	0.1478(0.7961)	−0.5904*(−1.7358)	0.3437*(1.7523)	0.1964(0.4771)
Loan		0.0143(0.964)		0.0519***(2.9073)
GLoan		−0.0107**(−2.5667)		0.0025(0.4966)
LSR		0.6302***(10.2396)		
NPL				0.3347***(6.19)
Size		0.1012(0.3306)		0.1801(0.4809)
Lev		0.1100*(1.9039)		0.008(0.1131)
LDR		0.0075(0.7991)		−0.0312***(−2.7378)
CAR		−0.1061***(−3.443)		−0.0391(−1.0319)
ROE		−0.0321**(−2.2307)		−0.0317*(−1.8091)
List		−0.7705*(−1.8196)		0.679(1.3134)
Ggdp		−0.003(−0.0846)		−0.0082(−0.1887)
年度虚拟变量	是	是	是	是
CONS	1.0135***(9.5349)	−1.6533(−0.4324)	2.6068***(23.2058)	0.5754(0.1231)
样本量	311	310	311	310
R^2	0.2707	0.5835	0.1906	0.3809
F 值	9.20***	16.60***	5.84**	7.29***
银行数	53	53	53	53

注：括号中的值为双尾检验的 t 值。＊、＊＊、＊＊＊分别表示在 0.1、0.05 和 0.01 水平下显著。Group 变量由于具有时间不变性，进行面板 DID 回归时被自动删除。

表 5-13 列示了式（5-12）的 DID 检验结果。从列（1）和列（2）不难看到，对于不良贷款率 NPL，交互项 Y2013×Group — Y2015×Group 系数显著为正，这说明实施延付薪酬的银行是在 2013—2015 年的不良贷款率显著升高。结合本文前面的研究，我们认为原因有二：（1）从我国延付高管薪酬政策的具体实施要求来看，《监管指引》将"风险成本"作为高管薪酬延付的核心评价标准，即除了资本充足率（即资本监管）以外，还关注不良贷款率、拨

备覆盖率、杠杆率等风险指标。 因此，实施延付薪酬的银行有动力进行不良贷款率的调整。 （2）除了动力以外，银行也有能力对不良贷款率进行调整。如前所述，每家银行的五级分类标准不完全相同，虽然银监会给出了一些定性考量因素和需要考虑的维度，但具体分类并不是完全量化的过程，而是依赖于风险官综合诸多非量化因素综合评估的结果。 因此，不良贷款率更容易受到银行（高管）监管套利行为的影响：2010 年以来经济的下行给银行带来了较大的不良贷款反弹压力，不少银行的思路是"能不暴露就不暴露"，银行想各种办法腾挪，通过各种虚假通道转移不良贷款，典型的有理财产品、委托投资、同业代持、同业投资、受益权转让、资产证券化和通过资产管理公司阶段性代持等方式将不良贷款虚假转移出表；而为了延缓风险暴露，银行也会采取借新还旧、还旧借新等"搭桥"手段藏匿不良贷款，让问题贷款先不入账，不体现在不良贷款的统计中，而表现为关注类贷款的上升①。 综上，出于监管套利动机，实施延付高管薪酬的银行更有动力也有能力美化其不良贷款率指标，即通过各种虚假通道转移不良贷款，因此我们看到表 5-13 列（1）和列（2）中 Y2011×Group — Y2012×Group 并不显著。 而随着 2013 年监管政策收紧，银行通过理财产品、同业业务等转移（藏匿）不良贷款的通道可能被一一封堵，因此实施了延付高管薪酬政策的银行在 2013 年以后的不良贷款率反而更高。

表 5-13 列（3）和列（4）列示了贷款损失准备金率（LSR）的回归结果。不难看到，交互项 Y2012×Group — Y2015×Group 系数均显著为正，且系数显著增大，这说明实施延付薪酬的银行是在 2012 年起显著提高了其贷款损失准备金的计提比重。 如前所述，贷款损失准备（尤其是专项准备金）的提取是根据不良贷款的一定比例计提，因此贷款损失准备金的计提反映了银行对其贷款未来可能发生损失水平的度量，而作为内部人，高管对银行的信贷质量有着更多信息，因此，贷款损失准备金比例在一定程度上反映了银行的贷款质量。 列（3）和列（4）的结果反映了延付高管薪酬政策的实施，导致银行的

---

① 据银监会统计，截至 2015 年末，商业银行不良贷款率达 1.67%，不良贷款余额为 1.27 万亿元。另外，关注类贷款占比 3.79%，超不良贷款 2 倍。杨晓宴，《银行不良"出表"记：详解银行理财资金与不良资产处置的"倒手"新模式》，《21 世纪经济报道》，2015-12-09。

资产质量更差，这在一定程度上印证了列（1）和列（2）的结果，即实施延付高管薪酬政策的银行一方面通过各种通道美化其不良贷款指标，另一方面增提贷款损失准备以抵御风险。

5.3　本章小结

本章主要从银行风险的事后表现研究我国银行高管薪酬延期支付的政策效应。具体而言，本章主要研究了递延高管薪酬对银行盈余管理以及银行股利分配行为的影响：

（1）递延高管薪酬与银行盈余管理。本文发现，延付高管薪酬在降低银行收益波动性的同时反而增强了其通过 LLP 进行盈余管理的动机。进一步对其动态边际效应进行检验后本文发现，银行通过 LLP 进行盈余管理的动机在薪酬延付后的第 3 年尤为显著。出现这种情况的主要原因在于，当前中国银行业高管延付薪酬的考核期限仅为 3 年，出于稳健性薪酬的目的，高管在延付薪酬后的第 3 年（考核期满时）有更强的动力和能力进行盈余管理，从而可能令延付高管薪酬政策对银行风险承担的约束作用大打折扣。因此，进一步优化高管薪酬的延付时间、改革高管薪酬考核的绩效指标、引入激励性的养老金制度是改革和完善当前银行高管薪酬延付制度，发挥其对银行风险偏好的约束作用、实现银行稳健经营和持续发展的重要举措。

（2）递延高管薪酬与银行股利分配。本文发现，延付高管薪酬显著降低了银行的现金股利分配比例，这支持了延付高管薪酬的"风险规避假说"。进一步对其动态边际效应进行检验后本文发现，延付高管薪酬政策对现金股利分配的影响效应具有滞后性，即在政策实施后的 2—3 年才开始显示出效应。其原因主要在于，延付高管薪酬政策实施后，为了逃避相关监管，银行压缩的表内信贷资产通过资管（理财）计划转移至表外，故在此期间银行受到资本压力较小；但随着 2013 年起银行理财业务监管政策收紧，8 号文要求银行将其相关非标资产在 2013 年底前完成风险加权资产计量和资本计提，RWA的大幅提升使得银行的资本充足压力大幅提升，在此背景下，银行大幅降低其现金股利分配，以缓解其受到的资本压力。 在此逻辑下，本文还进一步研究了延付高管薪酬与资本充足率、监管资本以及资产质量之间的关系，发现：①延付高管薪酬政策的实施反而导致银行的安全性（资本充足率以及核心资本充足率）下降，尤其是银行的资本充足率在 2013 年和 2015 年显著下降。这进一步证实了我们的推断，即由于 2013 年起银行理财等业务的监管政策收紧，银行面临的资本压力骤然增加，于是银行大幅降低现金股利分配以缓解其面临的资本压力。 ②延付高管薪酬政策的实施增加了附属资本的融资，对核心资本的影响则并不显著。 ③延付高管薪酬政策的实施反而使得银行的资产质量恶化，这一效应尤其在 2013 年及以后更加显著。 这也印证了我们的逻辑，即随着 2013 年监管政策收紧，银行通过理财产品、同业业务等转移（藏匿）不良贷款的通道可能被一一封堵，因此实施了延付高管薪酬政策的银行在 2013 年以后的不良贷款率反而更高。

6 结 论

后金融危机时代，高管薪酬支付方式改革成为降低金融风险的重要举措，各国均提出对高管薪酬实施延期支付、薪金追回等措施，我国银监会 2010 年发布的《商业银行稳健薪酬监管指引》也明确要求银行高管薪酬实行延期支付和追索。 在此背景下，本书基于高管薪酬支付视角，首先进行内部债务的理论诠释及相关文献综述，并对内部债务研究出现的最新进展进行梳理和归纳，然后通过准自然实验的 PSM-DID 法和一阶差分模型，从薪酬支付的时间维度检验高管薪酬延期支付对我国银行风险管理（包括风险的事前选择和事后表现两个维度）的政策效应，以更好地理解我国特殊治理情境下银行风险管理中高管薪酬激励的本质特征，为监管当局和银行日益关注的旨在提高银行经营稳健性的高管薪酬制度改革提供理论依据和信息参考。

6.1　研究的基本结论

（1）从银行风险的事前选择——资产配置视角来看，控制其他因素时，银行表内信贷与交叉性金融工具之间确实存在显著的跷跷板效应，延付高管薪酬的实施显著降低了银行表内信贷、提升了银行的理财业务和同业业务，进而提升了银行的总体风险水平。 在分业监管制度下，2013 年后监管当局对银行理财业务和同业业务监管力度的持续提升，在有效抑制了一些旧的同业投

233

融资模式的同时，却进一步催生了各种利用混业资管多层嵌套的"金融创新"。分组检验的结果显示：①资本监管压力。对于资本压力较大的银行，控制其他因素时，银行表内信贷与交叉性金融工具之间的这种跷跷板效应越明显；反之则相反。②政府控股。对于高度政府控制的银行（尤其是地方政府控股银行），延付高管薪酬政策导致银行压缩表内信贷业务、同时增加理财业务和同业业务的影响效应更强。③高管年龄。延付高管薪酬政策对银行风险事前选择的效应显著受到了高管年龄的影响，高管受年龄的影响，在银行的资产配置上会出现不同的偏好，延付高管薪酬政策的效应也有明显不同。

（2）从银行风险的事后表现——银行盈余管理行为视角来看，延付高管薪酬在降低银行收益波动性的同时反而增强了其通过贷款损失准备（LLP）进行盈余管理的动机。进一步对其动态边际效应进行检验后本文发现，银行通过LLP进行盈余管理的动机在薪酬延付后的第3年尤为显著。出现这种情况的主要原因在于，当前中国银行业高管延付薪酬的考核期限仅为3年，出于稳健性薪酬的目的，高管在延付薪酬后的第3年（考核期满时）有更强的动力和能力进行盈余管理，从而可能令延付高管薪酬政策对银行风险承担的约束作用大打折扣。

（3）从银行风险的事后表现——银行股利分配视角来看，延付高管薪酬显著降低了银行的现金股利分配比例，这支持了延付高管薪酬的"风险规避假说"，且延付高管薪酬政策对现金股利分配的影响效应具有滞后性，即在政策实施后的2—3年才开始显示出效应。进一步研究发现：①资本充足率。延付高管薪酬政策的实施反而导致银行的安全性（资本充足率以及核心资本充足率）下降，尤其是银行的资本充足率在2013年和2015年显著下降。②监管资本。延付高管薪酬政策的实施增加了附属资本的融资，对核心资本的影响则并不显著。③资产质量。延付高管薪酬政策的实施反而使得银行的资产质量恶化，这一效应尤其在2013年及以后更加显著。

6.2 政策性建议

本书的研究结论具有重要的政策含义。近年来，随着金融行业的不断创新，金融机构之间跨行业合作密切，交叉性金融工具不断涌现，金融控股公司日益增多，我国进入"大资管"时代①。在金融混业经营的大趋势下，"一行三会"分业监管模式的弊病愈发凸显，为进行监管套利，甚至出现了一些过度"金融创新"现象，系统性金融风险大增。本书的研究结果也证实了银行表内信贷与交叉性金融工具之间确实存在显著的跷跷板效应，延付高管薪酬的实施显著降低了银行表内信贷、提升了银行的理财业务和同业业务，进而提升了银行的总体风险水平。在分业监管制度下，2013年后监管当局对银行理财业务和同业业务监管力度的持续提升，在有效抑制了一些旧的同业投融资模式的同时，却进一步催生了各种利用混业资管多层嵌套的"金融创新"。因此，本书的研究结果提供了"一行三会"分业监管模式下可能出现金融过度创新、金融风险管理失效的直接经验证据，有助于我们更好地理解"一委一行两会"新监管格局创新的意义。

以2018年"两会"落幕为标志，我国基本完成金融管理机构改革，形成了"一委一行两会"的新监管格局（见图6-1）。其中，"一行"即中国人民银行，负责"货币政策保障币值稳定"和"宏观审慎监管"；"两会"即中国银保监会和中国证监会，负责"加强微观审慎保障个体金融机构稳定"和"保障消费者权益"；"一委"即金融稳定委员会在"一行两会"之上，起"加强宏观审慎保障金融稳定"和"监管协调"之责。2018年4月8日，中国银保监会正式挂牌。银保监会职能合并、部分职责划入央行的改革就是为了解决"一行三会"分业监管体制存在的监管职责不清晰、交叉监管和监管空白等问

---

① 截至2016年末，我国资产管理业总规模达到114万亿元，其中银行理财计划规模29.05万亿元，信托资产余额20.22万亿元，券商资管规模17.58万亿元，基金子公司资管规模16.89万亿元，公募私募基金17.05万亿元，保险资管规模14万亿元。同时，互联网企业、各类投资顾问公司等非金融机构开展资管业务也十分活跃。

题，强化综合监管，补监管短板空白让不该混业的交叉金融回归本业，合并分业监管体系适应正常的混业经营趋势，守住不发生系统性金融风险的底线。

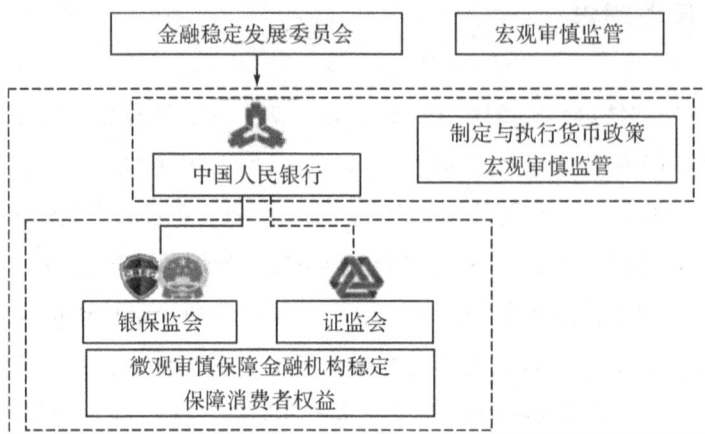

图 6-1　我国"一委一行两会"新金融监管格局

资料来源：恒大研究院

2018 年 4 月 27 日，经国务院同意，中国人民银行、中国银保监会、中国证监会、国家外管局联合印发了《关于规范金融机构资产管理业务的指导意见》（银发〔2018〕106 号，以下简称《资管新规》）①。如前文所述，资管业务在满足居民财富管理需求、增强金融机构盈利能力、优化社会融资结构、支持实体经济等方面发挥了积极作用。但在分业监管制度下，由于同类资管业务的监管规则和标准不一致，导致监管套利活动频繁，一些产品多层嵌套，底层资产无法穿透，部分产品成为信贷出表的渠道，刚性兑付普遍，在正规金融体系之外形成监管不足的影子银行，在一定程度上干扰了宏观调控，提高了社会融资成本，影响了金融服务实体经济的质效，加剧了风险的跨行业、跨市场传递。《资管新规》出台的主要目的便是按照资管产品的类型制定统一的监管标准，实行公平的市场准入和监管，最大程度地消除监管套利空间，为资管业务健康发展创造良好的制度环境。显然，这一目标的实现需要金融监管

---

① 在 2017 年 11 月 17 日，《关于规范金融机构资产管理业务的指导意见（征求意见稿）》就已出台；2018 年 3 月 28 日，习近平主持召开中央全面深化改革委员会第一次会议并发表重要讲话，会议通过了《关于规范金融机构资产管理业务的指导意见》。

的顶层设计提供保障。我们有理由相信,在"一委一行两会"监管格局和《资管新规》的共同作用下,我们能够通过设定统一的标准规制,有效规制资管业务的多层嵌套、杠杆不清、套利严重、投机频繁等问题,同时对金融创新趋利避害、一分为二,留出发展空间,最终实现金融服务实体经济的根本目标,既充分发挥资管业务功能,切实服务实体经济投融资需求,又严格规范引导,避免资金脱实向虚,防止产品过于复杂加剧风险跨行业、跨市场、跨区域传递,牢牢守住不发生系统性金融风险的底线。

此外,本书的研究结论还发现,虽然中国当前实施的延付高管薪酬政策能有效约束银行的表内风险及收益波动性,但仅为 3 年的延付考核期限给予了高管盈余管理的动力和空间,从而可能令延付高管薪酬对银行风险承担的约束作用大打折扣。因此,进一步改革和完善当前中国银行业高管薪酬延付制度是发挥其对银行风险偏好的约束作用、实现银行稳健经营和持续发展的重要措施:

(1)加强银行实施延付高管薪酬的监管力度。银监会 2010 年颁布的《监管指引》明确要求银行高管薪酬实施延期支付,然而在统计中国银行业延付高管薪酬的实施情况时本文发现,截至目前为止,已实施延付高管薪酬的银行仍不足半数(如表 1.1 所示),还有相当一部分银行对其高管人员的具体薪酬水平、结构和延付方案等信息均无详细披露,这显然不利于发挥延付高管薪酬制度对银行风险偏好的约束作用,也不利于监管部门、投资者和公众进行有效的监督。因此,监管当局应对还未实施薪酬延付方案或实施不到位的银行加以监督,同时增强对银行高管人员薪酬信息披露内容的要求。

(2)优化高管薪酬的延期支付时间。《监管指引》的出台旨在完善对高管风险控制的激励和考核,为提高监管的可操作性,《监管指引》对高管薪酬的延付比例、期限等都制定了最低标准。然而,从目前已经实施延付高管薪酬的银行来看,大多数银行仅按《监管指引》对延付比例和期限的最低要求,即"高管绩效薪酬的 50% 延期在 3 年兑现"来执行,少数银行虽然做了些许不同的规定,但与上述方案并无本质区别。显然,这种机械的延期 3 年兑现高管相应薪酬,并没有真正将中长期激励的锁定期与各类风险相对应。从本文的实证结果也可以看到,高管在延付薪酬后的第 3 年(考核期满时)有更强的动力和能力进行盈余操纵。 因此,从银行自身来看,应保持延期高管薪酬支付期限与相应业务的风险持续时期一致,即根据不同业务活动的业绩实现和风险变化情况合理确定高管薪酬的支付时间并不断加以完善性调整。

(3)引入激励性的养老金制度。 根据Jensen and Meckling(1976)等已有文献,内部债务包含养老金和延期支付薪酬:两者的最大区别在于延付期限,养老金一般要到高管退休(离职)后才能领取,这就能有效规制高管的盈余操纵行为,弥补延付薪酬难以与其风险持续时期保持一致的缺陷。 从欧美等西方发达国家的实践来看,高管薪酬中的养老金部分远远超过了其延付薪酬。 并且,内部债务应具有"未受保护"的重要特性,即如果企业宣布破产,高管对其内部债务的求偿权次于企业债权人,以此限制高管以债权人利益为代价的过度冒险偏好。 然而,中国现阶段的养老金制度主要以保障性为主,虽然也有少数厚利企业为员工制定了年金计划(补充养老保险),但更多是作为一种员工福利,其激励程度与西方国家不可同日而语。 更重要的是,中国的养老金(含企业年金)实行专人专户,即使企业破产,养老金也不会被列入清算范围,高管努力与否和他退休(离职)后获得的养老金多少并无直接关联。 当然,这与现阶段中国养老金制度的保障性目标有关。 因此,在满足基本养老保障需求的基础上,可以考虑设立激励性的养老金制度并设计追索与扣回等条款,与延付薪酬相互补充,进一步发挥内部债务对银行高管的激励和约束作用。

(4)改革高管薪酬考核的绩效指标。 目前中国银行业高管薪酬考核的绩效指标主要有资产利润率、净资产利润率、每股收益以及资产规模和增速等,从会计核算的角度来说,这些绩效考核的利润指标都是银行计提LLP后核算的变量。 本文的实证结果表明,为了保证其薪酬考核不受影响,高管有很强的盈余操纵的动力,而仅3年的延付(考核)期限则赋予了高管很强的盈余操纵能力。 因此,可以尝试改革高管薪酬考核的绩效指标以有效规制高管的盈余操纵行为,比如通过引入"贷款损失准备前利润"等指标来进行薪酬的绩效考核,从而进一步有效发挥延付薪酬对银行风险的约束作用,实现银行的稳健经营和持续发展。

6.3　有待进一步研究的问题

由于时间和能力的局限，本书还存在一些缺陷和不足，因此提出以下进一步研究的设想和建议。

（1）关于高管薪酬支付的同行对比效应方面。 现有关于高管薪酬同行对比效应的研究主要集中于薪酬水平和结构方面（如现金、股权激励等）的对比并发现企业倾向于将薪酬设定在不低于市场标准的同行薪酬参照点之上，导致了薪酬水平的节节爬升，但尚未关注到薪酬支付方式（如延期支付等）的同行对比效应。 延期支付的薪酬具有未受保护债务的特性（可能面临止付、追索和扣回），目的在于对高管的风险偏好进行约束，那么关于高管薪酬延期支付的期限、比例等是否存在同行对比效应，其外部参照基准如何选择，对高管主观心理感知及行动策略产生何种影响，有待进一步的研究。

（2）关于高管薪酬延期支付与同行对比效应交互作用对银行风险管理的影响机理方面。 现有内部债务理论植根于委托代理分析范式下的最优契约理论，关注于时间支付维度上的绝对薪酬（延期支付薪酬）对股东/高管-债权人代理冲突进而对高管风险偏好的影响，尚未考虑截面支付对比维度上的相对薪酬（同行对比效应）产生的不公平厌恶等行为心理因素对高管风险策略选择的影响。 就我国而言，旨在加强对高管风险控制激励和考核的《监管指引》的实施在很大程度上源于行政命令，我国自古以来又有"不患寡而患不均"的文化传统，忽视银行高管在公平感知形成过程中依赖外部参照基准产生的比较效应而得出的高管薪酬延期支付对银行风险管理影响机理的结论往往具有缺陷性和局限性。

（3）关于银行风险的测度方面。 从已有关于银行风险管理的研究来看，国内外理论研究主要侧重于资产配置角度（即风险的事前选择），而很少同时考虑风险的事中控制和事后表现，这与银行风险管理的实际决策过程有一定差距；实证研究则恰好相反，对风险的衡量侧重于总体的风险状况，如国外文献要么以市场为基础采用 β 值（利用 CAPM 公式获得）或普通股票收益波动率，要么以财务指标为基础采用 Z 指标或杠杆率，关注财务稳健性即离破产的距离，国内文献则简单地采用不良贷款率或总资产收益率等。 这些指标都是风险事后的综合反映，不能衡量风险的事前选择和事中控制，而且总体性指标包含的影响因素太多。 如何将风险的事前选择、事中控制和事后表现 3 个维度纳入到一个统一的理论框架全面衡量银行的风险承担，有待深入研究。

参考文献

[1] Adams R, Mehran H. Is Corporate Governance Different for Bank Holding Companies? [J]. Economic Policy Review, 2003 (4) :123-142.

[2] Acharya V V, Mehran H, Sundaram R K. Cash Holdings and Bank Compensation [J]. Economic Policy Review, 2016 (8) :77-83.

[3] Agrawal A, Mandelker G N. Managerial Incentives and Corporate Investment and Financing Decisions [J]. Journal of Finance, 1987, 42 (4) :823-837.

[4] Allen L, Jagtiani J. The Impact of New Bank Powers (Securities and Insurance Activities) on Bank Holding Companies' Risk [R]. Federal Reserve Bank of Chicago: Emerging Issues Series. 1999.

[5] Anantharaman D, Fang V W, Gong G. Inside Debt and the Design of Corporate Debt Contracts [J]. Management Science, 2010, 60 (5) : 1260-1280.

[6] Anantharaman D, Lee Y G. Managerial Risk-taking Incentives and Corporate Pension Policy [J]. Journal of Financial Economics, 2014, 111 (2) :328-351.

[7] Basu S. The Conservatism Principle and the Asymmetric Timeliness of Earnings [J]. Contemporary Accounting Research, 2013, 30 (1) :

215-241.

[8] Beavers R. CEO Inside Debt in Mergers and Acquisitions [R].
Midwest Finance Association 2013 Annual Meeting Paper, Available at
SSRN: https://ssrn.com/abstract=2152522, 2012.

[9] Beavers R. CEO inside debt and firm debt. Corporate Governance [J].
The International Journal of Business in Society, 2018, 18 (4):
686-713.

[10] Beavers R. CEO Inside Debt in Initial Public Offerings [R]. fma.org.
2013.

[11] Bebchuk L A, Cohen A, Spamann H. The Wages of Failure:
Executive Compensation at Bear Stearns and Lehman 2000-2008 [J].
The Yale Journal on Regulation, 2010 (27). 27:257-282.

[12] Bebchuk L A, Jackson R J. Executive Pensions (No. w11907)
[R]. National Bureau of Economic Research, 2005.

[13] Belkhir M, Boubaker S, Chebbi K. CEO Inside Debt and the Value
of Excess Cash [J]. Journal of Applied Accounting Research, 2018,
19 (2):225-244.

[14] Bennett R L, Güntay, Levent, Unal H. Inside debt, Bank Default
Risk, and Performance During the Crisis [J]. Journal of Financial
Intermediation, 2015, 24 (4):487-513.

[15] Berglöf E, Von Thadden E L. Short-term versus Long-term
Interests: Capital Structure with Multiple Investors [J]. The
Quarterly Journal of Economics, 1994, 109 (4):1055-1084.

[16] Bertrand M, Mullainathan S. Enjoying the Quiet Life? Corporate
Governance and Managerial Control [J]. Journal of Political
Economy, 2003, 111 (5):1043-1075.

[17] Bhagat J. Bank Capital and Executive Compensation Reform,
Preventing the Next Financial Crisis [M]. Cambridge, Cambridge
University Press, 2016.

［18］ Bhagat S, Bolton B. Financial Crisis and Bank Executive Incentive Compensation ［J］. Journal of Corporate Finance, 2014, 25: 313-341.

［19］ Bhandari A, Mammadov B, Thevenot M. The Impact of Executive Inside Debt on Sell-side Financial Analyst Forecast Characteristics ［J］. Review of Quantitative Finance and Accounting, 2018, 51 (2):1-33.

［20］ BNP Paribas. Consolidated Financial Statements ［R］. Available at https://invest. bnpparibas. com/sites/default/files/documents/2015-audited_ financial_statements. pdf, 2015.

［21］ BoE (Bank of England). Strengthening the Alignment of Risk and Reward: New Remuneration Rules ［R］. Consultation Paper PRA CP15/14/FCA CP14/14, London, 2014.

［22］ Bolton P, Mehran H, Shapiro J. Executive Compensation and Risk Taking ［J］. Review of Finance, 2015, 19 (6):2139-2181.

［23］ Boyd J H, Graham S L, Hewitt R S. Bank Holding Company Mergers with Nonbank Financial Firms: Effects on the Risk of Failure ［J］. Journal of Banking andFinance, 1993, 17 (1):43-63.

［24］ Brisker E R, Outlaw D G, Smith A H. CEO Inside Debt and Insider Trading ［R］. Available at SSRN 2841411, 2018.

［25］ Brisker E R, Wang W. CEO's Inside Debt and Dynamics of Capital Structure ［J］. Financial Management, 2017, 46 (3):655-685.

［26］ Brook Y, Hendershott R, LeeD. The Gains from Takeover Deregulation: Evidence from the End of Interstate Banking Restrictions ［J］. Journal of Finance, 1998, 53 (6):2185-2204.

［27］ Calomiris C W, Kahn C M. The Role of Demandable Debt in Structuring Optimal Banking Arrangements ［J］. The American Economic Review, 1991:497-513.

［28］ Campbell T C, Galpin N, Johnson S A. Optimal Inside Debt

Compensation and the Value of Equity and Debt [J]. Journal of Financial Economics, 2016, 119 (2): 336-352.

[29] Cassell C A, Huang S X, Sanchez J M, Stuart M D. Seeking Safety: The Relation Between CEO Inside Debt Holdings and the Riskiness of Firm Investment and Financial Policies [J]. Journal of Financial Economics, 2012, 103 (3): 588-610.

[30] Cen W. The Determinants of CEO Inside Debt and Its Components [R]. Available at SSRN 1716306, 2010.

[31] Chen F, Dou Y, Wang X. Executive Inside Debt Holdings and Creditors' Demand for Pricing and Non-Pricing Protections [R]. Available at 10.2139/ssrn.1690303, 2011.

[32] Chen L, Fan H. CEO Inside Debt and Bank Loan Syndicate Structure [J]. Review of Financial Economics, 2017, 34: 74-85.

[33] Cheng Q, Warfield T D. Equity Incentives and Earnings Management [J]. The Accounting Review, 2005, 80 (2): 441-476.

[34] Chi S, Huang S X, Sanchez J M. CEO Inside Debt Incentives and Corporate Tax Sheltering [J]. Journal of Accounting Research, 2017, 55 (4): 837-876.

[35] Chong B S, The Effects of Interstate Banking on Commercial Banks' Risk and Profitability [J]. Review of Economics and Statistics, 1991, 73 (1): 78-84.

[36] Chu Y, Qiu M. Debt Incentives and Bank Risk-taking [J]. Real Estate Economics, 2019.

[37] Colonnello S, Curatola G, Hoang N G. Direct and Indirect Risk-Taking Incentives of Inside Debt [J]. Journal of Corporate Finance, 2017, 45: 428-466.

[38] Corwin S A, Schultz P. The Role of IPO Underwriting Syndicates: Pricing, Information Production, and Underwriter Competition [J]. Journal of Finance, 2005, 60 (1): 443-486.

［39］Dang V A, Phan H V. CEO Inside Debt and Corporate Debt Maturity Structure ［J］. Journal of Banking and Finance, 2016, 70:38-54.

［40］Dasgupta S, Lin Y, Yamada T, Zhang Z. Employee Inside Debt and Firm Risk-taking: Evidence from Employee Deposit Programs in Japan ［R］. Available at SSRN Electronic Journal, 2017.

［41］De Franco G, Vasvari F P, Vyas D, Wittenberg-Moerman R. Debt Analysts' Views of Debt-equity Conflicts of Interest ［J］. The Accounting Review, 2013, 89 (2):571-604.

［42］Dechow P M, Sloan R G. Executive Incentives and the Horizon Problem: An Empirical Investigation ［J］. Journal of accounting and Economics, 1991, 14 (1):51-89.

［43］Dewatripont M, Tirole J. A Theory of Debt and Equity: Diversity of Securities and Manager-Shareholder Congruence ［J］. The Quarterly Journal of Economics, 109 (4):1027-1054.

［44］Dewenter K L, Warther V A. Dividends, Asymmetric Information, and Agency Conflicts: Evidence from a Comparison of the Dividend Policies of Japanese and U. S. Firms ［J］. Journal of Finance, 2010, 53 (3):879-904.

［45］DeYoung R, Peng E Y, Yan M. Executive Compensation and Business Policy Choices at U. S. Commercial Banks ［J］. Journal of Financial and Quantitative Analysis, 2013, 48 (1):165-196.

［46］DeYoung R, Roland K P. Product Mix and Earnings Volatility at Commercial Banks: Evidence from a Degree of Total Leverage Model ［J］. Journal of Financial Intermediation, 2001, 10 (1), 54-84.

［47］Dhole S, Manchiraju H, Suk I. CEO Inside Debt and Earnings Management ［J］. Journal of Accounting, Auditing and Finance, 2016, 31 (4):515-550.

［48］Dong, Xi, Halford, Joseph Taylor, Qiu, Mingming. Default Risk, Inside Debt and Debt Incentives ［J］. Social Electronic

Publishing, 2016.

[49] Eaton J, Rosen H S. Agency, Delayed Compensation, and the Structure of Executive Remuneration [J]. Journal of Finance, 2012, 38 (5) :1489-1506.

[50] Edmans A, Gabaix X, Sadzik T, Sannikov Y. Dynamic CEO Compensation [J]. Journal of Finance, 2012, 67 (5) :1603-1647.

[51] Edmans A, Gabaix X. Is CEO Pay Really Inefficient? A Survey of New Optimal Contracting Theories [J]. European Financial Management, 2010, 15 (3) :486-496.

[52] Edmans A, Gabaix X. The Effect of Risk on the CEO Market [J]. The Review of Financial Studies, 2011, 24 (8) :2822-2863.

[53] Eisdorfer A, Giaccotto C, White R. Capital Structure, Executive Compensation, and Investment Efficiency [J]. Journal of Banking and Finance, 2013, 37 (2) :549-562.

[54] Eisdorfer A, Giaccotto C, White R. Do Corporate Managers Skimp on Shareholders' Dividends to Protect Their Own Retirement Funds? [J]. Journal of Corporate Finance, 2015, 30:257-277.

[55] Erkan A. Two Essays on CEO Inside Debt Holding in Relation to Firm Payout Policy and Financial Reporting [D]. Old Dominion University, 2016.

[56] Feess E, Wohlschlegel A. Bank Capital Requirements and Mandatory Deferral of Compensation [J]. Journal of Regulatory Economics, 2018, 53 (2) :206-242.

[57] Fornaro J M, Huang H W. Further Evidence of Earnings Management and Opportunistic Behavior with Principles-based Accounting Standards: The Case of Conditional Asset Retirement Obligations [J]. Journal of Accounting and Public Policy, 2012, 31 (2) :204-225.

[58] Francis B B, Yilmaz G. Inside Debt and Stock Price Performance

[R]. Available at SSRN 2021396. 2013.

[59] Freund S, Latif S, Phan H V. Executive Compensation and Corporate Financing Policies: Evidence from CEO Inside Debt [J]. Journal of Corporate Finance, 2018, 50:484-504.

[60] Gorry A, Hassett K A, Hubbard R G, Mathur A. The Response of Deferred Executive Compensation to Changes in Tax Rates [J]. Journal of Public Economics, 2017, 151:28-40.

[61] Graham J R, Harvey C R, Rajgopal S. The Economic Implications of Corporate Financial Reporting [J]. Journal of Accounting and Economics, 2005, 40 (1-3):3-73.

[62] Güner A B, Malmendier U, Tate G. Financial Expertise of Directors [J]. Journal of Financial Economics, 2008, 88 (2): 323-354.

[63] Hail L, Tahoun A, Wang C. Dividend Payouts and Information Shocks [J]. Journal of Accounting Research, 2014, 52 (2): 403-456.

[64] Hambrick D C, Mason P A. Upper echelons: The Organization as a Reflection of Its Top Managers [J]. Academy of Management Review, 1984, 9 (2):193-206.

[65] Han J, Pan Z. CEO Inside Debt and Investment-Cash Flow Sensitivity [J]. Accounting and Finance, 2016, 56 (2):423-443.

[66] Harford J, Mansi S A, Maxwell W F. Corporate Governance and Firm Cash Holdings in the US [J]. Journal of Financial Economics, 2008, 87 (3):535-555.

[67] He G. The effect of CEO Inside Debt Holdings on Financial Reporting Quality [J]. Review of Accounting Studies, 2015, 20 (1): 501-536.

[68] Hilscher J, Şişli-Ciamarra E. Conflicts of Interest on Corporate Boards: The Effect of Creditor-directors on Acquisitions [J]. Journal

of Corporate Finance, 2013, 19：140-158.

［69］ Hoang N G. Inside Debt and Corporate Failure ［R］. Available at SSRN 2351718, 2013.

［70］ Hoffmann F, Inderst R, Opp M. Only Time Will Tell： A Theory of Deferred Compensation ［J］. Swedish House of Finance Research Paper, 2019 (19-4).

［71］ Hoffmann F, Inderst R, Opp M. Regulating Deferred Incentive Pay ［R］. Goethe University Frankfurt, Institute for Monetary and Financial Stability (IMFS) (No. 91), 2015.

［72］ Holmstrom B, Milgrom P. Aggregation and Linearity in the Provision of Intertemporal Incentives ［J］. Econometrica： Journal of the Econometric Society, 1987：303-328.

［73］ Houston J F, James C. CEO Compensation and Bank Risk Is Compensation in Banking Structured to Promote Risk Taking? ［J］. Journal of Monetary Economics, 1995, 36 (2)：405-431.

［74］ Howe J S, Rajkovic T. Inside Debt and the Security Issuance Decision ［R］. Available at SSRN 2818643. 2016.

［75］ Hughes J P, Lang W W, Mester L J, Moon C G. The Dollars and Sense of Bank Consolidation ［J］. Journal of Banking and Finance, 1999, 23 (2)：291-324.

［76］ Hui L J, Borah N. CEO Inside Debt and Dividend Payout Policy ［R］, Available at https：//www. fma. org/Chicago/Papers/CEO_Inside_Debt_and_Payout_Policy_FMA. pdf, 2013.

［77］ Inderst R, OppM, Hoffmann F. Deferred Compensation and Risk-taking Incentives (No. 674) ［J］. Society for Economic Dynamics, 2016.

［78］ Inderst R, Pfeil S. Securitization and Compensation in Financial Institutions ［J］. Review of Finance, 2013, 17 (4), 1323-1364.

［79］ Jackson R J, Honigsberg C. The Hidden Nature of Executive

Retirement Pay [J]. Virginia Law Review, 2014:479-522.

[80] Jarque A, Prescott E S. Deferred Pay for Bank Employees: Implications of Hidden Actions with Persistent Effects in Time [R]. Federal Reserve Bank of Working Paper, (10-16R), 2015.

[81] Jensen M C, Meckling W H. Theory of the Firm: Managerial Behavior, Agency Costs and Ownership Structure [J]. Journal of Financial Economics, 1976, 3 (4):305-360.

[82] Jiang W, Li K, Shao P. When Shareholders Are Creditors: Effects of the Simultaneous Holding of Equity and Debt by Non-commercial Banking Institutions [J]. The Review of Financial Studies, 23 (10):3595-3637.

[83] Jiang W, Liu Y, Lobo G J, Xu Y. Deferred Cash Compensation and Risk-taking: Evidence from the Chinese Banking Industry [J]. Pacific-Basin Finance Journal, 2019, 53:432-448.

[84] Kabir R, Li H, Veld-Merkoulova Y V. Executive Compensation and the Cost of Debt [J]. Journal of Banking and Finance, 2013, 37 (8), 2893-2907.

[85] Khan S, Smith J, Shah A. CEO Inside Debt and Firm's Maturity Structure of Debt [R]. Available at SSRN 2881764, 2016.

[86] Kiridaran K, et al. CEO Inside Debt, Risk Taking, Earnings Management, and Financial Trouble: Pre-crisis and Crisis Period Evidence from the Banking Industry [C]. Unpublished Working Paper. Presented at the European Accounting Association annual conference, 2012.

[87] Klock M, Mansi S, Maxwell W F. Does Corporate Governance Matter to Bondholders? [J]. Journal of Financial and Quantitative Analysis, 2005, 40 (4):693-719.

[88] Kor Y Y, Sundaramurthy C. Experience-based Human Capital and Social Capital of Outside Directors [J]. Journal of Management,

2009, 35（4）:981-1006.

[89] Korczak P, Nguyen T, Scapin M. Banker-Directors and CEO Inside Debt [R]. Available at SSRN: https://ssrn. com/abstract=3102462 or http://dx. doi. org/10. 2139/ssrn. 3102462, 2018.

[90] Kubick T R, Lockhart G B, Robinson J R. Does Inside Debt Moderate Corporate Tax Avoidance? [R]. Available at SSRN 2451228. 2014.

[91] Lee G, Tang H. CEO Pensions and Deferred Compensation [R]. Available at SSRN: https://ssrn. com/abstract=1787479, 2011.

[92] Lee J, Murphy K J, Oh P S, Vance M D. Inside Debt and Corporate Investment [R]. AAA 2015 Management Accounting Section （MAS） Meeting. Available at SSRN: https://ssrn. com/abstract= 2482857, 2018.

[93] Lee, G. Deferred Compensation Withdrawal Decisions and Their Implications on Inside Debt [J]. Finance Research Letters, 2016, 19:235-240.

[94] Leisen D. Does Bonus Deferral Reduce Risk Taking? [R]. Available at SSRN 1662555, 2014.

[95] Lewellen W. A Pure Financial Rationale for the Conglomerate Merger [J]. Journal of Finance, 1971, 26（2）:521-537.

[96] Li K, Zhao X. Asymmetric Information and Dividend Policy [J]. Financial management, 2008, 37（4）:673-694.

[97] Li W H, Rhee S G, Hsin-Han Shen C. CEO Inside Debt and Convertible Bonds [J]. Journal of Business Finance and Accounting, 2018, 45（1-2）:232-249.

[98] Li Z F, Lin S, Sun S. Risk-adjusted Inside Debt [J]. Global Finance Journal, 2017, 35:12-42.

[99] Liao H H, Chen T K, Chang Y H. Optimal Capital Structure and Speed of Adjustment: Inside Debt Perspective [C]. In Asian Finance

Association（AsianFA）2016 Conference. 2016，February.

[100] Liu Y，Mauer D C，Zhang Y. Firm Cash Holdings and CEO Inside debt [J]. Journal of Banking and Finance，2014，42:83-100.

[101] Lu-Andrews R，Yu-Thompson Y. CEO Inside Debt，Asset Tangibility，and Investment [J]. International Journal of Managerial Finance，2005，11（4）:451-479.

[102] MacCrimmon K R，Wehrung D A. Characteristics of Risk Taking Executives [J]. Management Science，1990，36（4）:422-435.

[103] Marinovic I，Varas F. CEO Horizon，Optimal Pay Duration，and the Escalation of Short-termism [R]. Available at SSRN 3308188，2017.

[104] Maxwell W F，Rao R P. Do Spinoffs Expropriate Wealth from Bondholders? [J]. Journal of Finance，2003，58（5）: 2087-2108.

[105] Mehran H，Morrison A D，Shapiro J D. Corporate Governance and Banks: What Have We Learned from the Financial Crisis? [J]. SSRN Electronic Journal，2011，13（2）:219-253.

[106] Mehran H，Tracy J S. Deferred Cash Compensation: Enhancing Stability in the Financial Services Industry [J]. Economic Policy Review，2016，22:61-75.

[107] Morck R，Nakamura M. Banks and Corporate Control in Japan [J]. Journal of Finance，1999，54（1）:319-339.

[108] Morrison A D，Wilhelm W J. Partnership Firms，Reputation，and Human capital [J]. American Economic Review，2004，94（5）: 1682-1692.

[109] Murphy K J. Executive Compensation [J]. Handbook of Labor Economics，1999，3:2485-2563.

[110] Nguyen H. CEO Inside Debt Compensation and Innovative Output [R]. Social Science Electronic Publishing. 2017.

[111] Pawliczek A. Inside Debt and Recoveries in Bankruptcy [R]. Available at SSRN 2760622, 2016.

[112] Pelger C, Schäfer U. Mandatory Deferred Compensation, Managerial Retirement and the Stewardship Perspective of Financial Accounting [R]. Available at 10. 2139/ssrn. 2482310, 2018.

[113] Peng X. Mergers and Acquisitions and CEO Debt-like Compensation [J]. Dissertations and Theses, 2013.

[114] Phan H V. Inside Debt and Mergers and Acquisitions [J]. Journal of Financial and Quantitative Analysis, 2014, 49 (5-6):1365-1401.

[115] Purnanandam A. Financial Distress and Corporate risk Management: Theory and Evidence [J]. Journal of Financial Economics, 2008, 87 (3):706-739.

[116] Purnanandam A. Interest Rate Derivatives at Commercial Banks: An Empirical Investigation [J]. Journal of Monetary Economics, 2007, 54 (6):1769-1808.

[117] Rauh J D. Investment and Financing Constraints: Evidence from the Funding of Corporate Pension Plans [J]. Journal of Finance, 2016, 61 (1):33-71.

[118] Siddiqui S S. CFO Inside Debt and Corporate Innovation [D], Doctoral Dissertation, Queensland University of Technology, 2013.

[119] Smith C W, Watts R L. The Investment Opportunity Set and Corporate Financing, Dividend, and Compensation Policies [J]. 1992, 32 (3):263-292.

[120] Srivastav A, Armitage S, Hagendorff J. CEO Inside Debt Holdings and Risk-shifting: Evidence from Bank Payout Policies [J]. Journal of Banking and Finance, 2014, 47 (10):41-53.

[121] Srivastav A, Armitage S, Hagendorff J, King T. Better Safe than Sorry? CEO Inside Debt and Risk-taking in Bank Acquisitions [J]. Journal of Financial Stability, 2018, 36:208-224.

[122] Stefanescu I, Wang Y, Xie K, Yang J. Pay Me Now (and Later): Pension Benefit Manipulation Before Plan Freezes and Executive Retirement [J]. Journal of Financial Economics, 2018, 127 (1):152-173.

[123] Stulz R M. Rethinking Risk Management [J]. Journal of Applied Corporate Finance, 1996, 9 (3):8-25.

[124] Sun F, Wu F, Li S F. CEO Inside Debt and Audit Fees [J]. International Journal of Auditing, 2014, 18 (1):2-13.

[125] Sundaram R K, Yermack D L. Pay Me Later: Inside Debt and Its Role in Managerial Compensation [J]. Journal of Finance, 2007, 62 (4):1551-1588.

[126] Van Bekkum S. Inside Debt and Bank Risk [J]. Journal of Financial and Quantitative Analysis, 2016, 51 (2):359-385.

[127] Wang J, Kobeissi N, Liu L. Inside Debt and Firm Risk Taking: The Mediating Role of Corporate Social Responsibility [J]. Academy of Management Annual Meeting Proceedings, 2017 (1):17545.

[128] Wei C, Yermack D. Investor Reactions to CEOs' Inside Debt Incentives [J]. The Review of Financial Studies, 2011, 24 (11): 3813-3840.

[129] Welch I. Why is Bank Debt Senior? A Theory of Asymmetry and Claim Priority Based on Influence Costs [J]. The Review of Financial Studies, 1997, 10 (4):1203-1236.

[130] White R S. Three Essays on Inside Debt [D]. University of Connecticut, 2012.

[131] Xu P T. Managerial Incentives and a Firm's Cash Flow Sensitivities [J]. International Review of Economics and Finance, 2013, 27: 80-96.

[132] Yermack D. Do Corporations Award CEO Stock Options Effectively? [J]. Journal of Financial Economics, 1995, 39 (2-3):237-269.

[133] Yu-Thompson Y, Cho S Y, Fu L. The role of CEO Inside Debt Holdings in Corporate Pension Funding Status [J]. Review of Accounting and Finance, 2015, 14 (3):210-238.

[134] Yu-Thompson Y, Zhao S. CEO Inside Debt and Overinvestment [J]. Journal of Accounting and Finance, 2017, 17 (2):83-99.

[135] 陈学彬. 中国商业银行薪酬激励机制分析 [J]. 金融研究, 2005 (7):7.

[136] 陈涛.交叉性金融工具存在风险聚集隐患 [N]. 上海证券报, 2016-07-26.

[137] 陈雯靓, 吴溪. 我国商业银行的贷款损失准备计提与利润平滑:新会计准则的影响 [J]. 审计研究, 2014 (1):105-112.

[138] 段军山, 邹新月, 周伟卫.贷款行为、盈余管理与贷款损失准备的动态调整 [J]. 金融论坛, 2011 (5):31-36.

[139] 何靖, 杨胜刚. 资本监管、股权结构与银行核心资本调整——基于我国152家商业银行的面板数据分析 [J]. 经济学家, 2014 (12):79-91.

[140] 何靖. 延付高管薪酬降低了银行风险偏好吗——信贷资产配置行为视角的研究 [J]. 财贸经济, 2016, 37 (11):77-96.

[141] 何靖. 延付高管薪酬对银行风险承担的政策效应——基于银行盈余管理动机视角的 PSM—DID 分析 [J]. 中国工业经济, 2016 (11):126-143.

[142] 何靖, 邓可斌. 跷跷板效应与金融风险防控——兼论 "一委一行两会" 新监管格局创新的意义 [J]. 经济学家, 2019 (3):81-93.

[143] 梁琪, 石宁, 陈文哲. 境外战略投资者是否改变了银行平滑盈余行为——基于我国不同所有权银行的分析 [J]. 当代经济科学, 2012 (6):34-45.

[144] 刘煜辉. 中国式影子银行 [J]. 中国金融, 2013 (4):57-59.

[145] 潘敏, 张依茹. 股权结构会影响商业银行信贷行为的周期性特征吗——来自中国银行业的经验证据 [J]. 金融研究, 2013 (4):

29-42.

[146] 宋永明. 监管资本套利和国际金融危机——对 2007～2009 年国际金融危机成因的分析 [J]. 金融研究, 2009 (12):85-94.

[147] 万晓莉, 郑棣, 郑建华. 中国影子银行监管套利演变路径及动因研究 [J]. 经济学家, 2016 (8):38-45.

[148] 王剑. 新监管格局下我国银行的业务变迁 [J]. 中国银行业, 2018 (5):36-38.

[149] 吴玮. 资本约束对商业银行资产配置行为的影响——基于 175 家商业银行数据的经验研究 [J]. 金融研究, 2011 (4):65-81.

[150] 夏蜀. 转型与重构:中国地方银行体制模式框架分析 [M]. 北京:中国金融出版社, 2014.

[151] 许友传. 中国银行后瞻性的贷款损失准备管理及其逆周期效应 [J]. 经济科学, 2011, 33 (6):62-73.

[152] 许友传, 杨继光. 商业银行贷款损失准备与盈余管理动机 [J]. 经济科学, 2010 (2):94-103.

[153] 杨大光, 朱贵云, 武治国. 我国上市银行高管薪酬和经营绩效相关性研究 [J]. 金融论坛, 2008 (8):9-13.

[154] [杨志海, 林汉川, 赵立彬. 创业板上市公司并购驱动力——价值误估还是大股东套现动机? [J]. 郑州大学学报 (哲学社会科学版), 2014 (3):72-76.

[155] 张明. 中国影子银行:界定, 成因, 风险与对策 [J]. 国际经济评论, 2013 (3):81-92.